フランス民法の伝統と革新
Ⅱ　担保とその周辺

フランス民法の伝統と革新
II 担保とその周辺

ピエール・クロック

〈監訳〉
大村敦志・野澤正充

信山社

はしがき

　『フランス民法の伝統と革新』は、今世紀初頭から現在に至るまで数次にわたって来日し、複数の大学において多数の講演を行ってきたローラン・ルヴヌール教授、サビーヌ・マゾー＝ルヴヌール教授、マリー・ルヴヌール＝アゼマール教授、およびピエール・クロック教授の講演記録（未刊のものを含む）を 2 冊にまとめたものである。本巻（第Ⅱ巻）「担保とその周辺」には、クロック教授の講演を収めている。クロック教授の履歴や人柄については「あとがき」に譲ることにして、以下においては、フランス担保法の展開と本書の特色につきごく簡単に述べた上で、クロック教授の思い出についても一言触れておきたい。

　フランス担保法は2006年の大改正によって、その姿を大きく変えた。この改正によって民法典には第 4 編「担保 des sûretés」が新設され、人的担保に関する規定（第 1 章）と物的担保に関する規定（第 2 章）がまとめて配置された。その後、債務法改正のほか信託や倒産に関する改正がなされたこともあり、2017年には再び担保法改正草案が公表されるに至った。こうした動きを背景に、本書に集められた講演のテーマは、担保法のみならずその周辺の諸問題にも及んでいる。もちろんその中には、クロック教授の得意とした所有権担保に関するものも含まれている。

　クロック教授は大の日本びいきで、ドミニク夫人とともに何度も来日し、本巻を編集し、「あとがき」を執筆している野澤正充教授をはじめ多くの友人を日本に持っていた。また、若い世代には同教授を受入れ教授として留学した人も少なくない。非常に誠実で温かい人柄の持ち主であり、その早逝はまことに残念なことであるが、本書所収の諸講演を通じて私たちは、その時々のフランス民法の状況だけでなく、民法学者としての同教授の姿勢を改めて知ることができるはずである。

　クロック教授は2019年 7 月に逝去された。同年春に来日したばかりであったので、わずか数ケ月後に届いた訃報は、にわかには信じられなかった。最後に会ったときに彼は、「ノートルダムが燃えたのを知っているか」と私に尋ねた。彼の逝去は、ノートルダムの火災以上の衝撃であったが、ノートルダムが失われるこ

v

とがなかったように、彼の残した業績も決して失われることはないであろう。

2025年1月

大 村 敦 志

〈目　次〉

はしがき(*v*)

◆　第Ⅰ部　◆　担　保　一　般

1　フランス担保法の新たな展開
──20世紀末と21世紀初頭における担保法の展開

....野澤正充 訳....5

はじめに(*5*)

Ⅰ　諸原則の展開(*6*)

　A　附従性の原則に対する例外(*6*)

　B　適合性の原則の展開(*11*)

Ⅱ　担保権の新たな区別(*14*)

　A　優先弁済性の区別(*14*)

　B　個人と事業者の区別(*16*)

2　2006年3月23日のオルドナンス第346号による担保法の改正
──成功か失敗か？

....野澤正充 訳....*19*

Ⅰ　担保法へのアクセスの向上(*20*)

　A　担保法の構造における改良(*20*)

　B　担保法の内容の明確性(*24*)

Ⅱ　物的担保の魅力的な改良(*26*)

　A　物的担保の設定の緩和(*26*)

　B　物的担保の実効性の向上(*30*)

vii

3 フランス法における設定者の担保価値維持義務

$\cdots\cdots$片山直也 訳$\cdots$35

- I 流動資産担保（sûretés sur actifs circulants）において一般的に認められる義務 (37)
- II 担保目的財産の価格低下の場合に例外的に求められる義務 (42)

4 フランス法における担保執行者（agent des sûretés）

$\cdots\cdots$野澤正充 訳$\cdots$47

はじめに (47)

- I 担保執行者は、特殊な受託者である (49)
  - A 特殊な受託者の地位の正当性 (49)
  - B 特殊な受託者とすることの帰結 (51)
- II 担保の保有者の資格と被担保債権の保有者の分離 (52)
  - A 担保法制度と資格の分離との両立可能性 (53)
  - B 担保法制度における資格の分離の帰結 (56)

5 所有権担保と2017年フランス担保法改正準備草案

$\cdots\cdots$片山直也 訳$\cdots$61

- I 所有権担保と担保の附従性の強化 (63)
  - A 所有権留保と「従物は主物に従う」準則の尊重 (63)
  - B 所有権留保とすべての不当な利得の禁止の尊重 (66)
- II 所有権担保と当事者の権限の増大 (69)
  - A 当事者の選択の自由の強化 (69)
  - B 当事者の処分権限の強化 (75)

6 フランス担保法改正とグローバル化

$\cdots\cdots$今尾真・蛯原健介・黒田美亜紀 訳$\cdots$81

- I 法のグローバル化という外からの働きかけに直面したフランス法の改正 (84)
- II 担保法のグローバル化の要因としてのフランス法の改正 (89)

◆ 第Ⅱ部 ◆ 保 証

7 フランス法における保証人に対する情報提供
── 近時の状況及び将来の改革の展望

....平野裕之 訳....*97*

序 論（*97*）

Ⅰ 〔保証〕契約締結に際する保証人に対する情報提供（*99*）

　A 主たる債務者の支払能力についての情報提供（*99*）

　B 保証人へのその〔保証〕契約の結果についての情報提供（*104*）

Ⅱ 〔保証〕契約の履行に際しての保証人への情報提供（*116*）

　A 〔保証人になっていることを〕忘れてしまうことに対する
　　保護（*117*）

　B 〔主たる債務者の不履行を保証人が〕知らないことに対する
　　保護（*125*）

8 21世紀初頭のフランス法における保証の展開

....野澤正充 訳....*133*

は じ め に（*133*）

Ⅰ 保証人の保護の拡大（*134*）

　A 契約の締結 ── 裁判官の評価権限を害して拡張される保証人
　　の保護（*134*）

　B 契約の履行 ── 家族にもその範囲が拡大した保証人の保護（*138*）

Ⅱ 保証債務に特徴的な要素の否定（*140*）

9 フランス法における保証と個人の過剰債務処理手続

....野澤正充 訳....*145*

は じ め に（*145*）

Ⅰ 自然人である保証人の過剰債務の防止における画一性（*147*）

　A 過剰な保証に対するサンクション（*147*）

　B 保証債務の重大性についての保証人に対する情報の提供（*149*）

Ⅱ 自然人である保証人の過剰債務処理の画一化（*151*）

A　会社の債務の保証人である会社の経営者に対する個人の過剰債
　　　　務処理手続の開始（*154*）
　　B　合名会社（société en nom collectif）の社員である保証人の排除
　　　　（*155*）

10　フランス法における保証と会社

　　　　　　　　　　　　　　　　　　　　　　　　　野澤正充 訳……*159*

　は じ め に（*159*）
　Ⅰ　保証人の保護における会社の存在の影響（*160*）
　　A　債務超過に陥った会社の救済の必要性と会社経営者である
　　　　保証人の保護の拡大（*161*）
　　B　保証人である会社の特別な保護規定（*162*）
　Ⅱ　会社の組織変更が保証に及ぼす影響（*168*）
　　A　会社の組織変更が保証契約の一般的要件に及ぼす影響件（*169*）
　　B　保証人である会社の組織変更に関する特別な場合（*170*）

◆　第Ⅲ部　◆　　そ の 他

11　フランス民法典への信託の導入

　　　　　　　　　　　　　　　　　　　　　　　　　平野裕之 訳……*179*

　序　　論（*179*）
　Ⅰ　新たな信託の「財産」管理方法としての利用可能性は少ない（*185*）
　　A　実際に［財産］管理信託を利用する方法（*185*）
　　B　［立法］作業の準備段階で考えられていた［財産］管理信託の
　　　　特殊な利用に対する疑念（*188*）
　Ⅱ　新たな信託の担保としての利用可能性は少ない（*191*）
　　A　担保という機能からは適切ではない規定の存在（*192*）
　　B　担保の機能を持つ［信託のために必要な］法制度が欠けている
　　　　こと（*194*）
　結　　語（*196*）

12 近時のフランス法における資産 (patrimoine) 論の展開

……………………………………………………………… 原　恵美 訳……*205*

第1部　オーブリ＝ローの理論── 多くの例外を抱える原則 (*207*)

Ⅰ　法人格の存在と資産の存在 (*207*)

　　Ａ　人のみが資産を有するということ (*207*)

　　Ｂ　あらゆる人が資産を有するということ (*208*)

Ⅱ　資産の不可分性 (*209*)

第2部　資産の保持者に認められた積極財産分離のための新たな
　　　　権限 (*210*)

Ⅰ　積極財産の不完全な分離の承認 (*211*)

Ⅱ　充当資産の承認による完全な分離の承認 (*212*)

13 フランス倒産手続における担保の処遇

……………………………………………………………… 下村信江 訳……*215*

は じ め に (*215*)

Ⅰ　人的担保に対する倒産手続法の影響 (*216*)

　　Ａ　保証の場合における人的担保の付従性に由来する影響 (*217*)

　　Ｂ　倒産手続の迅速な開始を促進する立法者意思に由来する影響 (*220*)

Ⅱ　物的担保に対する倒産手続法の影響 (*222*)

　　Ａ　企業の更生を促進する意思に結びつけられる影響 (*222*)

　　Ｂ　排他的な地位を与える担保の抵抗 (*227*)

14 フランス法における債務法改正後の債権譲渡

……………………………………………………………… 齋藤由起 訳……*233*

Ⅰ　債務法改正に対するダイイ譲渡の影響 (*234*)

　　Ａ　一般法上の新債権譲渡に対するダイイ譲渡の明白な影響 (*234*)

　　Ｂ　一般法上の新債権譲渡の機能に対するダイイ譲渡の潜在的な
　　　　影響 (*236*)

Ⅱ　ダイイ譲渡に対する債務法改正の影響 (*241*)

　　Ａ　債務法改正によるダイイ譲渡に関する法制度の強化 (*241*)

　　Ｂ　将来債権に関する法制度上の新たな相違の出現 (*245*)

15 債務法改正後における契約の相互依存性

··野澤正充 訳·····*251*

はじめに（*251*）
I　債務法の改正と相互依存性の存在（*253*）
　　A　債務法の改正と相互依存性の根拠（*253*）
　　B　債務法の改正と相互依存性の基準（*256*）
II　債務法の改正と相互依存性の効果（*258*）
　　A　改正によって明示的に認められた効果（*258*）
　　B　改正によって定められなかった効果（*262*）

あとがき（*265*）

仏 語 目 次（巻末）
著者紹介／監訳者・訳者紹介（巻末）

初 出 一 覧

◆ Ⅰ　担 保 一 般

1　「フランス担保法の新たな展開 —— 二〇世紀末と二一世紀初頭における担保法の展開」（野澤正充訳）立教法学69号、pp. 87-104, 2005

2　「フランスにおける担保法改正の評価 —— 成功か失敗か？」（野澤正充訳）ジュリスト1365号、pp. 94-123, 2008

3　「フランス法における設定者の担保価値維持義務」（片山直也訳）慶應法学44号、pp. 213-226, 2020

4　「フランス法における担保執行者（agent des sûretés）」（野澤正充訳）立教法学101号、pp. 459-472, 2020

5　「所有権担保と2017年フランス担保法改正準備草案」（片山直也訳）慶應法学48号、pp. 215-237, 2022

6　「フランス担保法改正とグローバル化」（今尾真・蛇原健介・黒田美亜紀訳）明治学院大学法学部『明治学院大学法学部創立50周年記念シンポジウム　グローバル社会における法と正義』（明治学院大学法学部）、pp. 10-33, 2018

◆ Ⅱ　保 証

7　「フランス法における保証人に対する情報提供 —— 近時の状況及び将来の改革の展望」（平野裕之訳）慶應法学2号、pp. 189-236, 2005

8　「21世紀初頭のフランス法における保証の展開」（野澤正充訳）立教法務研究6号、pp. 147-160, 2013

9　「フランス法における保証と個人の過剰債務処理手続」（野澤正充訳）立教法務研究8号、pp. 77-90 2015

10　「フランス法における保証と会社」（野澤正充訳）立教法務研究8号、pp. 91-109, 2015

◆ Ⅲ　その 他

11　「フランス民法典への信託の導入」（平野裕之訳）法学研究81巻9号、pp. 93-116, 2008

12　「近時のフランス法における資産(patrimoine)論の展開」（原恵美訳）立教法務研究6号、pp. 161-174, 2013

13　「フランス倒産手続における担保の処遇」（下村信江訳）近畿大学法科大学院論集10号、pp. 161-184, 2014

14　「フランス法における債務法改正後の債権譲渡」（齋藤由起訳）ノモス39号、pp. 1-13, 2016

15　「債務法改正後における契約の相互依存性」（野澤正充訳）立教法務研究10号、pp. 202-217, 2017

xiii

フランス民法の伝統と革新
Ⅱ　担保とその周辺

第Ⅰ部

担保一般

フランス担保法の新たな展開
——20世紀末と21世紀初頭における担保法の展開

野澤正充 訳

は じ め に

　フランスの担保法は、大きな全体的法改正がなく、静かに流れる長い大河に似ている。しかし、担保法の改正は、もうすぐ行われることとなる。なぜなら、司法省は、すでに担保法改正のための委員会を設置し、その委員会に私も参加しているからである。この委員会の目的は、担保に関する民法典の部分を、簡素化しかつ現代化するために改正することにある。

　現時点（2005年2月）においては、この改正は、いまだ実現されていない。しかし、フランスの担保法が、発展していないと考えてはならない。むしろ反対に、担保法は、最も大きな変動を示している法領域の一つであるといえよう。なぜなら、（担保法においては）、債権者の要求と、第三者の保証人となることに同意し、または、その有する財産に担保権を設定することを同意した者との均衡が、常に図られなければならないからである。

　立法者は、時に、実務の新たな要請を満たす新しい担保物権を創設する必要がある。とりわけ、先取特権や今日では大変重要となった（目的物の）占有を移転しない質権を増やさなければならない。そこで、民法典改正委員会は、民法典において、占有移転を伴う、あるいは伴わない質権を明文として認めることによって、このような展開を承認することを提案している。

　しかし反対に、法は、現行担保の実効性を制限している。たとえば、1984年には、保証人に対して行われた濫用を制限し、また、1985年には、会社更生手続が開始された企業をより更正させるために、さらに、1989年と2003年には、債務超過に陥った債務者を保護している。

I 担保一般

　このことは、当然のことながら、実務のリアクションを引き起こしている。す
なわち、実務では、多少なりとも法の規制を免れる新しい担保を創設するため
に、契約自由のあらゆる可能性を検討し、それによって創設されたものが、今度
は、新しい判例の解決や、時には新しい立法の出現をもたらすことになる。

　担保法の展開は絶え間なく、おそらく将来は、EU法の介入によって、より発
展させられるであろう。EU法は、担保法に関してもある程度の介入を行いはじ
めている。たとえば、すでに、金融保証契約に関する2002年6月6日付の第一指
令は、一般的に、クレジット会社間における担保としての債権譲渡の有効性を承
認した。

　かくして、フランス担保法は、担保法の諸原則が展開するとともに、担保法に
おける（担保の）区別が変容することによって、複雑に発展している。以下で
は、担保法の諸原則の展開（Ⅰ）と、担保の新しい区別（Ⅱ）について論ずる。

Ⅰ　諸原則の展開

　担保法に本質的な諸原則の中で、二つのものにとりわけ留意する必要がある。
なぜなら、この二つは、相反する展開を示しているからである。一つは、附従性
の原則であり、今日では、それを制限する多くの例外が認められている（A）。
もう一つは、適合性（proportionnalité）の原則であり、これに反する新たな展開
が認められている（B）。

A　附従性の原則に対する例外

　フランス法では、すべての担保は、被担保債権に附従する。すなわち、その附
従性のゆえに、担保権は、その被担保債権に随伴することが認められている。た
とえば、2004年12月6日の破毀院大法廷判決（D. 2005, p. 215, note L. Aynès）は、
以前に破毀院商事部によって誤って考えられていた問題について、判例の急な展
開をもたらし、その一つの重要な例を提示している。すなわち、破毀院大法廷
は、賃貸目的不動産の譲渡の場合において、賃借人のために設定された保証契約
が、当然に賃貸人の地位の譲受人に移転することを認めている。

　しかし、この担保権の附従性は、同時に、債権者にとって、二つの不都合な結
果をもたらしている。

6

第一に、担保設定者は、主たる債務者が債権者に対抗しうるすべての抗弁を、債権者に対して対抗できることになる。

第二に、担保は、債権が消滅すれば失われることになる。この点は、とりわけ、保証の場合において問題となる。なぜなら、保証制度は、その附従性によって本質的な影響を受けるものだからである。この問題については、たとえば、2004年5月5日の破毀院商事部判決（no01-03.873, D. 2004, p. 1594s., obs. A. Lienhard）が注目される。同判決は、和解手続において、主たる債務者に認められた債務の減額を、保証人が主張しうることを認めるものである。しかし、それ以前に出された1996年11月13日の破毀院第一民事部判決では、個人の債務超過の場合における和解手続において、反対の結論が認められていた。

しかし、担保権の附従性によってもたらされる、これらの二つの不都合な結果については、今日では、新しい形式の人的担保が登場することによって、重要な例外が認められている。その人的担保は、実務、特に判例によって創設されるとともに、いずれは立法化されることとなろう。

1）抗弁の対抗の原則に対する実務による例外の創設

保証において特徴的な、抗弁の対抗によってもたらされるリスクを避けるために、国際商事実務は、請求払無因保証（la garantie à première demande）を創設した。ここにいう請求払無因保証は、国際商取引法において、保証金の代わりに用いられるものである。たとえば、国際商取引においては、ある企業が契約を結ぶ際に、債務の履行を確保するための担保として、契約の総額の5パーセントに相当する金額（保証金）を寄託することが求められる。しかし、企業にとってはその負担が大きいため、それを避けるために、請求払無因保証が用いられる。すなわち、企業の債権者は、銀行がその寄託金に相当する金額の支払を約束する代わりに、企業がその寄託額をただちに支払うことを免除する。この場合において、銀行は、企業の契約上の債務の履行を担保するのではなく、担保としての寄託金の額の払込みを保証するのである。これによって、銀行は、担保金の支払を拒絶するために、企業が有する契約上の抗弁を主張することはできない。すなわち、この請求払無因保証によって、銀行は、第一次的に、かつ、いかなる抗弁をも生ぜしめることなく、債権者に対して一定額を支払うことが義務づけられる[1]。

今日のフランスでは、純粋に国内における取引についても、請求払無因保証の

I 担保一般

発展が認められる。ただし、国内法においては、請求払無因保証と保証とを区別することは難しい。なぜなら、請求払無因保証の対象は時に、主たる債務者の債務の全額と同額だからである。

では、請求払無因保証と保証は、どのように区別されるのか。この問題につき、判例は、請求払無因保証に一種の形式を創設し、請求払無因保証であるためには、積極的および消極的な二つの要件が満たされなければならない、と答えている。

第一に、保証人は、明示的に、主たる契約から生じる抗弁を対抗できることを放棄しなければならない。

第二に、保証の目的は、主たる債務者の義務に照らして決定されてはならない。したがって、保証人は、たとえ明示的に抗弁の対抗を放棄したとしても、主たる債務者が負っている義務を履行すべき場合においては、判例によれば、保証を構成することになる[2]。

しかしながら、このことは、請求払無因保証において、主たる契約との照合が完全に排除されることを意味するものではない。すなわち、請求払無因保証が主たる契約に照合するようなものとして合意された場合には、1997年10月7日の破毀院商事部判決[3]は、これを請求払無因保証として認めている。もっとも、実際には、他の解釈のしようがないであろう[4]。

（1）保証人（銀行）は、担保の受益者が、その顧客の破産手続において、債権の届出をしていなかったことを（抗弁として）主張できないとした判例として、Cass. com., 30 janvier 2001, *Bull. civ.* IV, no 25; *RTD com.*, 2001, p. 753, obs. M. Cabrillac; *RD bancaire et financier* 2001, p. 88, obs. A. Cerles; *RTD com.*, 2001, p. 763 s., obs. A. Martin-Serf; *Defrénois*, 2001, art. 37427, p. 1319 s., obs. S. Pidedelièvre; *Banque et droit*, no 77mai-juin 2001, p. 50 s., obs. A . Prüm

（2）Cass. 1re civ., 13 mars 1996, *RD bancaire et bourse* 1996, p. 123, obs. M. Contamine-Raynaud; *JCP 1997*, éd. G,. I, 3991, no 11, obs. Ph. Simler; Cass. com., 11 mars 1997, Dalloz Affaires, 1997, p. 472 s.; Cass. com., 9 décembre 1997, *Dalloz Affaires*, 1997, p. 199 s.; RD bancaire et bourse 1998, p. 66, obs. M. Contamine-Raynaud; Cass. com., 14 juin 2000, JCP G 2001, I, 315, no 8, obs. Ph. Simler; Cass. com., 6 mai 2003, JCP G 2003, II, 10186, note F. Guerchoun

（3）Cass. com., 7 octobre 1997, Dalloz Affaires, 1997, p. 1323 s.

（4）このことは、担保が、その本来予定されているものとは異なる与信に用いられ、濫用されることを防ぐという長所がある。Cass. com., 18 avril 2000, Droit et patrimoine, no 94, juin 2001, 2854, p. 91, obs. B. Saint-Alary.

1 フランス担保法の新たな展開

しかし、請求払無因保証であることを明示する場合には、当該保証が一定の金額を目的とするものであり、主たる契約の履行に附従することなく、主たる債務者によって支払われるべき金額ではないことを明らかにすべきである[5]。

請求払無因保証制度の発展により、担保法改正委員会は、民法典中に、その定義と破毀院によって認められた要件とを新しい条文として挿入することを提案した。さらに、現在国会で審議中の倒産法改正草案では、担保が自然人によって設定された場合には、請求払無因保証を保証と同じ法制度として位置づける規定が置かれている。これは、国内法において、債権者に、保証に代えて請求払無因保証を利用しようとする意欲を失わせるものとなった。

2）担保の消滅における附従性に対する判例による例外の創設

消滅における附従性の例外の創設としては、事業者間における担保が例としてあげられる。すなわち、事業者の顧客に対する債務の支払を担保するために、銀行によって保証がなされる。フランスでは、これらの担保は、時に立法者によって要求され、多くの事業者は、その条件に従ってのみ、営業活動をすることになる。たとえば、公証人、不動産仲介業者、旅行会社などである。

しかし、これらの事業者に倒産手続が開始された場合において、その顧客が（事業者に対する）債権を適時に届け出ることは、非常にまれである。なぜなら、顧客は、倒産手続の開始を知らないか、フランス法が債権の届出を要求していることを知らないからである。その結果、彼らの債権は消滅し、論理的には、附従性によって担保権も失われることになる。

これらの顧客、すなわち消費者は、立法者が倒産手続において彼らを保護するために担保権を明確に規定したにもかかわらず、まさに倒産法の適用と附従性の原則によって担保権を失うことになる。そこで、規定の文言や保証の性質に従わなければならないのか、換言すれば、消滅における附従性に対して例外を認めることはできないのであろうか。

この問題は、とりわけ解決することが難しく、破毀院の大法廷判決によって解

（5）このことは、破毀院商事部 1999 年 5 月 18 日判決（*RTD com.*, 1999, p. 743 s., obs. M. Cabrillac）によって明確に肯定され、破毀院商事部 2001 年 1 月 30 日判決（*Bull. civ.* IV, no 25; *RD bancaire et financier* 2001, p. 88, obs. A. Cerles）によって確認された。M. H. Maleville, "La confusion entre cautionnement et garanties autonomes", *JCP* E 2002, no 29, p. 1233.

I 担保一般

決されるまでに、破毀院の各部が変更あるいは様々な答えを示していた[6]。破毀院大法廷は、1999年6月4日の判決[7]において、立法者が担保を保証であると性質決定していても、事業者の担保は独立した担保であり、したがって、その被担保債権が消滅した後にも、なお存続するものであると判示した。

この判決は、新しい担保の形式を創設した点において重要である。すなわち、破毀院が判示したように、この担保は独立したものであるため、保証ではない。しかし、真の独立した担保権ではない。なぜなら、この担保権を定めた法律によれば、担保は、主たる債務者の債務超過が証明された場合にしか認められえないからである。そこで、破毀院は、明確に次のように判示している。すなわち、この担保権は、附従性と独立性との中間領域に位置するものであり、部分的にしか附従性を有しない。

被担保債権の消滅に対して担保権が附従しないという問題は、ただ人的担保に関してのみのものではない。同様に、担保物権、より明確にいえば、抵当権においても問題となる。

フランスでは、抵当貸付は制限されている。というのも、抵当権の設定に多額

（6） 当初、破毀院第一民事部は、1991年6月4日判決（*Bull. civ.* I, no 179; *JCP* G 1993, II, 21990, note M. Béhar-Touchais）において、次のように解していた。すなわち、担保の性質に言及することなく、事業者の顧客は、担保の利益を受けるためには、その有する債権を届け出る必要はない。なぜなら、この強制的な担保権を規定する条文は、一定の債権の消滅原因を規定するが、その中には債権の届出がないことが明示されていないからである。

しかし、同じ時期の破毀院商事部1991年10月1日判決（*JCP* G 1993, II, 21990, note M. Béhar-Touchais）は、担保を保証であると性質決定し、保証人が、届出のない債権の消滅を顧客に主張しうるとした。かくして、破毀院内部で見解が対立し、この対立は、二つの部が相互にその見解を変更したため、継続することとなった。

まず、商事部は、1993年10月5日の判決において、この金融担保が保証ではあるけれども、特別な制度に従うものであり、債権の届出がなくても消滅するものではないと判示した。それゆえ、第一民事部が同様にその見解を撤回しなかったならば、見解の対立はなくなっていたであろう。しかし、第一民事部は、1995年1月10日の判決において、次のように判示した。すなわち、「この担保の消滅に関する特別な性質は、保証人から、1985年1月25日の法律53条の適用による債権の消滅がもたらす抗弁を、民法典2036条に従い、債権者に対して主張しうる可能性を奪うものではない」（Cass. 1re civ., 10 janvier 1995, *Bull. civ.* I, no 17; D. 1995, p. 178 s., note L. Aynès; *JCP* G 1995, II, 22489, note crit. M. Béhar-Touchais; *JCP* G 1995, I, 3871, no 10, obs. Ph. Pétel; *RTD com.*, 1995, p. 662, obs. A. Martin-Serf; *JCP* G 1995, I, 3889, no 2, note Ph. Simler.）。

（7） Cass. Ass. plén., 4 juin 1999, *RTD civ.* 1999, p. 665, obs. P. Crocq.

の費用がかかり、また、被担保債権の消滅によって抵当権も消滅し、新しい貸付に担保権を設定しようと思えば、抵当権を再び設定しなければならないからである。

この不都合を回避するために、抵当権の附従性を問題とし、抵当権は必然的に被担保債権に附従しないとする法律も存在する。たとえば、スイス法における土地の租税債権に対する抵当権や、ドイツ法における土地債務〔Grundschuld〕（の抵当権）などである。

担保法改正委員会は、同一の抵当権が集合債権を担保することができるよう、民法典における抵当権の目的物の特定性（spécialité）の原則に対して例外を認めることを提言している。

したがって、担保法は、附従性の原則と、さらには、特定性の原則を部分的に問題とすることによって、債権者の要求に合致するものとなるであろう。

また、以下の、適合性の原則の展開に示されるように、担保法は、債務者の要求にも合致したものとなる。

B　適合性の原則の展開

担保法においては、適合性の原則は、人的担保と物的担保の局面に従い、次の異なる二つの点で示される。すなわち、人的担保においては、本来的には、担保権の設定段階で機能する(1)。これに対して、物的担保においては、本来的には、担保の実行段階において機能する(2)。

1）　適合性の原則と人的担保の設定

まず、適合性の原則は、消費法典 L. 313-10条（現・L. 314-18条）に規定されている。同条は、クレジット会社が自然人との間で、その締結時に、明らかに当該自然人の資産や収入に不釣り合いな保証契約を締結した場合には、保証契約を主張することができないとする。この条文は、適合性の原則を提示するが、この原則は、主として消費者信用の局面においてしか適用されず、その適用範囲は非常に限られている。

この原則の適用範囲を飛躍的に拡大するためには、破毀院の介入が不可欠であった。1997年6月17日の破毀院商事部判決(8)は、マクロン（Macron）判決と呼ばれる非常に重要な判決である。この判決は、会社の経営者によってなされた保証契約の事案であり、消費者信用に関するものではないが、次のように判示し

た。すなわち、銀行は、保証人の資産および収入と不均衡な保証契約を締結した点において過失があるとした。

この判決は、非常に重要である。なぜなら、明文なしに、適合性の原則を一般的に承認したからである。すなわち、保証人の保証債務は、その支払能力に比して、明らかにこれを超えてはならない、という原則である。

しかしながら、この判決の射程は、ナウーム（Nahoum）判決と呼ばれる別の判決（破毀院商事部2002年10月8日判決）によって、著しく制限されている。同判決は、保証人が主たる債務者である企業の経営者である場合に、この原則を適用することを拒絶している。そして、とりわけ注目されるのは、2003年8月1日の経済活性化のための法律による消費法典 L. 341-4 条（現・L. 332-1 条）の新設である。すなわち、同条は、消費法典 L. 313-10条（現・L. 314-18条）に規定された適合性の原則を、あらゆる保証に適用するものであり、これによって適合性の原則は一般的な原則となった[9]。それゆえ、適合性の原則は、新たに、保証人が会社の経営者である場合にも適用されることになる。

物的担保においては、この適合性の原則は、担保権の設定段階においては、一般的に提示されない。なぜなら、債務者は、債権者に対して、担保権が債務者の有する財産と釣り合うものであることを要求する利益はない。というのも、債務者が負う債務額は、担保権の設定される財産の価値を明らかに超えるからである。

適合性の原則は、物的担保の設定段階ではなく、その実行段階において現れるであろう。

2） 適合性の原則と物的担保の実行

物的担保においては、適合性の原則は、その担保権の実行によって、債務者が

（8） Cass. com., 17 juin 1997, *Dalloz Affaires*, 1997, p. 929 s.; *Defrènois*, 1997, art. 36703, p. 1424 s., no 158, obs. L. Aynès; *RTD com.*, 1997, p. 662, obs. M. Cabrillac; *RD bancaire et bourse* 1997, p. 221 s., obs. M. Contamine-Raynaud; *JCP* 1997, éd. E, II, 1007, note D. legeais; *JCP* 1998, éd. G, I, 103, no 8, obs. Ph. Simler.

（9） 消費法典の新しい L. 341-4 条は、保証に関するこの法律の他の規定とは異なり、直ちに発効されているが、次のように規定する。すなわち、「事業者である債権者は、自然人との間で締結された保証契約が、その締結の時に、保証人の財産及び資産に明らかに不適合であった場合には、保証契約を主張することができない。ただし、保証契約の履行の時点で、保証人の資産がその債務に見合うものであるときは、この限りでない」。

不当な損害を被らないことを目的とする。この債務者からの簒奪（spoliation）の危険は、とりわけ、目的財産が非常に安い価格で、すなわち、その実勢価格に比して非常に低い価格で売却された場合に生じうるものである。

1804年、債務者に対する詐欺の防止の危惧によって、民法典の起草者は、債権者に対して、その意のままに担保目的財産の売却（私的実行）を認める条項を結ぶことを禁止した。起草者は、公的競売が、財産の実勢価格に最も適合する代金を取得できる最良の手段であると考え、担保目的財産は公的競売の対象となるものとした。

ところで、今日では、実務においては全くそうではないことが、よく知られている。すなわち、一方では、目的財産の最低競売価格は債権者によって決定され、しかも債権者は、しばしば財産が確実に売却されるように、最低競売価格を残存債務額に相当する金額にしか設定しない。他方では、競売価格は全く上がらず、財産はしばしば、話にならない低価格で落札される。かくして、債務者は、その財産を簒奪されることになる。

このような危険が、ここ数年来、重要視されてきた。すなわち、担保が動産を目的としている場合には、適合性の原則は、1991年7月9日に施行された改正民事執行法によって認められている⁽¹⁰⁾。同法によれば、債権者は、債務者に対して、一ヶ月の期間を与えなければならない。この期間は、最も高額な代金を得るよう、目的財産を、競売でなく買い受ける取得者を探すためのものである。

担保が不動産を目的とし、かつ、その不動産が債務者の主たる住居である場合⁽¹¹⁾には、1998年1月23日の法律によれば、競売価格が明らかに不十分であるときは、債務者がその価格に異議を述べる権利を有する、と規定されている。この場合には、裁判官が、当該不動産の価値と市場の状況を考慮して、新しい競売価格を決めることになる⁽¹²⁾。

---

(10) この法律の52条は、この原則を、全ての動産競売に適用されうる一般原則とし、実際に破毀院も、1995年5月5日の意見（avis）によって、自動車の与信の場合における売主の担保権に適用することを認めている（Cass., Avis, 5 mai 1995, RTD civ. 1996, p. 203, obs. P. Crocq）。

(11) 債権者の居住用家屋の保護は、近年、2003年8月1日の経済活性化のための法律によって強化されたばかりであることに注意を要する。すなわち、同法は、公証人の作成した届出をすることによって、債務者に対して、その主たる住居を差押えできないものとし、その居住用家屋が債権者の共同担保となることから免れることを認めた。

I 担保一般

担保法の展開を生ぜしめた諸原則の検討からは、法が、債権者の要求の考慮と債務者の保護との間の均衡を、不断に追求していることが示されている。この均衡の追求は、担保法の大原則の適用においてのみ、行われるものではない。均衡の追求は、担保法の中の新しい区別の出現をも、結果的にもたらすことになる。

II 担保権の新たな区別

担保法の展開は、民法典には存在せず、20世紀末になってはじめて現れた二つの区別を生ぜしめた。一つは、優先弁済権に基づく担保と、排他性に基づく担保の区別である (A)。そして、もう一つは、事業者によって設定された担保と、非事業者によって設定された担保の区別である (B)。

A 優先弁済性の区別

長い間、担保物権法は、次のような格付けの論理によってのみ、基礎づけられてきた。すなわち、担保は、債務者に対する債権者間の平等を破るものであり、各債権者の利益や立法者が追求する与信政策に応じて、担保権を有する債権者間に序列をつけるのは、立法者の責任に帰せしめられていた。

このような格付けに基づく担保物権法の古典的な考え方は、今日では、債権者がもはや単に他の競合する債権者に対して優先されるのみならず、無条件に他の債権者たちとの競争そのものが排除されてしまうこともある、という法状況の多様性によって、本質的に再検討を迫られているのである。

いくつかの例を挙げてみよう。

留置権は、1996年7月2日の法律以降、非常に重要なものとなっている。この法律は金融の手段としての口座の質権を創設したものであるが、これによって全く実体のない対象が質権の目的物となることが認められたのである。

相殺も、今日では、とりわけ金融市場において、非常に重要な担保としての役割を有している。すなわち、2001年5月15日の法律と2003年8月1日の法律が、当事者の一方に対して倒産手続が開始された場合においてもなお適用されうる、

---

(12) 裁判官によって改訂された代金額でも買受人が現れない場合においては、財産は直ちに競売にかけられ、競売は、その代金額から当初の最低競売価格まで、順次に引き下げることによって行われる。

債権間のグローバルな相殺のメカニスムの有効性を承認したのである。

とりわけ、債権支払の担保としての所有権の利用は、その実効性を強化する(1)とともに、その適用領域を拡大している(2)。

1) 所有権担保の実効性の強化

所有権担保の強化は、ファイナンスリース、所有権留保、および、担保としての事業者による債権譲渡（債権譲渡担保）において顕著である。以下では、所有権留保のみを例示しよう。

倒産法を改正した1994年6月10日の法律は、同様に、所有権留保条項の実効性をも明らかに改善した。とりわけ、同法は、それ以前にはなかったことであるが、売買の一般条項において所有権留保を挿入した。また、代金を支払われなかった売主は、たとえ当該目的物が買主の在庫品の中に混ざってしまったとしても、その物に対する返還請求権を行使しうるとした。すなわち、このような目的物は、2002年3月5日の破毀院商事部判決(13)が認めたように、実際には債務者に帰属していることが証明されても、その物に対する返還請求が認められたのである。

さらに、1996年7月1日の法律は、所有権留保条項が売主によって一方的に挿入され、買主がその所有権留保の存在を承認していなくても、当該所有権留保条項の効力が生じうることを認めた。

しかし、所有権担保は、単にその実効性を強化しただけではなく、その適用領域をも拡大した。

2) 所有権担保の適用領域の拡大

その拡大は、譲渡担保（fiducie-sûreté＝信託担保）において明らかである。ここにいう譲渡担保とは、債務者がその債務の支払を担保するために、債権者に対して、その有する財産の譲渡を行うものである。

当初は、譲渡担保は、ただ一つの条文、すなわち、担保としての事業者間の債権譲渡を認める1981年1月2日のダイイ（Dailly）法においてしか認められていなかった。しかし、今日では、1993年12月31日、1996年7月2日および1998年7月2日の三つの法律によって、譲渡担保は、株式取引と、銀行間でのあらゆる契

---

(13) Cass. com, 5 mars 2002, *RTD civ.* 2002, p. 339 s., bos. P. Grocq; *D.* 2002, p. 1139 s., obs. A. Liénhard.

Ⅰ　担保一般

約関係を担保しうるものとして認められている。

　このように、譲渡担保の利用は、銀行間取引においては一般化し、その展開は、2002年6月6日のEU指令によっても承認されている。

　ところで、このような展開は、与信の著しい増大と関係している。すなわち、今日では、フランスでなされている、あらゆるクレジットを総計すると、そのクレジットの大部分を担保する担保権は、所有権であろう。このような所有権担保の一般化は、譲渡担保を明確に規定した法律のほかにも、判例による承認をもたらした。しかし、判例による承認を待つことなく、担保法改正委員会は、民法典において、担保としての債権譲渡の可能性を規定するよう提案しようとしている。

　以上のような近時における法律の概念からは、所有権担保の発展が、フランスにおける担保法の近時の展開を特徴づける最も重要な現象の一つである、と考えられる。しかしながら、この現象は、本質的には事業者間における関係に関するものにとどまっている。そこで、以下では、事業者によって与えられた担保と非事業者による担保との区別を検討しよう。

B　個人と事業者の区別

　長い間フランス法では、商法が適用される商人と、民法が適用される非商人とを明確に区別してきた。しかし、今日では、この区別は失われつつある。たとえば、2003年8月1日の法律は、非商人にも拡大された民事破産手続である個人再生法を規定した。そして、同法の規定は、債務超過に陥った企業に適用されうる倒産法の規定と近い内容となっている。

　商人と非商人との区別は、今日では、他の区別に取って代わられようとしている。すなわち、事業者と非事業者の区別である。この区別は、以下の二つの点において、担保法に現れている。

　第一に、事業者と非事業者との区別は、利用される担保の選択において現れる。たとえば、物的担保における所有権に基づく担保や、人的担保における請求払無因保証のような新しい担保は、本来的には事業者間において利用されている。このことは、これらの担保権の実行が、より簡単かつより効率的であることを示している。これに対して、抵当権のような、一定の伝統的な担保は、本来的には非事業者によって用いられている。このことは、これらの伝統的な担保権

が、より形式主義的であり、かつ、担保権設定者をより保護するものであること
を裏付けている。

　もはや実務においては、会社の経営者のような事業者によってなされる保証
と、非事業者によってなされる家族の行う保証しかない。

　第二に、家族の行う保証の場合においては、個人と事業者との違いが依然とし
て残っている。なぜなら、その違いは、担保に適用されうる法制度の多様性に
よって顕在化するからである。たとえば、判例においては、単なる個人保証と異
なり、会社経営者である保証人は、主たる債務者の支払能力に関する銀行の詐欺
的な沈黙を主張することはできない。

　これに対して、保証人が素人である場合には、銀行は、保証によって担保され
る取引が経済的には将来性のないものであるときは、真の助言義務を負うことが
ありうる。このことは、1998年6月23日の判決(14)が承認した。ただし、破毀院
は、一般的には、保証債務が保証人の償還能力に比して不均衡でない場合には、
信販会社がいかなる助言義務をも負うものではない旨を判示している。

　しかしながら、このような、会社経営者によってなされた保証と素人によって
なされた保証との法制度の違いは、2003年8月1日の改正以降は、保証人に要求
される手書き（mention manuscrite）の法的性質が変更してからは、あまり明確
ではなくなった。

　この改正前は、手書きは、消費者信用と居住用不動産の賃貸借における保証の
場合にのみ、保証の有効要件となっていた。しかし、この二つの場合を除いて
は、保証人によってその保証債務が認識されていたかどうかの単なる証明要件が
問題となり、不完全な手書きは、他の間接事実によって補完される書証の端緒を
構成しうるものである。

　ところで、判例は、会社経営者であることが、裁判官によっても排除されえな
い間接事実になる、と解している。ただし、2002年1月8日の破毀院商事部判決
によれば、「当該会社においてどのような役職を担当しているかを具体的に明ら
かにすることにより、書証の端緒を補完することができないような場合」には、
この限りではないとされた。したがって、実務においては、手書きの要求は、会

---

　(14) Cass. com, 23 juin 1998, *Bull. civ.* IV, no 208; *Contrats, conc., consom.*, 1998, comm.
　　126, obs. L. Leveneur; *JCP G* 1998, éd. E. p. 1831, note D. Legeais; *RTD civ.* 1999, p. 87 s.,
　　obs. J. Mestre; *RTD com.*, 1999, p. 683 s., obs. Cl. Champaud et D. Danet.

I 担保一般

社経営者が保証人であるときであっても、もはや重要ではなくなっていた。

ところで、このような保証人による違いは、2003年8月1日の法律に伴いなくなった。というのも、この法律により、手書きは、会社経営者によってなされた保証をも含む、あらゆる私署証書によってなされた保証の有効要件となったからである。その結果、同法の施行以降は、会社経営者も、手書きがないことを理由として、保証契約の無効を主張することができる。

主として、非事業者の保証の場合においてのみ規定された保証人の保護が、全ての保証に拡張されたことによって、非事業者の保証と事業者の保証との間に存在した法制度の違いはなくなった。

この問題については、他の例[15]も存在する。しかし、私にこれ以上おつきあいいただいて、皆さんの時間を奪うことは、私の本意ではない。ただ、この講演を終えるにあたって、次のことは強調しておきたい。すなわち、このような担保法の展開は、フランスの学説によって批判されていることである。その理由は、以上の展開が、会社経営者である保証人を、過剰にかつ不当に保護することになる、という点にある。

【訳者付記】本稿は、2005年2月23日に、立教大学太刀川記念館3階多目的ホールにおいて行われた、法務研究科特別セミナーの講演原稿を翻訳したものである。当日、質疑応答について通訳を務められた金山直樹教授（慶應義塾大学）に感謝するとともに、ピエール・クロック教授の招へいをお認めいただいた日本学術振興会に対しても、この場を借りてお礼を申し上げたい。

---

(15) このような現象が生じるのは、初めてのことではない。というのも、すでに、主たる債務者が債務超過に陥った場合における保証人への、債権者の情報の提供についての検討を行った（2005年2月16日に、早稲田大学国際会議場において行われたクロック教授の別の講演会「フランス法における保証人に対する情報提供」〔本書第7章〕を指す——訳者注）。これは、債務法のより広範な展開の中に位置づけられる。すなわち、消費者法の規定が立法者または判例によって一般化され、民法典の内容として、一般法に位置づけられることとなる。ただし、判例は、会社の経営者による保証においては、適合性の原則の適用を排除することによって、このような傾向に抵抗した。しかし、不幸にも、立法者は、2003年8月1日の法律によって、このような判例を破棄し、かくして、実務の要請と担保法の発展の方向性とを無視した。

2 2006年3月23日のオルドナンス第346号 による担保法の改正
——成功か失敗か？

野澤正充 訳

　1　2004年、まさに民法典の200周年を記念しようとしたときに、担保法は、もはやこの法典の中では重要な部分を占めてはいない、ということが明らかになっていた。すなわち、担保法は、さまざまな法典と多くの法律とに分散され、そのことが、担保法の利用者とフランスの法律家にとってのみならず、より一層、他国の法律家にとっては、担保法へのアクセスを困難なものとしていた。

　さらに、民法典の中でなお規定されていた規範は、時にあまりにも硬直であり、国際取引においてフランス法を適用するインセンティヴを失わせ、かつ、法律を改正しようとする他の国々が、担保に関しては、フランス法をモデルとすることを断念させてきた。

　2　上記の点は、担保法のヨーロッパにおける統一、さらにはグローバリゼーションが実現化されるに従い、ますます気がかりなものとなっていた。すなわち、一方では、ヨーロッパ民法典草案の中に、ヨーロッパ担保法草案が存在する。この草案は、毎年、ハンブルクのマックス・プランク研究所において開催される専門委員会によって推敲されているところであり、2007年9月には、すでに、ヨーロッパ人的担保法原則が公刊されている。そして他方において、UNCITRALは、担保法の改正を望んでいる国々に範型を提供する目的で、担保に関するモデル法の起草を行っている。

　3　そこで、司法省は、ミシェル・グリマルディ（Michel Grimaldi）教授を委員長とし、半数の大学教授と半数の実務家とによって構成される委員会に、担保法全体の改正作業を担当させた。2005年3月31日、同委員会は、その作業の成果を、担保法改正準備草案の形式で法務大臣に託し、政府は、オルドナンスによる法典化のテクニックを用いて、この改正を実現することを決定した。そのために、政府は、国会に対して、オルドナンスによる立法権の付与を要請し、その授

Ⅰ　担保一般

権が、2005年7月26日の信任と経済の現代化のための法律によって、政府に対してなされた。そして、担保法を改正する2006年3月23日のオルドナンスが制定されたのは、まさにこの授権に基づくものである。

このオルドナンスは、2006年3月23日以来、その大半が効力を生じ、今日では、2007年2月20日の法律によって追認されたため、法律としての価値を有している。

4　この2006年3月23日のオルドナンス第2006-346号による担保法の改正は、失敗か成功か？その施行後2年と少しが経過し、この改正が、当然に期待された改良のすべてを達成せず、それゆえ、収支決算としては中途半端なものであるとしても、それでもなお、全体としては、積極的に評価されてよいであろう。というのも、この改正は、担保法をよりアクセスいやすいものとした（Ⅰ）と同時に、物的担保をより魅力的なものとした（Ⅱ）からである。

Ⅰ　担保法へのアクセスの向上

5　改正により、フランスの担保法は、今日では次の2つの点において、市民に対し、よりアクセスのしやすいものとなっている。1つは、担保法の構造における改良であり(A)、もう1つは、担保法の内容がより明確である(B)ことにある。

A　担保法の構造における改良

6　担保法の改正は、担保法の構造を、一方では、部分的にではあるが、担保に適用されうる規範の分散を終わらせることによって（a）、他方では、これらの規範の編成を変更することによって（b）、改良した。

a）担保法の分散の減少

7　担保法の分散が減少し、今日では、その減少が民法典（の範囲）を広げたため、たとえその改良が不幸にも限定的である（2°）としても、改良は、直ちに目に見えるものとなっている（1°）。

1°）目に見える改良点

8　改良は、直ちに、次の2点において目に見えるものとなっている。すなわち、一方では、担保に関するすべての民法典の規定が、新しい第4編に集められ

た。これに対して、以前は、保証に関する規定と物的担保に関する規定が、民法典の異なる場所に存在していた。他方、所有権留保のように、他の法典に規定されていた担保権や、請求払無因保証（garantie à la première demande）のように、これまで全く規定のなかった担保権が、改正以降、この新しい第4編に規定されている。

2°）限定的な改良点

9　しかし、この改良点は、グリマルディ委員会に課せられた次の2つの制限によって、限定的なものとなっている。

10　第1の制限は、司法省によって課せられたものである。2005年2月8日、信託に関する法律案の元老院への付託の結果、司法省は、譲渡担保（fiducie-sûreté）がグリマルディ委員会の管轄には含まれないと決定した。これにより、譲渡担保は、管理信託とともに、信託の全面的な改正に含まれることとなった。その結果、今日では、2007年2月19日の法律により、譲渡担保は、担保に関する民法典の第4編に規定される代わりに、民法典の2011条以下において、黙示的に、しかもかなり軽率な仕方でしか規定されていない。

11　第2の制限は、保証法を改正する権限を政府に授与することを拒絶した国会によって課されたものである。この点は、条文の分散が最も気がかりなのがまさに保証に関するものであるだけに、大変残念である。この結果、担保法の改正は、たとえば、保証人に対する情報提供義務に関するさまざまな条文の間に存する矛盾を解決することができなかった。そして、情報提供義務に関する条文は、今日においてもなお、その主要な部分は、消費法典の中に規定されている。

12　したがって、新しい担保法は、改正前に存在した規定の分散を、少し減少させたにすぎない。同様に、担保法の編成が改良されたのも、部分的なものでしかない。

b）担保法の編成に関する少しの改良点

13　担保法の規範の改編は、本質的には、物的担保に関するものであり、その規範の最良の分類を導入する（1°）とともに、担保に関する普通法の強化（2°）が図られている

1°）担保物権法の規範に関する最良の分類

14　民法典によって最初になされた質権と抵当権との本質的な区別、すなわち、占有の喪失を伴う動産質権（gages）ないし不動産質権（antichrèses）と、占

I 担保一般

有の喪失を伴わない担保である抵当権との区別は、フランス法における占有の喪失を伴わない質権の登場とその発展によって、完全に妥当性を失った。もっとも、この占有の喪失を伴わない質権は、時に動産抵当として性質決定されている。

さらに、民法典の規定する質権の分類は、とりわけ他国の法律家にとっては、偽りのものであることが明らかである。というのも、フランスにおいては、民法典は、質権が本質的に占有の喪失を伴うものであると規定していた。しかし、実務が用いている大多数の質権は、占有の喪失を伴わない質権である。

それゆえ、担保法の改正は、まさに民法典の中に、占有の喪失を伴わずに設定できる質権を認めることによって、このような（実務との乖離という）状況に終止符を打つことを選択した。もっとも、占有の喪失を伴わない質権を認めることは、必然的に、担保権を、民法典のように、もはや占有の喪失の有無によっては分類しないということを意味する。そして今後、担保権は、その目的物に応じて分類されることとなる。すなわち、目的物が動産であるか不動産であるかによる分類である。そして、この分類は、動産についての担保（質権および所有権留保）と不動産についての担保（不動産質権および抵当権）とを対置させつつ、先取特権は両カテゴリーに共通するものとして残すことにより、より単純かつより実務に適合的な分類となる。

15 この新しい分類の導入は、動産質（gage）と質（nantissement）という2つの概念の間の混同をなくす契機となった。すなわち、当初の1804年の民法典においては、「質」（nantissement）という語は、占有の喪失を伴うすべての担保権を意味していた。すなわち、質は、動産に関する動産質（gage）と不動産に関する不動産質（antichrèse）とを表していた。しかし、動産質と質の概念の区別は、後に立法者が一方の用語を他方にも用いたため、その明確さを失うこととなった。

担保法の改正は、動産質（gage）の呼称を動産にのみ用い、質（nantissement）の呼称を無体財産権についてのみ用いることによって、この意味の混同に終止符を打った。

16 このような担保法の分類の改良は、担保法をよりアクセスのしやすいものとする。そして、担保法へのアクセスを容易にするという配慮は、同様に、改正の担当者を、特別な規制と比較して、物的担保の一般法における重要性を強化す

る方向へと導いた。

2°）物的担保の一般法における強化

17　特別法の増加は、常に適用可能な法規範の探求をより困難なものとする。それゆえ、特別法を義性にして、一般法を強化することが適切である。このことは、動産質に関して行われた。すなわち、担保法の改正によって、動産質に関しては一般法が、いかなる有体物であっても ―― 代替性のある在庫品についてさえも ――、占有の喪失を伴わない動産質の設定の可能性を認めた。そして、これにより、たとえば工場設備（matériel）や倉庫証券（warrants）の質のような、従来存在した動産担保の多くが無用となったのである。

18　論理的には、以後、動産質に関する特別な規制は廃止されることが望まれる。しかし、残念ながら、現実はそのようにはならない。そして、さらに悪いことに、担保法改正のこのような側面を全く理解していない司法省は、商法典のL.527-1条以下に、在庫品についての新たな動産質を創設することさえしているのである。しかし、この動産質は、全く無用である。というのも、担保法の改正は、すでに民法典の中に、代替性のある財産の全体を目的物としうる動産質を認めているからである。

もっとも、この2つの場合に適用可能な規範が同一であれば、あるいは、商法典の在庫品についての動産質の規範が、民法典の代替可能な財産についての動産質の規範よりも、より柔軟なものであれば、2つの規範が存在しても、問題は生じない。しかし、残念なことに、実際には、次の3つの理由によって問題が生じうる。

まず第1に、在庫品についての動産質の有効要件は、より厳格である。すなわち、一方では、商法典L.527-1条によれば、この動産質を設定する書面には、民法典では要求されない必要的記載事項を記載しなければならず、その記載のない場合には無効となる。他方、この在庫品についての動産質は、15日以内に登録されなければ無効となる（商L.527-4条）。しかし、民法典では、このような期間の遵守は要求されていない。

第2に、この在庫品についての動産質の実効性は少ない。というのも、流質契約（pacte commissoire）が、商法典L.527-2条によって禁止されているからである。これに対して、一般法の動産質では、流質契約が認められている。

最後に、この在庫品についての動産質は、当事者に自由をあまり認めていな

I 担保一般

い。というのも、在庫品が減少した場合において、債権者が債務者に対して動産質の目的となる在庫品の再設定を要求する権利は、動産質を設定された在庫品の価値が20パーセント減少しないと認められないからである。これに対して、一般法では、そのような分岐点を設けていない。なぜなら、民法典においては、このような義務が認められるとしても、債務者に対して在庫品の再設定の義務が課される分岐点の決定は、当事者の評価に委ねられるからである。

これらの制度の相違は、今日、実務に本質的な問題を生ぜしめている。すなわち、当事者は、より柔軟な規制である一般法に基づいて、在庫品についての動産質を設定することができるのか、それとも、商法典に規定されたより厳格な規制に強制的に服さなければならないか、という問題である。現時点では、この問題についての判例がないので、法的には、全く不確かな状況にある。

19 新しい担保法は、以前のものよりもより良くできているとしても、なお完全とはほど遠いといえよう。同様の総括は、担保法の規範の明確性についてもなされうる。

B 担保法の内容の明確性

20 新しい担保法の内容は、以前のものと比較すれば改良されている (a) ものの、残念なことに、いくつかの新しい問題を生ぜしめている (b)。

a) 満足すべき結果：担保法の内容の改善

21 新しい担保法は、今日では、次の2つの理由によって、より明確なものとなっている。1つは、これまで明文化されていなかった規範や実務が、民法典において明文化されたことであり (1°)、もう1つは、判例のよって解決されていなかった問題が、明確に解決されたことである (2°)。

1°) 従来の解決の明文による容認

22 これまで明文化されなかった解決を民法典において認めることにより、2006年3月23日の改正は、それらの解決に一層の安定性を与えた。ここでは、次の2つの例を指摘できよう。

第1の例は、判例法の容認である。すなわち、損害担保契約（garantie autonome）の概念は、従来は破毀院によってしか定義されていなかったが、今後は民法典の新しい2321条に規定されることとなった。

第2の例は、公証実務が創設した制度の容認である。すなわち、抵当権の合意

によるてき除であり、今後は、民法典2475条（現2463条）に規定されている。

2°）従前の問題の解決

23 改正は、破毀院によってなお解決されていなかった多くの解釈問題に対して、解決をもたらすことにより、担保に適用されうる規範を改良した。

まず、民法典の新しい2334条（現2325条）は、物上保証（cautionnement réel）の法的性質に関する問題を一挙に解決した。これは、破毀院の相次ぐ判例によって、多くの変遷が重ねられた問題である。

また、民法典の新しい2321条の第4項は、これまで解決のされていなかった損害担保契約の移転可能性に関する問題を解決した。

さらに、民法典の新しい2286条は、これまで議論されてきた、合意による留置権の有効性を明確に認めている。

最後に、民法典の新しい2363条および2364条第2項は、債権質について議論のあった問題を解決するものである。すなわち、被担保債権の弁済期より前に、質権の設定された債権の弁済期が到来する場合に、質の受益者（債権質権者－訳者注）に対して、質権の設定された債権の弁済を受けることができる権利を付与するものである。

24 しかしながら、新しい担保法は、予定されたほど明確ではない。というのも、改正は、いくつかの新しい解釈問題を生ぜしめたからである。

b）残念な点——新たな問題の発生

25 幸いなことに、新しい問題は、それほど多くはない。そして、そのいくつかは、回避されうるであろう。たとえば、民法典の新しい2335条に司法省によって挿入された、「他人の物の質権は無効である」との規定に関する解釈問題がそのような場合である。

この規定は、次の2つの理由によって、批判されている。

1つは、この規定が、将来の物の質権の有効性を認める民法典の新しい2333条と、両立することが難しい点にある。

他方、この規定は、すでに受容されている判例の解決を、再び問題とするものとなりうる。すなわち、所有権留保の受益者である売主と、その物の買主が占有の喪失を伴う動産質を設定した債権者との間で利害の衝突が生じた場合には、2279条（現2276条＝時効）の要件が満たされれば、常に動産質権者である債権者がその物の権利を取得するとされてきた。司法省は、この結論を再び問題とする

I 担保一般

意図であったのか。そうではなく、（2333条の解決は）他人の物の質権の無効を、他人の物の売買の無効と同様にしたものであろうと思われる。すなわち、何の負担もない所有権または質権を取得した者によってしか援用されえない無効による保護を認めたものである。つまり、この場合には、質権者である債権者にのみが無効を主張しうるものとするものであり、以前の判例の解決に戻すものではないであろう。

　26　あらゆる改革がその不確かな運命に当惑されるように、他の問題も不可避的に生じている。

　たとえば、民法典における信用保証状（lettre d'intention）に関する規定は、必然的に人的保証を形成することを前提としている。しかし、この新しい性質決定は、今日では、取締役会の承認なく、株式会社によって発行された信用保証状の有効性に関する判例を維持するか否かという問題を引き起こしている。

　また、根抵当権の創設は、ここ数年の間に必ず、（債権を入れ替えるという）根抵当の利益が、根抵当権の設定された不動産の取得者に対しても、自動的に移転されるか否かが問題となるであろう。

　27　しかし、フランス法におけるこの新しい根抵当への言及は、担保法改正の他の重要な局面を検討することへとつながる。すなわち、物的担保の魅力的な改良である。

Ⅱ　物的担保の魅力的な改良

　28　フランス法における物的担保は、2006年3月23日の改正によって、より魅力的なものとなった。それは、次の2つの理由に基づく。すなわち、一方では、物的担保の設定方法が、明らかにより柔軟なものとなり（A）、他方では、物的担保が、その実行段階において、より実効性のあるものとなったことである（B）。

A　物的担保の設定の緩和
　29　民法典をやや拙速に解釈すると、担保の設定の緩和は、動産に関する物的担保にのみ関わるように思われる。というのも、動産に関する物的担保の設定方法のみが、明示的に緩和されたからである（a）。しかし、実際には、その緩和の

適用領域は、改正が根抵当権を創設したことによって、同一の財産の上に、新たな信用を担保するために、何度も抵当権を設定しなければならないことを回避した限りにおいて、より広範なものとなっている。そして、動産の担保も不動産の担保も、両者ともに、追求されている効果は同一である。すなわち、将来発生すべき要件の到来を早めることであり、具体的には、将来の財産の上に、または将来の債務を担保するために、担保権の設定を容易にすることである（b）。

a）動産に関する物的担保の設定方法の緩和

30　動産に関する物的担保の設定方法の緩和は、担保が有体物を目的とする場合（1°）と、担保が債権のような無体財産権に設定される場合（2°）との両者において、同様に認められる。

1°）動産質の新たな設定方法

31　すでに述べたように、2006年3月23日のオルドナンスは、設定者の占有の喪失を、動産質の有効要件とはしないことを選択した。今後は、動産質は、物権契約ではなく、その有効性は、「被担保債務、動産質に供された財産の数量、種類、および性質を記載した書面」の作成のみを要件とすることとなる（民法典2336条）。したがって、この書面の作成のみが動産質の有効要件であり、占有の喪失は、もはや動産質の対抗要件でしかない。もっとも、この対抗要件は、当事者が占有の喪失を伴わない動産質の設定を選好した場合には、公示の方式を満たすことに代わりうるものである。

32　この公示は、動産が目的とされる担保においては、担保権設定者の名前を基準とする人的な公示でしかない。そして、当然のことながら、担保目的物が不動産でなく、登録の対象となる動産でもない場合には、担保権の設定された財産の所在を基準とする物的公示システムは、適用されない。そこで、2006年12月23日の2つのデクレによって、この設定者の名前による公示が認められた。すなわち、一方のデクレは、一般法の動産質に関するものであり、他方は、商法典の在庫品についての動産質に関するものである。そして、この公示は、すでにフランスでは、リース財産の公示に関して存在ししている特別な登録簿に登録される。

33　この公示は、特に実効性が高い。というのも、担保法改正は、あらかじめ、動産質権者である債権者と第三者との間に生じるであろうさまざまな紛争を、民法典2337条と2340条とに以下のように規定することによって、解決していたからである。

Ⅰ　担 保 一 般

　第1に、動産質に供された同一の財産の上に設定された複数の動産質の債権者間における利害の衝突は、登録の順序に従って解決される。

　第2に、同一の財産について、最初に占有の喪失を伴わない動産質権の設定を受けた債権者と、後に占有の喪失を伴う動産質権の設定を受けた債権者との間の利害の衝突は、後者の留置権にもかかわらず、最初の債権者が後者に対抗できる。

　第3に、動産質が登録された場合には、たとえば動産質に供された財産の第三取得者のような、設定者の特定承継人は、民法典2279条（現2276条＝時効）の適用を主張することができない。

2°）債権質（nantissement）の新たな設定方法

34　（担保権の）設定の規範の緩和は、債権質の場合においても同様に、とても重要である。というのも、この場合には、その緩和が三重であるからである。

35　第1に、その緩和は、書面の要求の軽減に現れる。なぜなら、担保法改正は、違反すれば債権質の無効をもたらすものとして、書面の要件を維持しているものの、民法典の新しい2356条は、その書面が公署証書であること、および、登録されることをもはや要求していないからである。それゆえ、以後は、証書の作成の日に、債権質は、当事者間で効力を有し、かつ、質権の設定された債権の債務者を除く、すべての第三者に対して対抗しうるものとなる。しかも、そのためには、民法典の新しい2361条によれば、書面以外のいかなる形式も要求されていない。このことは、債権質の設定要件の緩和についての第2の、しかも主要な点に導く。

36　第2の点は、違反すれば無効となる、質権の設定された債権の債務者に対する、債権質の通達（signification）の要求を放棄したことである。改正が動産質において占有の喪失の要件を放棄したのと同じように、2006年3月23日のオルドナンスは、債権質の通達を、内容も範囲も異なる単なる通知（notification）に代えたのである。というのも、通達と異なり、通知は、執達吏による送達を要しないからである。そして、このことは、近々デクレによって明らかにされるであろう、より緩和された形式主義へと移行するものである。また、この通知は、債権質の単なる対抗要件でしかなく、しかも、すべての第三者に対するものではなく、質権の設定された債権の債務者に対する（対抗）要件である。なぜなら、第三者に対して、債権質は、原則として、ダイイ法による債権の譲渡と同じく、何

の形式もなく対抗しうるものだからである。したがって、通知は、質権の設定された債権の債務者に対するのみである。民法典2362条によれば、債権質の設定に際して通知がなされなかったとしても、債権質の設定を債務者に対抗するためには、その旨の通知が必要とされる。

37　第3の、そして最後の緩和であるが、2006年3月23日のオルドナンスは、債権質の有効要件としての債権証書の引渡しの要求を完全になくすことによって、以前の判例による展開を完遂させた。この要件は、すでにその大半が、1983年5月10日の破毀院の判決によって放棄されていた。すなわち、この判決は、伝統的には不可能であるとしても、占有の取得は、債務者に対する債権質の通達によって十分に実現されていると判示したのである。そして、この要件は、現在では、学説の一致した要請に従い、完全に不要とされている。

38　これらのさまざまな、担保の設定要件の緩和は、まさに実務の要請に応えるものである。すなわち、将来の財産の上に担保の設定を認めることによって、現在の信用を担保する権限を債務者に認めるものである。

b) 物的担保の設定のための新しい規範によって認められること

39　しかし、改正によって認められるものは、さらにより広範である。担保法の改正は、将来の財産についての担保の設定を認める（1°）のみならず、将来の債権を担保するための物的担保の設定をも認めるものである（2°）。

1°) 将来の財産に対する担保の設定

40　将来の財産については、3つの点において改良がなされている。

まず、動産質の有効性を、もはや占有の喪失の要件には服せしめないことによって、改正は、すべての動産質が将来の動産を目的とすることができるものとした。

次に、債権質の有効性を、もはや通達の要件には服せしめないことによって、改正は、将来の債権の質を認めた。

最後に、将来の不動産に対する抵当権の設定の禁止が、現存する不動産が不十分である場合のみならず、債務者が現存するいかなる不動産をも有していない場合にも、例外を認めうるとすることによって、改正は、禁止という原則がもはや効力を有しないほどに、その例外の適用領域を全く拡大した。

2°) 将来の債権の担保としての物的担保の設定

41　将来の債務について、改正は、根抵当権を創設したことによって、フラン

I 担保一般

スの担保法を改革した。ここでは、被担保債権の弁済に際して消滅しない抵当権が重要であり、この結果、その抵当権は、同一の債権者のために、または他の債権者のために、新たな信用を担保することを目的として、再設定されることとなる。この抵当権は、2つの本質的な利点を提示する。すなわち、1つは、債務者にとっての利点であり、もう1つは、債権者にとっての利点である。

42　債務者にとっては、根抵当権の最初の設定に際して、ただ一度だけしか、かなり高額な抵当権の登記費用（登録免許税）の支払義務を負わなくてよいという利点がある。その後に行われる各債権の充填に際しては、登録免許税は要求されない。このことは、実務上、重要な経済効果を有する。

43　抵当権の充填の利益を受ける債権者にとっては、第三者に対する関係において利点を有する。すなわち、債権者は、第1順位の（根）抵当権の設定を受けて登記しておけば、その後に同一の不動産に担保権の設定を受けた債権者に優先するという利益を受けることとなる。

44　以上のように、担保法の改正は、物的担保の設定に関して、理論的にも、また実務上も、非常に重要な変更をもたらした。半面、これらの担保の効力に加えられた変更は、実務よりもむしろ理論的な面において、より重要である。

B　物的担保の実効性の向上

45　物的担保の効力に関して、フランス担保法の改正は、次の点における均衡を追求した。すなわち、債権者の権利を強化する（a）とともに、担保権の設定者の保護を改善すること（b）である。

a）債権者の権利の強化

46　改正は、次の3つの革新により、債権者の権利を強化した。もっとも、第1の革新（1°）に関しては、実務的にはその効果はなく、第2点（2°）に関しては、疑問である。しかし、第3点（3°）は実効的である。

1°）流担保契約の有効性の承認

47　民法典においては、債務者からの略奪を防ぐため、流担保契約（pacte commissoire）は禁止されている。これに対して、担保法の改正は、あらゆる物的担保のために、流担保契約を明示的に認めている。ただし、債務者からの略奪がなされえないために、流担保契約は、次の2つの要件に服さなければならないとされている。

30

第1に、あらゆる担保に関して、担保に供された財産の所有権が債権者に移転される時に、その財産の価値が、時価または鑑定人によって、客観的に決定されなければならないとされている。

第2に、この財産の価値が残債務額を上回っている場合には、債権者は、債務者に対して、その差額に相当する金員を返還しなければならない（清算義務）。

48 このような流担保契約の有効性の承認は、グリマルディ委員会によって意図されたものではあるが、司法省により、次の2つの制限が課されたために、実務的には全く効果のないものとなっている。すなわち、一方において、流担保契約は、担保が消費者信用の返済を担保する場合には、否定されている（消費法典L.311-32条）。そして他方において、流担保契約は、債務者について倒産手続が開始された場合には、商法典の新しいL.622-7条の適用によって、その効力を生じることができないとされている。

2°）抵当権に対する司法手続による割当ての拡張

49 2006年3月23日のオルドナンスによる第2の革新は、司法手続による割当ての適用領域の拡張である。すなわち、担保法の改正以前は、債務者が債務超過に陥った場合における、債権者に対する、担保目的物の所有権の司法手続による割当ては、動産質についてしか認められていなかった。そして、この司法手続による割当ては、動産質権を有する債権者に、その債務者が司法的な清算手続の開始による不利益の回避を認めるという利点を有していた。

担保法の改正は、民法典2458条（現2450条・2451条）により、合意に基づくすべての物的担保、とりわけ、抵当権に関して、司法手続による割当てを規定した。この点は、倒産手続の開始の場合における抵当権の効力を非常に強化するものとなろう。

50 しかしながら、このような結果となるかどうかは、確実ではない。なぜなら、司法省によって修正された民法典2427条（現2422条）は、依然として、倒産手続の開始の場合に、抵当権の登記が、倒産手続における権利を規制する、商法典第6編に規定された効果を生じることを認めているからである。そして、この（商法典）第6編では、動産質についてしか、司法手続による割当てを認めていない（商法典L.642-25第3項）。

3°）債権質の受益者（債権質権者）のための優先弁済権の承認

51 2006年3月23日のオルドナンスによる第3の革新は、これまでとは異な

Ⅰ　担保一般

り、おそらく実務における実効性を有するであろう。これは、債権質に関するものであり、民法典の新しい2363条は、次のように規定する。すなわち、「（債権質権者が債務者に対して）通知をした後は、その質権を有する債権者のみが、元本と利息について、質権に供された債権の弁済を有効に受けることができる」。これによって、改正は、債権者に対し、質権の設定された債権からの優先弁済権を付与した。そしてこのことは、債権質権者が、その質権設定者に対して開始された倒産手続の効果を受けないことを認めるものである。

52　以上の物的担保に関する新たな効力の概観からは、債権者の権利の強化が、結論的には、かなり制限的なものである、ということが帰結される。というのも、明らかに改善されたのは、債権質に関してのみだからである。そして、この債権者の権利のわずかな強化は、物的担保の設定者の保護の改善を伴うのである。

b）担保設定者の保護の改善

53　担保法の改正は、物的担保の設定者のために、次の2つの種類の新しい保護を創設した。1つは、改正によって規定された技術的な変更の代償として認められるものである（1°）。もう1つは、債務超過のリスクから設定者を保護しようとする企図の結果である（2°）。

1°）物的担保の新たな法制度から帰結されうる行過ぎに対する設定者の保護

54　改正は、債権者の利益のために新しい規範を創設すると同時に、その行過ぎを是正する手段をとらなければならなかった。そこで、合意によるすべての物的担保について認められる流担保契約と司法手続による割当ては、その財産の価値が客観的に決められ、かつ、その価値が被担保債務の残額を超える場合には、債権者は、設定者に対して、その価値の差額を返還しなければならない、という条件に服している。

また、将来の債権を担保する抵当権が承認されたものの、その不動産に設定された抵当権が不確実なものであってはならない。したがって、民法典の新しい2423条（現2428条）の第3項は、抵当権が将来の債権を担保するものとして合意された場合において、その期間が不特定であるときは、設定者に、後にその抵当権（の設定）を解約することができる権利を付与した。

2°）債務超過となることに対する設定者の保護

55　改正は、同様に、時に生じる債務超過となることに対する、担保権の設

定者の保護を拡大した。すなわち、流担保契約および司法手続による割当ては、その不動産が設定者の主たる住居である場合には、決して行うことができない（民法典2458条・2459条＝現2472条）。

　また、消費者信用を担保するための根抵当権の設定は、設定者の合意を保護すべく、一定の形式に服さなければならない（消費法典 L. 313-14条第1項）。しかも、根抵当権を、リボルビングによる信用を担保するために用いることはできない（消費法典 L. 313-14第2項）。

56　最後に、この講演を閉じるに当たって、次の点を強調しなければならない。すなわち、担保における設定者の保護は、人的担保についての改正においても同じように見出される、ということである。というのも、改正は、請求払無因保証を合意することを、法人の権限に限定している。そして、このことは、倒産手続法を改正した2005年7月26日の法律によってすでに着手された点を補完するものである。

　しかし、この問題については、すでにかなり以前に言及した。そして、担保法の改正と倒産手続法の改正との間の相互作用の研究は、全く別の講演を行うに値するテーマである。

3 フランス法における設定者の担保価値維持義務[1]

片山直也 訳

　1　原則として、提供の申出がなされた物的担保の価値が十分か否かを評価し、かつ、その結果、信用供与に同意するか拒絶するかを決定するのは、債権者である[2]。それは、単に同意された信用供与額のみではなく、担保に供された財が強制競売（vente forcée）または所有権委付（attribution en propriété）の対象となる場合には不測の担保の実行によって生じるコストおよびその財の価値を考慮に入れて行われる。しかし、この同意された信用供与への担保の適合性（adéquation）が後に失われた場合、どうなるであろうか。その際、物的担保の目的資産の価値を維持する設定者に課された義務（une obligation, à la charge du constituant, de maintenir la valeur de l'assiette de la sûreté réelle）の存在を認めることによって、債権者を保護することができるであろうか？　それがここで我々が検討する課題であるが、我々のテーマをより明確にするために、検討対象から3つの前提を除外しておきたい。

　2　まずは、担保の経済的価値は固定しているが、融資額が増額されたという場合は除かれる。なぜならば、債権者はこの融資の増額に同意するか否かの自由を有し、債権者の利益のために新たな担保の設定を要求することができるからである[3]。それゆえ債権者の保護は契約自由が機能することによって十分に確保される。

（1）本報告の口語体形式は、本稿においても維持することとした。
（2）この任務は、債権者の公証人（notaire）にも課せられる（公証人は、とりわけ、抵当権が設定された財の価値を誤って評価した場合、専門家責任（responsabilité professionnelle）を負う）。
（3）その上、当事者が担保設定契約において増担保条項（clause d'accroissement）を挿入していた場合には、この点は当初から予定されていたといえる。

Ⅰ　担保一般

3　次いで、担保に提供された財の価値の減少が物上代位によって相殺される場合が除かれる。たとえば、財に代替するに値する保険による補塡の利益に代位する場合が想定される[4]（保険法典 L. 121-13条）。なぜならば、この場合、物上代位が担保の価値を保存する効果をまさに有しているゆえに、担保の価値の維持の問題は生じないからである。

4　最後に、財の価値が、その状態の物理的な損壊によって減少する場合も除かれる。なぜならば、その場合のフランス法における解決は単純だからである。すなわち、損壊のリスクは、財の占有者がそれを負担する。民法典2344条が、質権に関してそのことを明示している。担保の客体を保存する義務（obligation de conservation de l'objet de la sûreté）を負うのは、担保に供された財を占有する者である。そのことは、2つの種類の物的担保、すなわち占有担保と非占有担保を区別することを帰結する。債権者が、保存義務に違反した設定者に対して、期限の利益を喪失したくないならば増担保（un complément de sûreté）を提供するように請求できるのは、非占有担保の場合のみである。しかしながら、ここでは、このルールが、フランス法においては、質権に関する民法典2344条2項および抵当権に関する民法典2420条2号において、有体財に関する担保についてのみ明文で規定がなされている点を指摘することができる。無体財に関する担保に関しては、同様の規定は存在しない。ただし、ダイイ法上の譲渡に関する通貨金融法典 L. 313-27条2項（譲渡人は、明文でその禁止の制裁を予定することなく、担保目的での被譲権利の範囲を変更することはできないと規定することに満足している）、営業財産質権に関する商法典 L. 143-1条（営業財産の移動は、債権者の同意なく行われ、かつそれが営業財産の価値下落をもたらす場合に被担保債権の期限の利益を喪失するものとする）は別である。しかしながら、学説は、民法典2344条2項に置かれた原則が無体財にも適用され得ることを認める。特に、社員持分質権（un nantissement de parts sociales）について、設定者による会社の悪質な経営が理由でその

（4）そのためには、さらに、賠償金が質権の設定された財を代替する財であること、かつその滅失と異なる損害の賠償を目的とするものではないことが要求される（質権の設定された営業財産の火災の場合に、営業損失保険の賠償金について質権の効力を及ぼすことを拒絶した Cass. civ. 1, 9 novembre 1999, n°97-12.470 *Bull. civ.* I, n°296 ; *D.* 2000, A. J. p. 1, obs. A. L. M. D. ; *JCP* G 2000, I, 209, n°16, obs. Ph. Delebecque ; *RTD com.*, 2000, p. 72, obs. J. Derruppé ; *D.* 2000, Som. p. 390 s., obs. S. Piedelièvre 参照）。

36

価値が減少する場合に、それを認めてきた。学説は、同様に、特許質権（nantissement de brevet）においても、質物の保存義務（l'obligation de conservation du gage）として、特許権の名義人にその実施義務（obligation d'exploitation）が課されることを認めてきた[5]。この学説の考え方は、今日、条文の支えを得ることによってより一層明確なものとなっている。すなわち、民法典2355条5項は、債権以外の無体財の質権（le nantissement des biens incorporels）は、特別の規定がない限り、有体動産質権（le gage de meubles corporels）に関して予定されたルール、特に2344条2項の適用に従うことを認めている。

5　フランスにおいては、保存義務（l'obligation de conservation）に関するこれらの解決が十分に確立されており、何らの議論もなされていないことから、ここでは、設定者のフォート（faute）に帰すことができない担保価値の減少（une diminution de la valeur de la sûreté）を理由として、債権者の保護が弱まるケースについてのみ検討することとする。それは2つの大きな仮説に対応している。一方では、設定者に担保の目的となっている財産を処分する権限（le pouvoir de disposer des biens）が認められているゆえに担保の経済的価値が減少する場合である（これは流動資産の担保（sûretés sur actifs circulants）のカテゴリーに対応している）。他方では、単純な価格変動（une simple fluctuation des prix）を理由として担保の経済的価値が減少する場合である。前者については、物的担保の担保資産の価値を維持すべき設定者の義務（une obligation du constituant de maintenir la valeur de l'assiette de la sûreté réelle）の存在が一般的に（d'une manière générale）認められていることを見ておこう。後者については、この義務が認められるのは例外的（d'une manière exceptionnelle）である。

I　流動資産担保（sûretés sur actifs circulants）において一般的に認められる義務

6　「流動資産（actifs circulants）」という用語は、企業がその営業の通常の範囲で（dans le cours normal de ses affaires）処分することができるすべての財（た

（5）この点については、M. Vivant, L'immatériel en sûreté, *Mélanges Cabrillac*, 1999, Dalloz / Litec, p. 405 s., spéc. p. 417 s. を参照。

Ⅰ　担保一般

とえば在庫 stocks）を指し、あらゆる流動資産担保は、一方では、担保の目的た
る財を処分する権能が設定者の利益において認められていること（それがなけれ
ば、その企業の活動が停止することになるので）、他方では、流動資産担保から利益
を得る債権者の保護は、その目的資産が変更するにもかかわらず担保は維持され
ていることによって確保されることを前提としている。というのは、流動資産に
ついては、債権者は追及権を有しておらず、第三取得者は、財を善意で取得した
という事実によって保護される。それゆえ、債権者の保護は、必然的に、流動資
産担保が新しい財にも行使しうるものであること、そして、設定者が担保の設定
された財を処分する権限を行使した結果として目的資産にもたらされる変更にも
かかわらず、担保が実効的であり続けることを前提としている。

　　7　その結果、流動資産担保の設定行為においては、常に、設定者が担保目的
を処分したならば、その時には担保の経済的価値を維持する義務（l'obligation de
maintenir la valeur économique de la sûreté）を負うこと、それは新しい財を提供
することによってなされることが予定されている。この担保の経済的価値の維持
は、あるいは、当初の担保を、同種の目的を有する新たな同一の担保によって取
り替えるか、あるいは、目的の変更にもかかわらず当初の担保を存続させること
よって実現される。

　　8　担保価値の維持は、まずは当初の担保を、同種の目的を持った同一の新た
な担保によって取り替えること（remplacement de la sûreté initiale par une sûreté
nouvelle identique ayant un objet similaire）によって帰結することができるが、そ
れはダイイ法上の譲渡において通常に用いられてきたテクニックである。譲渡人
である企業の状況が良好である限り、銀行はダイイ法上の譲渡を被譲債務者に通
知することをせず、譲渡人が被譲債権の弁済を受領するままにさせておく。通知
は費用がかかることから、このようなやり方は極めて頻繁であるし、ダイイ法上
の譲渡は、譲渡人に対して同意された融資を担保するために常に十分な量である
ようにしつつ（実務では同意された融資の110〜125％の割合においてなされる）[6]、
被譲債権が絶え間なく更新されることを要求する一般的な合意を適用して行われ
るゆえに、このやり方は譲受人である金融機関にとって何ら不便な点は存しな
い。同様のやり方は、共通法上の債権質権、より一般的には有体動産担保権にお
いても用いることができるであろう。

　　9　このような展開の中では、言うなれば、資産の流動に応じた担保の再設定

（re-création de la sûreté）ではあるが、新たな担保といってもここでは部分的な新しさにとどまる。担保は、設定において新たな意思の合致を要求するならば、確かに新しいということになるが、従前の担保の対抗の日付の利益を享受できなくなる。しかしながら、担保が従前の担保に取って替わるという意味で全面的に新しくなるわけではない。その点は（設定者について倒産手続きがなされたケースについて）判例法が認めるところである。判例は、新たな担保が、危機時期において従前に合意された融資を担保するが、従前の担保を超えることなくそれに取り替えられた場合には、危機時期における当然無効（nullités obligatoires）を免れるとしたり[7]、支払停止の前の枠合意を適用してなされたダイイ法上の譲渡が、危機時期における任意的取消し（nullités facultatives）を免れるとしたりしている。

10　2つ目の担保価値の維持の可能性は、目的の変更にもかかわらず当初の担保が維持されるときに現れ、そのような維持は2つの異なるテクニックによって実現されうる。

11　第1のテクニックは、その集合を構成する財（les biens qui composent cet ensemble）ではなく、流動資産の集合（un ensemble d'actifs circulants）を担保と

（6）たとえば、クレディ・アグリコル（Crédit agricole）の枠合意（convention-cadre）に関する以下の条項参照。「お客様は、地方金庫（Caisse Régionale）の利益において譲渡されかつ期限が未到来である債権の総額を、対価として同意される融資額の120％を上限として固定された割合に常に等しくなるように維持しなければなりません。その結果、お客様は、譲渡された債権の期限が到来する度に、この120％が維持されるように、新たに債権明細書（bordereaux）を更新しなければなりません。それを怠った場合、地方金庫は、譲渡債権の総額と供与された融資額との先述の関係を維持するために、同意された融資金の一部の減額を請求することができます。お客様は、融資金の減額の全額を直ちに返還しなければなりません。」

（7）抵当権の場合について、Cass. com., 20 janvier 1998, n° 95-16.402, *Bull. civ.* IV, n° 28 ; *JCP* G 1998, I, 141, n° 8, obs. M. Cabrillac ; *Dalloz Affaires*, 1998, n° 104, p. 254 s., obs. A. L. 参照。船舶の発動機を目的とする質権の場合について、Cass. com., 27 sept. 2016, n° 15-10.421, *Rev. Proc. Coll.* 2017, n° 2, comm. 31, obs. A. Aynès ; *RTD civ.* 2016, p. 907, obs. P. Crocq ; *Gaz. Pal.* 29 nov. 2016, 3425, obs. M. - P. Dumont-Lefrand ; *Dr. et patr.* janv. 2017, p. 95, obs. Ph. Dupichot ; *RD bancaire et financier* nov.-déc. 2016, 256, obs. C. Houin-Bressand ; *RDC* 2017, p. 283, obs. M. Julienne ; *RD bancaire et financier* nov.-déc. 2016, 242, obs. D. Legeais ; *Banque et droit*, n° 170, nov.-déc. 2016, p. 75, obs. N. Rontchevsky ; *adde* : Ch. Juillet, « L'avenant au gage conclu en période suspecte », *RLDC* déc. 2016, n° 143 参照。

I 担保一般

することによって、変更の問題をクリアすることにある。この場合、たとえ、集合を構成する財が消滅しても、新しい財によって取り替えられても、担保は存続する。たとえば、他にもいくつかの例がある中で[8]、証券口座質権（nantissement de compte-titres）の例が挙げられる。通貨金融法典 L. 211-20条 I は、「質権債権者の当初の債権を担保するために、質権が設定された金融口座に後に登録された金融証券（les titres financiers）およびすべての通貨の債券（les sommes en toute monnaie）は、当初に登録されたものと同一の条件に従い、かつ、当初の質権の宣言の日付（la date de déclaration de nantissement initiale）に引渡しがなされたものと看做される」ことを認めている。ここでは、証券口座質において、当事者は常に、資産代替条項（clauses de substitution d'assiette）を規定して、設定者に、担保の資産の価値と担保された融資額との均衡を維持することを義務付けながら、担保に供された証券の管理を設定者に委ねることを可能としている点を指摘しておく。このような解決は今日、財の集合（un ensemble de biens）を目的とするすべての有体動産質権（gages）や無体動産質権（nantissements）に拡大することが可能であろう[9]。

12 2つ目のテクニックは、当初の財と担保に供された新たな財との違いに触れずにおくことにある。我々はすでに、財が性質上代替的（fongibles）であるときは、そのことがそれを目的とする物権を変質させることなく取り替え可能（substituables）であることを知っている。立法者はまずは、代替財を目的とする特別質権（gages spéciaux ayant pour objet des biens fongibles）に関して、それを

（8）この解決方法は、立法者によって度々具体化されてきた（たとえば、営業財産質権および商事賃借権における「完全非専門化」（déspécialisation plénière）に関する商法典 L. 145-50条、不動産信用を目的としかつ第一順位の抵当権もしくは少なくとも同等の不動産担保または他の信用機関、融資会社もしくは保険業者が同意した保証によって担保されている債権を流動化するために、信用機関によって抵当権市場において発行される約束手形に関する通貨金融法典 L. 313-44 参照）。

（9）その結果、集合社員持分質権（nantissement d'un ensemble de parts sociales）に関しては、破毀院商事部によってかつて認められていた、質権は新株優先引受権（droit préférentiel de souscription）が行使された場合にのみ新たな社員持分に適用されうるとの解決が、放棄されることとなった。すなわち、Cass. Com., 10 janvier 1995, n° 92-20.214, D. 1995. 203, note A. Couret ; JCP 1995. I. 3851, n° 20, obs. Ph. Delebecque は、株式質の受益債権者の権利は、「新株式が旧株式に付着した権利の行使によって引き受けられた」との条件においてのみ、直後の資本増加の際に債務者によって引き受けられた新たな株式に及び得ると判示していた。

明文で認めてきた[10]。次いで、立法者は、1994年には、所有権留保につき、商法典 L. 624-16条 3 項の中に、「現物での返還請求（revendication en nature）は、同様に、同一の性質（nature）および同一の品質（qualités）を有する財が、債務者またはその者のためにそれを所持するすべての者の手中に存する場合には、代替財（biens fongibles）についても行使することができる」と規定した。最後に、立法者は、2006年には、共通法の質権に関して、民法典2342条において、設定者によって譲渡された物に取って替わる代替物への質権の延長（report）について規定したが、そこでは破毀院の古い判例[11]をリステイトするにとどまった。しかしながら、破毀院の商事部は、2010年 5 月26日判決[12]において、担保の維持は、性質上の代替性（fongibilité naturelle）のみでなく、たとえば、質権の設定された在庫（stock）の中において上質ハムであるノワ・ドゥ・ジャンボン（des

---

(10) 代替財（biens fongibles）を処分する権能（faculté de disposer）とその処分の度に代替財を取り替える義務（l'obligation de remplacer）とは、まずは、石油ワラントについて（そこでは、価格の低下により在庫の価値が不十分となった場合、商法典 L. 524-16 は、債務者に在庫に再設定するように請求し、それを怠った場合、被担保債務のすべてを支払うように請求する権利を債権者に付与する）および産業ワラントについて（そこでは同様の場面で、1940 年 9 月 12 日法律 6 条 3 項は、ワラント所持者に、債務者をレフェレで召喚して、ワラントを直ちに実行できることを言い渡すことを認める）、立法者によって明文で認められた。次いで、それは、立法者によって、商法典 L. 522-24 条 2 項において、「一般的な店舗に置かれた代替的な商品（marchandises fongibles）でかつ倉庫証券（récépissé）およびワラントの引渡しがなされたものは、同一の性質（nature）、同一の種類（espèce）および同一の品質（qualité）の商品と取り替えることができる。倉庫証券およびワラントの所持人の権利および先取特権は、代替した商品にも及ぶ」と定めることにより実現された。これは、代替財を目的とするすべての質権に拡大され得る（同様の趣旨のものとして、農業ワラントに関する農業法典 L. 342-1 条参照）。

(11) 破毀院は、1915 年 3 月 10 日判決（Req. 10 mars 1915, DP 1916. 1. 241）において、「質権に供された商品が、個別に返還されるべき特定物（corps certains）ではなく、当事者の意思においてかつ合意自体に従って、古い物から順次譲渡され、同じ性質の同量の他の物で取り替えられる代替物（choses fongibles）である場合に」、質権の延長の原則（le principe du report du gage）を認めていた（加えて、Angers, 26 mars 1985, D. 1986. 537, note M. Contamine-Raynaud ; RJ com. 1985, n° 1091, p. 232, note A. Grafmeyer 、同様にこの点については、P. Veaux-Fournerie, "Fongibilité et subrogation réelle en matière de gage commercial", in J. Hamel [dir.], "Le gage commercial", 1953, Dalloz, p. 135 s. を参照）。

(12) Cass. com., 26 mai 2010, n° 09.65.812, Bull. civ. IV, n° 98 ; JCP E 2010, 1601, n. D.Legeais ; Dr. et patr. sept. 2010, p. 94, obs. Ph. Dupichot ; RDC 2010, 1341, obs. A. Aynès ; RTD civ. 2010, 595, obs. P. Crocq ; JCP G 2011, 226, n° 17, obs. Ph. Delebecque.

Ⅰ 担保一般

noix de jambons）を一般のハムであるジャンボン（des jambons）に取り替えることができると定めた代替条項（une clause de substitution）が存する場合には、合意による代替性（fongibilité conventionnelle）によっても帰結されることを認めて、このテクニックにより大幅に範囲を拡大したのである[13]。

13　それゆえ、これらすべての場合において、債権者は、設定者が担保に供された財を処分したときに保護されることになるであろう。それは、一方では、設定者は、担保設定行為において、構造上、その資産に再設定して担保価値を維持する契約上の義務（une obligation contractuelle）を負っているからであり、他方では、立法者がこの義務の履行による担保価値の維持を第三者に対抗できることを認めているからである。

14　それでは、担保価値の喪失が、設定者の処分権限の行使の結果ではなく、単に担保の目的資産を構成する財の価格の低下によるものである場合はどうなるであろうか。

Ⅱ　担保目的財産の価格低下の場合に例外的に求められる義務

15　担保に供された財の価値が変動しやすい場合、この問題は当事者自身によって解決される。かくして、金融証券口座質権の設定行為においては、実務において「補塡条項（clauses d'arrosage）」と呼ばれるもの、すなわち当初担保に提供された証券の価値が低下した場合に口座の中に新たな金融証券を追加することを設定者に課す条項がしばしば見出される[14]。しかし、当事者が何ら予見できないときはどうするのか？

16　フランス実定法は、すでに、非占有物的担保に関して、この問いに対する回答としていくつかの要素を提示している。というのは、この担保目的資産の価

---

(13) この判決が代替条項（clause de substitution）の有効性を認めたことは驚きではない。なぜならば、同価値であると看做される2つの財の特性が代替性（fongibilité）であると定義されるならば、その代替性は、種類（l'espèce）が本質であると看做される当該財の性質の定義によるものであること、そしてその観念がそれゆえに関係当事者の意思（la volonté）によるものであることは明白だからである。この判決のもっとも興味深い点は、この合意による代替性（fongibilité conventionnelle）が、少なくとも質入れされた財の価値が増加していないことを条件として第三者に対抗可能であることを破毀院が認めた点にある。

値を維持する義務（obligation de maintenir la valeur de l'assiette de la sûreté）は、立法者によって、石油ワラントについて（商法典 L. 524-16は、価格下落により在庫の価値が不十分となったときに、債務者に在庫を再設定するか、そうでない場合には被担保債務の全額を支払うように請求する権利を債権者に認めている。）および産業ワラントについて（同様の場合に、1940年9月12日法6条3項は、ワラントの所持人に、債務者をレフェレで召喚しワラントを直ちに請求できる旨を宣言させることができるとしている。）認められてきた。最近では、この義務は、在庫担保に関する商法典 L. 527-6条において同様に表明されている。すなわち同条3項および4項は、「在庫の状態が設定行為で規定されている価値よりも10％減少したときには、債権者は、債務者が遅滞に陥った後に、担保の再設定または減少が認定された割合に応じて貸付額の一部の返還を請求することができる。在庫につき価値の少なくとも20％の減少が生じたときには、債権者は、債務者が遅滞に陥った後に、期限の到来したすべての債権の返還を請求することができる」と定めている。これらの条文は、設定者が財の一部を処分したことにより在庫の価値が低下したという場合だけを想定しているのではなく、同じようにこの価値の減少が単に価格低下によるときにも適用される[15]。

17　ここでは、担保価値を維持する義務（l'obligation de maintenir la valeur de la sûreté）は、設定者が、一方では、その価値が極めて近々に低下するということが明らかとなったときに容易に財を処分することができたり、他方では、財を後により安い値段で取得し得る大量の同一の財に取り替えることができたりする専門家である場合について、立法者によって認められることを指摘できるであろう。その後、アジャン控訴院1985年2月27日判決[16]によって、この義務は、農業ワラントについても、状況が立法者によって明文で取り上げられている状況に

（14）さらに、相対のデリバティブ取引の信用担保に関してはより明瞭である。そこでは当事者の取引残高は、要求される担保の提供およびリスク集中（*haircuts* : affectation aux actifs remis en garantie d'un coefficient de pondération inférieur à 1）またはリスク分散（*threshold* : franchise de risque acceptée sans garantie par les parties）のテクニックの再計算を伴った定期的な評価の対象となりうる。この点については、アントワヌ・ゴドゥメのテーズ（Antoine Gaudemet, "*Les dérivés*", Economica, 2010, n° 429 s）参照。

（15）ここでは、デリバティブ市場規制に関する条文が、担保にとられた資産価値が低下した場合に、担保預託を補完するためのマージン・リクワイアメント（appels de marge）を予定している点を付記しておく（A. Gaudemet, "*Les dérivés*", Economica, 2010, n° 424 s.）参照。

I　担保一般

類似していることから、明文なくしても認められたと理解されている。

18　この担保の経済的価値を維持または再設定する義務（obligation de main-tien ou de reconstitution de la valeur économique de la sûreté）が、条文やすべての契約上の予測なくして、一般化されかつ適用され得るのか否かを知ることが残されている。私見ではそれが可能であるとは思われない。さらにここでは、市場価格の低下のみでは、抵当権の設定者に、債権者の利益において増担保を設定することを義務付けるには不十分であることを指摘しておこう（民法典2420条2項は、不動産の物理的な損壊の場合についてのみ規定していた）。というのは、価格が上下に変動するおそれのある資産を担保として受け入れることによって引き受けたリスクを評価するのは債権者であり、市場価格の下落によりその価値が減少したならば、その減少が設定者の責に帰すことができない場合、一般的な形で、その設定者に担保の補充を提供する義務を負わせることはできないからである。

19　しかしながら、仮に、一般的な形で、被担保債務の履行期前の価格の低下から債権者を保護する義務を設定者に課すとしたならば、今度は、被担保債務の履行期において債務者が不履行の陥った場合には、担保を実行するのが遅れて、担保に供された財の価格が減少するのに対して設定者を保護することを債権者に義務づけることが論理的かつ衡平だということになろう。それゆえ、破毀院民事第1部は、2001年11月14日の判決において、保証人は、質権が設定された財の価値低下がもっぱらその債権者の行為によるものであることを立証しない限り、質権の実行が遅れた債権者に対して代位の利益を対抗することはできないとして逆の解決を採用したが[17]、価格の単純な低下を予期しなかった債権者にリスクを負わせることを排斥するものではない。ここでは債権者にとって意味のあることは設定者にとっても意味のあることでなければならない。

20　要するに、フランス法においては、設定者の物的担保の価値を維持する義務（obligation）は、設定者がその価値の変化について権限（pouvoir）を行使しうる場合にのみ存在することになる。それはたとえば流動資産が担保に供されたに

---

(16) Agen, 27 février 1985, *JCP* G 1986, II, 20604, note A. M. Sohm-Bourgeois ; *D.* 1987, Som. p. 293 s., obs. M. Vasseur.

(17) Cass. 1ʳᵉ civ., 14 novembre 2001, n° 99-12.740, *Bull. civ.* I, n° 275, *D.* 2002, p. 85 s., obs. V. Avena-Robardet ; *RD bancaire et financier, janv.-févr.,* 2002, 10, obs. D. Legeais ; *JCP* G 2002, I, 120, n° 3, obs. Ph. Simler.

もかかわらず設定者がそれらを処分する権限を有している場合などである。それゆえ担保の目的資産の価値を維持する義務はこの権限の論理的なコロラリー（corollaire logique）であり、担保価値維持義務が一般的な形で認められるとするならば、その点からの帰結ということになる。反対に、価値の減少が市場の変動によるときには、そうではなく、フランス法においては、担保の目的資産の担保価値を維持する義務は極めて例外的にしか認められない。

【訳者付記】本稿は、2018年4月7日および8日に慶應義塾大学三田キャンパスで実施された日仏シンポジウム「担保法の将来（"*Quelles sûretés pour demain ?*"）」において行われた報告の原稿の翻訳である。クロック教授は、学位論文 Pierre Crocq, *Propriété et garantie,* préface de Michelle Gobert, Bibliothèque de droit privé, t. 248, LGDJ, 1995、体系書 Laurent Aynès et Pierre Crocq, *Les sûretés, Publicité foncière,* 10ᵉ éd., LGDJ, 2016 などの著作で知られるフランス担保法の第一人者であり、2006年の担保法改正以降、フランス国内外の立法作業にも多大な貢献をなされている。2018年4月のシンポジウムには、パリ第2大学のミシェル・グリマルディ（Michel GRIMARDI）教授、ルーアン大学のシャルル・ジスベール（Charles GIJSBERS）教授、ジャン＝ジャック・アンソー（Jean-Jacques ANSAULT）教授とともに来日され、フランス担保法改正に関する講演とともに（当時は司法省の委託によりアンリ・カピタン協会に設けられた委員会（グリマルディ委員長）によって起草された「担保法改正準備草案（avant-projet de réforme du droit des sûretés）」が2017年9月に公表される直前であった）、担保法の主要テーマについて、日仏それぞれからの報告を踏まえて参加者との討論が行われた。そのテーマの一つが「物的担保の目的資産の価値を維持する設定者の義務（L'obligation pour le constituant de maintenir la valeur de l'assiette de la sûreté réelle）」であり、クロック教授がフランス側の報告を、訳者の片山が日本側の報告を担当した。ここに訳出するのは、クロック教授が担当された報告であり、原題は、"L'obligation pour le constituant de maintenir la valeur de l'assiette de la sûreté réelle (Rapport de droit français)"「物的担保の目的資産の価値を維持する設定者の義務（フランス法報告）」である。フランス法では、いわゆる「担保価値維持義務」という切り口からの分析は未だ十分には自覚的に論じられておらず、その嚆矢として位置づけられる本報告を訳出する意義は大きいと思料している。訳者の行った日本法の報告については、そのエッセンスを維持しつつ論文の形で別途公刊を予定しているので併せて参照されたい（片山直也「担保価値維持義務論の三つの淵源」同『財産の集合的把握と詐害行為取消権（詐害行為の基礎理論 第2巻）』（慶應義塾大学出版会、2024年）所収209頁以下参照）。なお、ピエール・クロック教授は、本稿脱稿後、2019年7月5日に急逝された。この場を借りて、クロック教授の公私にわたるご厚誼とご指導に感謝申し上げ、かつ長年にわたる日仏交流へのご貢献に心から敬意を表させていただく次第である。

4 フランス法における担保執行者 (agent des sûretés)

野澤正充 訳

はじめに

　本日は、フランス法における最近の重要な改正である、担保執行者という新たな規律について話をする予定である。

　担保執行者の役割と重要性を理解するためには、あるプロジェクトが大きな資金を必要とする場合に、そのリスクは、融資をする一社のみではなく、多くの会社（金融機関）によって引き受けられる、ということを前提としなければならない。すなわち、その多くの会社は、銀行によって設立されるシンジケートに統合され、たいていは、そのうちの一社に担保執行者の役割が委任されることとなる。この担保執行者の役割は、この銀行シンジケートの構成員全体の利益を考慮して、融資のためのさまざまな担保の設定、登録、そして場合によってはその取消しを慎重に行うことにある。

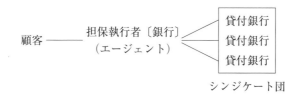

　このシンジケートの重要な特徴の1つは、信用供与の期間中における構成員（の利害）が、さまざまであるということにある。すなわち、構成員の一部は、当該融資計画への出資者としての地位を、新しい債権者に対して譲渡することを望んでいる。

I　担保一般

　それゆえ、次のような２つの法的な仕組みを、同時に用意することが肝要である。すなわち、担保執行者に対して、全ての銀行シンジケートの構成員の利益において行動するための大きな権限を与えること、および、そのシンジケートの構成員の変動によって、新たな費用を生じさせることがないようにすることである。

　長い間、銀行シンジケートには法人格が認められなかったため、その融資は、以下のように行われていた。すなわち、外国法の適用が可能である場合には、担保権信託（セキュリティ・トラスト）の手法を利用し、フランス法が適用される場合には、委任契約（contrat de commission）、能動的連帯（solidalité active）、または、併存的債務（dette parallèle）のような法的テクニックを利用した。しかし、これらのフランス法のテクニックは、十分なものではない。というのも、これらの手法は、債務者が銀行シンジケートの全ての構成員のために弁済をし、これを債権者の１人が受領した場合には、その債権者に対して、集団訴訟（procédure collective）の手続をしなければならない、というリスクがあるからである。

　この場合には、債務者は免責されるが、他の債権者は、実際には弁済を受けることができないであろう。

　この問題を改善するために、立法者は、信託に関する2007年２月19日の法律に際して、民法典の旧2328条の１に、担保執行者の制度を導入した。しかし、その規定は、不十分であると共に、適切なものではなかった。そのため、実務は、シンジケートによる与信がなされた場合にも、この制度を用いず、民法典の担保執行者の規定が改正され、十分なものとなることを期待していた。とりわけ、この制度が、その後に、OHADA（Organisation pour l'Harmonisation en Afrique du Droit des Affaires）の17の加盟国において施行されたものとなることが期待された。

　担保執行者の規定の改正は、結局、2016年12月９日の法律によって実現された。この法律は、担保執行者の規定を改正するために、政府に対し、オルドナンスによって法律を定める権限を付与したものであった。

　この規定の適用によって、2017年５月４日のオルドナンスは、同年10月１日以降、民法典の2328条の１を廃止し、新しい2488条の６から2488条の12において、担保執行者の新たな制度を導入した。現在は、このオルドナンスの承認が、会社の拡張と再編に関する法律案の導入に際して、行われることが予定されている。

　この新たな担保執行者は、２つの本質的な特徴を有している。

1つは、立法者が、信託受託者の新たな類型を創出することを選択した、ということである。すなわち、立法者は、この受託者に対し、銀行シンジケートの構成員の全ての利益において行動する大きな権限を付与している。

もう1つは、このシンジケートの構成員の中では、債権者の変更がいかなる形式も満たす必要がないことを認めるために、立法者は、被担保債権を有する者の地位と担保権を有する者の地位とを分離することにした。これらの地位は、担保執行者に帰属するものである。

そこで、この2つのフランス法における新たな革新的制度を、順に検討する。

第1は、新たな信託類型の出現である。というのも、担保執行者は、特殊な受託者（fiduciaire sui generis）であるとされているからである。

第2は、担保権の保有者の地位と被担保債権の保有者の地位の分離である。

I　担保執行者は、特殊な受託者である

担保執行者は、特殊な受託者である。まず、その性質決定の正当性を検討し、次いで、その帰結を検討する。

A　特殊な受託者の地位の正当性
担保執行者は、受託者に似ている（a）けれども、民法典2011条以下に規定される受託者ではない（b）。

a）担保執行者と信託の受託者の類似点
まず、担保執行者は、多くの点において、受託者に似ている。

① 担保執行者は、特定の目的で、その固有の名において、しかし、他人の利益のために行動する。

② 担保執行者は、被担保債務の債権者のために行為する場合には、その資格を明示しなければならない。

③ 担保執行者は、財産に対して完全な特権を有し、その職務の遂行に際して同執行者に移転された権利および担保を行使する一般的な権限を有する。それゆえ、第三者は、被担保債務の債権者に対して、担保執行者の全ての行為を対抗することができる。ただし、第三者が、担保執行契約によって、担保執行者の権限が制限されていたことを知っていたときは、この限

I　担保一般

りでない。

④　担保執行者は、その職務を行うに際してフォートを犯した場合には、第三者に対しても、被担保債務の債権者に対しても、個人的に責任を負う。

⑤　担保執行者は、同一の条件で、他の担保執行者に代わることができる。これは、受託者（fiduciaire）の交代の場合と同様である。

⑥　担保執行者は、その職務を行うに際して、担保、財産および権利を取得することができる。これらの権利は、目的財産（patrimoine d'affectation）を構成し、その結果、次の2つが導かれる。すなわち、一方では、追及権または詐害行為取消権の行使がない限り、これらの権利および財産は、その維持または管理に際して生じた債権の債権者によってしか差し押さえられない。また、他方では、担保執行者に対する破産手続の開始は、目的財産にいかなる影響も及ぼさない。

このような目的財産の存在を明確に認めることは、銀行シンジケートの構成員の保護にとって、特に重要である。

b）担保執行者は、民法典2011条以下に規定される受託者ではない。

しかし、担保執行者は、民法典2011条以下に規定される受託者ではない。

そのことは、第1に、信託に関する民法典の規定によって定められた一定の規律が、担保執行者に関する規定においても、明示的に採り入れられている、という事実からも帰結される。というのも、担保執行者が民法典2011条以下の受託者であるとすれば、これらの規定を明示的に再録することは無用であり、単に信託の一般法を準用すれば十分だからである。

第2に、担保執行者は、彼自身も債権者のために担保を取得することができる、という事実からも、受託者ではないことが明らかである。もっとも、その担保は、債権者から担保執行者に移転されるわけではない。これに対して、受託者は、設定者によって移転された範囲においてのみ、財産ないし権利を取得することができる。そしてこのことは、これらの財産・権利が、事前に設定者に帰属していることを前提としている。

第3に、担保の設定者は、担保執行者がその利益のために行動する者の一人であってはならない。これに対して、信託の設定者は、当該信託の受益者となることができる。

担保執行者の契約と一般法の信託の区別は、共和国の大統領に対してなされた

2017年 5 月 4 日の趣旨説明（rapport de présentation）にも、明記されている。すなわち、同説明は、次のように述べている。「担保執行者は、特別な規律に服する、特別な受託者である。それゆえ、民法典2011条以下の信託の形式が適用されるものではない。その形式は、単に担保を管理するためには、あまりに厳格なものであることが明らかだからである」。

さらに、同説明は、より的確に、担保執行者を、「特別法の受託者」よりも「特殊な受託者」であることを明らかにしている。というのも、信託の一般規定は担保執行者に適用されず、2488条の 6 以下の規定も、黙示的ではあるが、そのことを前提としているからである。

したがって、現在のフランス法では、 3 つの種類の信託が同時に存在している。

第 1 は、一般法の信託である。これは、民法典に規定された、管理信託と担保信託とを含むものである。

第 2 は、特別法の信託である。これは、保険法典に規定された特別な場合における信託であり、保険法典が規定していない事項については、一般法の信託の規定が適用される。

第 3 は、担保執行者という特殊な信託である。これには、一般法の信託の規定が、全く適用されない。

B　特殊な受託者とすることの帰結

一般法の信託の規定が担保執行者に適用されない、ということから、多くのことが帰結される。以下では、 2 つの例を提示することにする。

第 1 の例は、次のようである。まず、受託者に関する制限は、担保執行者に適用されない。それゆえ、受託者には、信用供与機関、投資会社、保険会社または弁護士しかなれないのに対し、担保執行者には誰でもなることができる。

担保執行者の資格は、民法典2015条に規定された者に限られない。すなわち、受託者に適用される制限は、脱税と不正融資のマネーロンダリングの危険を回避するために課されるのであって、（担保執行者にそのような制限がないことは）、これらの危険が担保執行者の場合には存在しない、ということによって正当化されるものである。

しかし、担保執行者の資格が全ての者に開かれているとしても、実務上は、次の 2 つの要素によって制限される。

I 担 保 一 般

　一方では、担保執行者の契約は、債権者たちと担保執行者との間の強固な信頼関係を前提とする、ということによって制限される。

　また他方では、受託者の職務上の責任を担保する保険の費用のために、実際には、自然人が担保執行者になるという可能性は低くなる、ということが挙げられる。

　第2の例は、次のようである。担保執行者が民法典2011条以下の受託者ではないということは、民法典1596条第6項が適用されない、ということを意味する。すなわち、この規定は、受託者が信託に供された財産の落札者となることを禁じるものである。

　ここで注意しなければならないのは、少なくとも、2007年2月19日の法律が、同規定を一般法の信託に広く適用したことが、適切ではないということである。というのも、この禁止は、受託者による権限の濫用から受益者を保護するために、管理信託について認められるだけでなく、そのような要請の全くない担保信託についても認められるものだからである。まして、担保執行者の場合も同様である。担保執行者は、一般法における受託者ではないので、この禁止を対抗されることにはならない。

　以上のように、2017年5月4日のオルドナンスは、信託の新たな類型を作出する革新的なものであった。そして、より根本的には、債権者の資格と担保の保有者の資格とを初めて分離し、フランス法を変革するものでもある。

II　担保の保有者の資格と被担保債権の保有者の分離

　新しい担保執行者の本質的な特質の1つは、債権者たちによって供与された信用を担保する担保権の保有者でありながら、その担保権によって担保される債権の保有者ではない、ということである。

　このような分離は、民法典2488条の6によって付与された担保執行者の定義と機能から導かれる。というのも、一方では、同条第2項が、「担保執行者は、担保の保有者である」と規定し、他方では、同第1項が、担保執行者は、「被担保債務の債権者のために」行為することを認め、必然的に、担保の保有が担保執行者に認められているにもかかわらず、債権者が被担保債権の保有者であり続けることを前提としているからである。

それゆえ、必然的に、被担保債権の債権者の資格と、その債権を担保する担保権の保有者の資格との分離がもたらされる。すなわち、この2つの資格は、異なる人に帰属するのであり、このことは、フランス担保法に、大きな変革をもたらすものである。

フランス法は、すでに、（他人の債務を担保する場合における）被担保債権の債務者の資格と担保の設定者の資格の分離、（物的債務の場合における）物的債務の付着した財産の保有者の資格と担保の保有者の資格の分離、および、（根担保の場合における）担保の存在と被担保債権の存在の分離を認めている。しかし、2017年5月4日のオルドナンスまで、被担保債権の保有者の資格と担保の保有者の資格の分離は存在しなかった。そして、この2つの資格は、同一人に帰属するとしか考えられてこなかった。

しかし、今後は、あらゆる（資格の）分離が可能であり、その分離は競合することさえありうることになる（例えば、第三者占有委託（entiercement）を伴う質権の保有者である担保執行者の場合には、その質権が他人の債務を担保するものとして設定されているので、担保法において、最も複雑な状況をもたらすこととなろう）。

ところで、フランス担保法におけるこの新しい制度の適用領域は、非常に広くなりそうである。なぜなら、物的債務の設定のみを対象とした民法典旧2328条の1と異なり、新しい2488条の6第1項は、担保執行者による、あらゆる担保の取得、登録、管理および実行を規定しているからである。

もっとも、一方では、さまざまな担保の法制度が、この新しい、担保保有者の資格と被担保債権の保有者の資格の分離と両立しうるかは、なお検討しなければならない（A）。また、他方では、そのような両立が認められるとしたときに、その分離が、担保法制度の最も重要な局面にもたらす帰結を明らかにしなければならない（B）。

A　担保法制度と資格の分離との両立可能性

2017年5月4日の改正によって新しく導入された、担保保有者の資格と被担保債権の保有者の資格の分離は、必然的に、その規定の適用と解釈について問題を引き起こすことになる。すなわち、その分離は、その定義上、以前の法律用語集によって考えられていたものではなく、新たに明文化されたものである。しかし、その明文では、担保の保有者を示しながら、単に「被担保債務の債権者」と

53

Ⅰ　担保一般

いう概念しか用いていないのである。

それゆえ、この条文の文言を解釈しなければならず、単に「債権者」と書かれている文言から、「担保執行者」を読み取ることが可能か否かが問題となる。

ところで、改正法は、目的論的解釈を選択することを前提としている。すなわち、旧規定を新しい区別に照らして解釈するのであり、その適用に際しては、条文の文言に拘泥せずに、その精神を考慮すべきである。例えば、債権者という文言が用いられている場合に、その条文が、担保の取得、登録、管理および実行をする者を対象としているときは、単に「債権者」と書かれていても、「担保執行者」と読むことが可能である。これに対して、同じ用語を用いていても、条文が、担保の結果を事実上享受する者を対象としてるときは、担保執行者ではないことになる。

このような目的論的解釈は、この4月10日（時差を考慮すれば、数時間後なのですが）に上院で採択された、企業の拡張と再編に関する法律案で明示的に認められている。

目的論的解釈の原則は、民法典2488条の6以下の適用によって担保執行者を認めた場合に実務が直面する、次の2つの問題を解決するために、有効である。

1つは、担保執行者が、法律によって明らかに、一定のカテゴリーの債権者に利益が留保されている担保を取得することができるか否か、という問題である。

もう1つは、条文が、担保の受益者である債権者の明記を要求している場合にも、担保執行者がその固有の名義のみで、その担保を取得することができるか否かである。

1）担保執行者と一定の債権者に留保された担保

担保の利益が一定の債権者に留保されている場合には、担保執行者は、法律によって対象とされている者ではないため、その担保の保有者とはなりえないよう思われる。

しかし、目的論的解釈が、この障害を克服する。その例として、ダイイ法による譲渡の場合を検討しよう。

ダイイ法の規定によれば、被担保債権の保有者ではない担保執行者は、債権の担保として譲渡された当該債権の譲受人になることはできないように解される。すなわち、金融法典（Code monétaire et financier）L. 313の23条第1項によれば、譲受人が、当該（債権）譲渡によって担保される信用を合意した信用の供与者、

出資会社（société de financement）、または、投資基金（fonds d'investissement）である場合にしか、ダイイによる譲渡は認められない。

しかし、この条文の目的は、担保に認められる特権を行使しうる者を確定するよりも、信用を供与する銀行の特権との関連で、受益者となりうる者のカテゴリーの範囲を確定することにある。それゆえ、この銀行の特権に対する例外を認める法改正に応じて、このカテゴリーも拡大するという特徴を有しているのである。

したがって、ダイイによる譲渡の場合には、L.313の23条第1項に規定されている資格者のうちの1人である債権者のために担保執行者が行為をする限りは、担保執行者も譲受人であると解するのが、同条の精神に合致するといえよう。

反対に、担保執行者が同条に規定された資格の1つを有していて、債権者の1人のために行為をしているとしても、その債権者が同項に規定された資格者の1人でない場合には、担保執行者は、ダイイによる譲渡における譲受人にはなりえないと解される。

2）担保執行者と担保によって利益を受ける債権者の指示のある担保

2017年5月4日のオルドナンスの本質的な目的の1つは、担保執行者に、「被担保債務の債権者のために、自らの名において」行為をすることを認めることにある。そして、このことは、銀行シンジケートの構成員である債権者の1人が交代した場合にも、新たな形式を満たすことを避けるためのものであり、共和国大統領に対するこのオルドナンスの趣旨説明でも明示的に認められていた。

しかし、このことは、担保を実行することと相容れるのであろうか。というのも、表面的には、担保を実行するためには、利益を受ける債権者の名義を明らかにしなければならないからである。

この問題は、とりわけ、金融法典 D.211条の10における有価証券口座の質の場合に生じる。すなわち、同条では、有価証券口座の質権の届出は、「質権の設定を受けている債権者の名前ないし社会的呼称および住所」を含まなければならないとする。

この規定によれば、担保執行者の名前のみしか示していない質権の届出は、当該担保の設定を無効とするリスクを伴うことになる。

しかし、そうではないと考えられる。なぜなら、このような記載の目的は、口座の所有者に、質の権利証を請求し、口座の機能を止めて留置権を行使し、さら

I 担保一般

には、質権を実行する資格を有する者を知らせることにある。

ところで、その資格を有する者が担保執行者であり、それゆえまさに、届出に際しては、その名前のみが示されなければならないのである。

したがって、目的論的解釈の活用は、さまざまな担保の設定と、担保の保有者の資格と被担保債権の保有者の資格の新たな分離との両立を可能なものとする。

そこで、このような分離が、担保法制度に、どのような帰結をもたらすかを検討しよう。

B　担保法制度における資格の分離の帰結

資格の分離は、多くの帰結をもたらす。というのも、担保の登録、管理はもちろん、被担保債務の債務者の破産の場合における担保の実行に関連する問題だからである。以下では、担保の実行の問題についてのみ言及することとする。

担保の実行の帰結は、担保執行者の介入によって変化するであろうか。

例えば、担保の利用は、設定者を犠牲にして不当な不利益をもたらすものではなく、かつ、債権者に不当に利得を得させるものでもない。それゆえ、担保の付された財産の所有権を帰属させることによって担保を実行することは、被担保債権が、所有権の移転時における当該財産の時価で弁済される、ということを意味する。

しかし、このメカニズムは、担保執行者を利用することによって再検討されるか否かが問題となる。

というのも、民法典2488条の6第1項によれば、被担保債務の債権者の利益のために担保を実行するのは、担保執行者であり、したがって、担保権の設定された財産を、時機をみて、裁判所に付託するか、流担保条項を用いて所有権者になるかを決めるのは、まさに担保執行者だからである。ただし、（流担保条項を用いる場合には）、後に担保執行者が、債権者に弁済するために、当該財産を最もよい代金額で売却することが条件となる。

もっとも、その場合には、担保に供されている財産の所有権は、担保執行者に移転されるのであり、被担保債権者に移転されるのではない。これに対して、被担保債権は、債権者の一般財産に属している。それゆえ、次のことが認められる。すなわち、被担保債権は、所有権の移転時における当該財産の時価で弁済されることとなるが、それは、担保執行者のためになされるのであって、その債権

者のためになされるものではない、ということである。

　他の例を検討しよう。債権質ないしダイイ法による譲渡の実行の場合には、担保に供された債権の弁済は、被担保債権の額との相殺によってなされ、被担保債務を超える金額が債権者に支払われたときは、債権者は、設定者にその差額を返還しなければならない。

　しかし、担保執行者の介入は、担保執行者が、相殺取引に典型的な債権者と債務者の資格の相互性を断絶するので、担保実行のメカニズムのノーマルな機能を妨げるように思われる。というのも、弁済は担保執行者に受領されるが、被担保債権は、なお被担保債権者の一般財産に属しているからである。

　これらの２つの例において、担保は、被担保債権の債務者が免責されることなく、実現される、ということができるであろうか。

　そうではない、ということを、理由をもって示すことにする。ただし、問題を単純化するために、担保執行者がただ１人の債権者のためにしか行為をしない、という場合を想定する。

　まず、担保執行者の介入は、担保の付従性を問題とするものではない、ということを強調しなければならない。すなわち、担保の保有者と被担保債権の保有者が、２人の異なる者になるとしても、担保は、同一の債権を担保し続けるのである。

　ところで、担保の利用が、債権者を不当に利することなく、設定者にも不当に不利益を与えない、ということは、この（担保の）付従性によるものである。

　したがって、担保を利用する者の資格は、さほど重要なものではない。

　その資格がどのようなものであれ、担保の付従性から導かれる諸原則を尊重することによってしか、担保を利用することはできないのであり、その結果、少なくとも、次の２つが帰結される。

　第１の帰結は、次のようである。付従性の尊重は、担保の実行に関しては、債務者が、担保に供された財産の価値に応じて、直ちに被担保債務を免れることにも現れている。そして、そのことは、被担保債務の債権者が、後になってしか、債権者のために担保執行者に課された返還債務の履行によって有効な弁済を受けることができなくても、認められる（＝直ちに被担保債務を免れる）。

　このような、相殺に固有の相互性の要請に対する例外は、次の３点によって正当化される。

Ⅰ　担保一般

① 担保の実行のメカニズムが特別な性質を有していること。

② 民法典2488条の6によれば、担保執行者は、被担保債務の債権者のために行為をすること。

③ たいていの場合は、担保執行者の契約と担保設定契約は、同一の契約に明記されると解されること。すなわち、その契約の中に、担保執行者によって債務者の弁済が受領されたときは、それがいかなる形式であれ、被担保債務の債権者の債権が対等額で消滅する旨の、明示的な合意を含むことによって、相互性の要件の例外を認めることが可能である。そして、このような契約の集合（ensembles contractuels）における相互性に対する例外は、すでに判例によって認められているところである。

　第2の帰結は、次のようである。付従性の尊重は、担保の実行時において、担保に供された債権の支払額、裁判所に付託された目的財産の価値、または、流担保条項の実行による財産の価値が、被担保債権の額を上回るときに、担保執行者が、その実行時に、差額を設定者に返還する債務を負う、ということをもたらす。

　この付従性の第2の帰結は、担保執行者が、担保の実行時において、そのような返還に必要な資金を有していることを前提にしているように思われる。しかし、必ずしもそのような資金を有してはいない。とりわけ、担保の付された財産の所有権が帰属する場合には、論理必然的に、担保執行者は、なお売却する権限を有していないからである。

　実務上は、この問題を解決するために、担保執行者の契約において、次のように規定している。すなわち、被担保債務の債権者は、担保の実行の場合に、担保執行者に対して、その債務額の前払いをすることを約束し、次いで、被担保債務の債権者に返還金が支払われる前に、その前払金と担保に供された財産の売却額とを相殺する、という規定である。

　本講演では、新しい制度である担保執行者の導入によって、今日のフランス法に提起された多くの問題のうちのいくつかを提示した。この講演が、みなさんにとって有益であることを心から願うものである。

58

【仮訳】

担保執行者

第2488-6条　被担保債務の債権者の利益のために、自らの名において行為する担保執行者は、全ての担保を取得し、登録し、管理し、かつ、実行することができる。

② 担保執行者は、担保の保有者である。

③ その職務の遂行のために担保執行者によって取得された権利及び財産は、その職務に充てられる責任財産を構成し、担保執行者の固有の財産とは区別される。

第2488-7条　債権者が担保執行者を指定する契約は、その資格、任務の目的と期間、及び権限の範囲を記載した書面によってなされなければ無効である。

第2488-8条　担保執行者が被担保債務の債権者のために行為する場合には、その資格を明示しなければならない。

第2488-9条　担保執行者は、特別の委任があることを証明することなく、被担保債務の債権者の利益を守るために、あらゆる訴権を行使し、かつ、全ての債権の届出をすることができる。

第2488-10条　その職務の遂行に際して担保執行者が取得した権利及び財産は、追及権の行使及び詐害の場合を除いて、その財産の維持又は管理によって生じた債権の保有者によってしか差し押さえられない。

② 担保執行者に対する再生手続…の開始は、その職務のための一般財産には、いかなる効力も有しない。

第2488-11条　（省略）

第2488-12条　担保執行者は、その職務の遂行に際してフォートを犯した場合には、その固有の一般財産によって責任を負う。

【訳者付記】本稿は、2019年4月10日に、立教大学太刀川記念館3階カンファレンス・ルームにおいて行われた講演の原稿を翻訳したものである。ピエール・クロック教授は、同月21日にフランスに帰国され、5月6日には、重い病を罹っていることが判明した。その後、6月14日にパリのアメリカン・ホスピタルに入院され、7月5日に逝去された（享年60歳）。

　クロック教授との交流の想い出は数知れず、ご一緒した際の多くの写真は、私にとって生涯の宝物となろう。しかしいまは、真の友人との突然の別れに、ただ涙するばかりである。

所有権担保と2017年フランス担保法改正準備草案

片山直也 訳

 1　担保法改正準備草案（avant-projet de réforme du droit des sûretés）が後日、採択されたならば、所有権担保（propriétés-sûretés）は爾後、民法典第4編の冒頭に明文で承認がなされることになる。というのは、準備草案第2286-1条第2項は、物的担保（sûreté réelle）を「債権者への優先的又は排他的な弁済（paiement préférentiel ou exclusif）への、現在若しくは将来の財産又は財産の集合の優先的又は排他的な引当て（affectation préférentielle ou exclusive）」と定義しているからである。

　「優先的又は排他的な引当て」、これらの用語は、物的担保の二大範疇（優先権（droit de préférence）に基礎を置く伝統的な物的担保および所有権担保のような排他性（exclusivité）に基礎をおく担保）に依拠するものであり、準備草案はここにこれら二大範疇の区分を採用している。この区分は、最初、破毀院商事部によってなされたものである。代位の利益に関する2006年5月3日判決は、「排他的又は優先的権利（droit exclusif ou préférentiel）への代位が、債権者の行為によってもはや保証人のためになされる余地がなくなった場合には、保証人は免責される」と判示していた（Cass. com., 3 mai 2006, n° 04-17283）。

 2　この第2286-1条の文言は1つの疑問を生じさせる。なぜ「優先的又は排他的」という用語が、一方では引当て（affectation）に関して「優先的又は排他的」とし、他方では弁済（paiement）に関して「優先的又は排他的」として、2度にわたって用いられているかという疑問である[訳注1]。

　それは、単に優先的な引当てに基づく担保であっても、実行の際に、排他的な

訳注1）2021年9月15日担保法改正オルドナンスは以下に改めている。
　　【2323条】物的担保は、現在若しくは将来の財産又は財産の集合の債権者への優先的又は排他的な弁済への引当て（affectation an paiement préférentiel ou exclusif）である。

61

Ⅰ　担保一般

弁済を得ることができる（それは、裁判上の付与または流担保条項の実行の場合に生じる）という事実に由来する。

反対に、逆はアプリオリに可能ではないように思われる。なぜならば、排他的な引当てに基づく担保は、結果として単に優先的な弁済のみを得るということは決してないからである。

3　しかしながら、判例の研究は、排他的担保について一種の変質（dégénérescence）が生じるときには、そのような事態が、例外的に起こり得ることを示している。

たとえば、債務者の在庫に混和される代替財（biens fongibles）を目的とする所有権留保（réserve de propriété）に関して、複数の債権者が、それぞれ所有権留保条項の受益者であり、同一の財産の返還請求（revendication）をするというときに、そのような場面が生じる。

1994年6月10日法は、所有権留保が債務者の在庫に混和される代替物である財産について行使され得ることを認めていたが、それは、所有権留保が他人の在庫について単純な物権（droit simple réel）に変質することを前提とするものである。しかしながらこの法律は、複数の売主が同一の代替財を返還請求するが、いかなる者も引き渡した財産を明確に特定することができないというケースを想定してはいなかった。

それゆえこの問題を解決しなければならなかったのは判例であり、破毀院商事部2016年11月29日判決[1]は、以下の点を認めた。

一方では、複数の債権者が同一の代替財の返還請求をする場合、倒産手続きの機関は、取得者の在庫の中に存在する代替財の債権者への分配（répartition）を遂行するために、返還請求の行使期間の満了を待たなければならない。それによって、第一の返還請求者が排他的な満足を得ることが排除される。

他方では、これらの財産は、「それぞれの債権者によって引き渡された量およ

（1）Cass. com., 29 nov. 2016, n° 15-12350, *Dr. et Patr.* mai 2017, p. 95, obs. A Aynès；*RTD civ.* 2017, p. 200, obs. P. Crocq；*RDC* 2017, p. 333, obs. F. Danos；*JCP* G 2017, 511, n° 23, obs. Ph. Delebecque；*D.* 2016, p. 2462, obs. A. Lienhard；*Act. proc. coll.* 2017, 19, obs. F. Pérochon；*JCP* E 2017, 1164, n°12, obs. Ph Pétel；*D.* 2017, p.1798, obs. N. Reboul-Maupin；加えて、以下を参照。E. Le Corre-Broly, « La revendication de biens fongibles : mode d'emploi », *Gaz. Pal.* 10 janv. 2017, p. 49.

び手続開始日における未払残高に応じて債権者に回復されなければならない」。その結果、排他的な担保の受益者である債権者は、にもかかわらず同一の財産について競合を余儀なくされる可能性がある。

ここでは、破毀院が、民法典第2369条の存在を考慮に入れていない点を強調しておこう。同条は、所有権留保の受益者の間の競合の論理とはかけ離れている。なぜならば、この条文自体は、債務者の在庫の中での代替財についての所有権の持分（report）が、「支払われるべき残債権を限度として」行使されることを認めるに過ぎないからである（それは破毀院が認めるように、各債権者によって引き渡された量に応じてとしているわけではない）。

4 仮に準備草案がこのように民法典第4編の冒頭に所有権担保を明文化するとしても、それは所有権担保を変革するのではなく、たとえば保証法において見出されるのと同じような大改革が所有権担保において認められるわけではない。

しかしながら、ここにおける準備草案の貢献は、無視してよいものだというつもりはないし、多少なりとも総括的な説明を望むならば、将来の担保法改正の以下の2つの大きな動向の中でそれらを整理することができる。

それは、一方では、担保の附従性の一般的な強化（Ⅰ）であり、他方では、当事者の権限の増大（Ⅱ）である。

Ⅰ　所有権担保と担保の附従性の強化

5 担保の附従性の強化という点は、担保の全体に適用される一般原則（principes généraux）の中で、その構成要素のうちの2つを明文で認めることからのみ帰結されるわけではない。その2つの原則の特別な適用となる新たな準則（règles）を表明することによっても認められる。それは、（A）担保はそれが担保する債権の運命に従うとの原則に関するとき、さらに、（B）担保は担保から受益する者に決して不当な利得を与えないとの原則の尊重が問題となるときであり、その2つの場合において、特別な適用が問題となるのは、特に、所有権留保に関してである。

A　所有権留保と「従物は主物に従う」準則の尊重

6 原則として、従物は主物の運命に従わなければならない。そして、準備草

Ⅰ　担保一般

案第2286-2条は、そのことを確認している[訳注2]。

　しかしながら、破毀院は部分的にしかそのことを認めていない。というのは、所有権留保は、売主の債権とともに移転する場合、判例は、所有権留保は、被担保債権の消滅（extinction）という事実によって常になくなる（disparaître）わけではないと判示しているからである。

　実際に、判例は、被担保債権が弁済以外の理由により消滅した場合に、所有権留保はなくならないと考えている。

　7　破毀院は、2005年7月26日の改正以前の倒産手続法の支配の下において、そのことを認める機会を持った。すなわち、有効な期間内に債務者の倒産手続へ債権の届出を怠った場合には、その債権が消滅するとの制裁が課された時代である。

　かくして、破毀院商事部は、1996年1月9日判決[2]において、不動産の所有権留保について、売主の債権の消滅は、「たとえ、債権の消滅が、取得者が未払の残代金を支払う義務を免れさせるとしても、所有権の移転につき契約上定められた事由には該当しない」との理由により、不動産の所有権の移転をもたらさないと判示した。次いで、そしてその解決は、破毀院商事部 1997年3月11日判決[3]によって、動産についても採用されている。

　8　その解決は、真っ向から、所有権留保の付従性の認識には矛盾しており、かつ、すでに消滅している債権の完済まで、売主が財産の所有権者であり続けるということを意味することから、少なからず奇妙な結果をもたらすことになろう。

訳注2）2021年担保法改正オルドナンスでは、不採用となっている。

（2）Cass. com., 9 janv. 1996, *JCP* 1996, I, 3935, nº 19, obs. M. Cabrillac ; *RTD civ.* 1996, pp. 436 et s., obs. P. Crocq ; *D.* 1996, p. 184, F. Derrida ; *RTD com.* 1997, p. 331, obs. A. Martin-Serf ; *Dr. et patr.*, mai 1996, 85, obs. M. H. Monsèrié ; *JCP* 1996, I, 3942, nº 4, obs. Ph. Simler et Ph. Delebecque ；この判決については、以下も参照。E. Charlery, « L'efficacité de la réserve de propriété en cas de redressement judiciaire de l'acquéreur – À propos de l'arrêt de la Chambre commerciale de la Cour de cassation du 9 janv. 1996, *JCP* 1997, I, 4013 ; Ch. Larroumet, « Le vendeur bénéficiaire d'une clause de réserve de propriété peut-il revendiquer sans avoir déclaré sa créance à la procédure collective de l'acheteur ? », *D. Affaires*, 1996, pp. 603 et s.

（3）Cass. com., 11 mars 1997, *Bull. civ.* IV, nº 70 ; *Dalloz Affaires*, 1997, p. 510 ; *RD bancaire et bourse* 1997, pp. 132 et s., obs. M.-J. Campana et J.-M. Calendini.

判例は、あたかも届出されなかった債権が消滅していないかのように取り扱うことによってしか、この一貫性の欠如を克服するには至らなかった。

それは、破毀院商事部によって、2008年4月1日に言い渡された判決の中に微妙に表れている[4]。

事実審において、買主は、仮に所有権留保が維持され、それゆえに売主がその担保の実行すなわち財産の返還を請求できるとするならば、売主は財産の返還を得る際には、返還される財産と未払債務の額との実際の差額を債務者に支払わなければならないとの原則が適用されなければならないところ、ここでは、債務は消滅しているのであるから、残債務の額はゼロであり、それゆえ売主は、売却代金を買主に支払うことを条件としない限り、財産の返還を得ることはできないと主張した。

論拠は完全に論理的であり、破毀院は、所有権留保の受益者に有利な判決を下すためには、以下のように説示するしかなかった。すなわち、「控訴院は、債権届出がそれに全部または一部対応していることとは切り離して、支払われるべき残代金の額を、当事者が合意した代金のうち未払部分と解釈し、返還される財産の価値が支払われるべき残代金の額を超えないことを認定した上で、返還を請求する債権者によっていかなる額も支払われるべきでないことを適正に判断したものである。」

すなわち、ここで、破毀院は、被担保債務が消滅しているにもかかわらず、被担保債務の支払われるべき残額は変更されていないと説示することを余儀なくされたわけである。

9　次いで、この一貫性のない解決は、2005年7月26日法による倒産手続法の改正によって解消することとなった。というのは、有効な期間内の債権届出がなされない場合、爾後、債権の消滅というサンクションが課されるのではなく、単に、不注意な債権者に対して、「分配および配当への加入」を禁止するにとどまることとなったからである（商法典L.622-26条）。

それゆえ、論理的に、届出の懈怠は、所有権留保の利益の喪失を導かないことになった。

（4）Cass. com., 1ᵉʳ avril 2008, nᵒ 07-11.726, *Act. Proc. Coll.* 2008, nᵒ 140, obs. G. Blanc ; *D.* 2008, p. 1142 et Pan. p. 2014, obs. P. Crocq ; *JCP* G 2008, I, 198, nᵒ 12, obs. M. Cabrillac ; *RTD* com., 2008, p. 623, obs. A. Martin-Serf.

Ⅰ　担保一般

　しかしながら、立法者が、この新たな解決が導く袋小路に気付かなかったのか
と残念に思える。なぜならば、一方では、所有権留保は維持されて、移転的な効
果が生じることを妨げられ、他方では、債権者は分配および配当への加入が認め
られないので、倒産手続からは売買代金の弁済を得ることはできないことになる
からである。

　さらに、個人多重債務処理手続や、特に被担保債権が消失（effacement）した
場合の個人再生に関して、一貫性のなさが完全に再浮上することに気付くことに
なる。

　この場合についても、実際、破毀院第2民事部2014年2月27日判決は、所有権
留保が被担保債権が消失（disparition）しても生き残ることを認めた(5)。

10　これらの判例の多様な解決は非論理的であり、かつ不条理な状況に至って
いる。

　そのような理由から、準備草案第2367条第2項は、「所有権留保は、その原因
の如何を問わず、その債権の消滅によって終了する」と明言することによって、
この判例を変更することとした訳注3)。

B　所有権留保とすべての不当な利得の禁止の尊重

11　次いで、改正準備草案は、一般的な形で第2286-3条において、「担保は、
債権者にいかなる利得ももたらすことはできない」と認めることによって、担保
の附従性の実現を完遂する訳注4)。判例は、抗弁の対抗の原則の通常の機能を妨
げて、債権者に不当な利得を付与する限りにおいて有害だと学説によって批判さ

（5）Cass. 2ᵉ civ., 27 févr. 2014, nᵒ 13-10891, *Bull. civ.* II, nᵒ 59 ; *Dr. et part.* Nov. 2014, p.
　108, obs. A. Aynès ; *JCP G* 2014, Doctr. 1162, nᵒ 19, obs. Ph. Delebecque ; *Rev. Proc. Coll.*
　sept.-oct. 2014, nᵒ 112, p. 54, obs. S. Gjidara-Decaix ; *RDC* sept. 2014, 110t2, p. 393, note J.
　Klein ; D. 2014, p. 1081, note D. Martin ; *BJE* juill.-août 2014, 111m0, obs. F. Pérochon et
　111j9, obs. F. Macorig-Venier ; *Banque et droit*, nᵒ 156, juill.-août 2014, p. 38, obs. E.
　Netter ; 加えて、この判決に対しては、J. E. Degenhardt, « La determination de l'actif du
　débiteur sollicitant un rétablissement professionnel : Faut-il prendre en compte des
　biens acquis sous réserve de propriété et le patrimoine affecté de l'EIRL ? – Défense et
　illustration d'une approche comptable », *BJE* sept. 2014, p. 335 により適切な批判がなされ
　ている。
訳注3）2021年担保法改正オルドナンスにより民法典第2367条第2項に採用されている。
訳注4）2021年担保法改正オルドナンスでは、規定を置くことが見送られている。

5　所有権担保と 2017 年フランス担保法改正準備草案

れてきたが、準備草案は、これによって、複数の判例の解決を変更することを提案するに至っている。

12　この提案は、まずは、準備草案民法典第2299条^{訳注5)}において現れる。同条は、「保証人は、債務者に属するすべての人的な抗弁又は債務に内在する抗弁を債権者に対抗することができる」と規定するが、それは、主債務者の人的な抗弁と担保される債務に内在的な抗弁を区別し、保証人による抗弁の対抗の適用範囲を制限しようとする近時のいくつかの破毀院判決と直接に反する提案をしたことになる。ここでは、特に、保証人が、主債務者に対して債権者によって犯された詐欺を主張する可能性を拒絶した2007年6月8日判決⁽⁶⁾と反する。

13　この提案は、次いで、準備草案民法典第2470条第2項において現れる^{訳注6)}。同項は、抵当不動産の第三取得者に関して、「この第三取得者は、保証人がそれをなし得るように、被担保債権に関する抗弁を債権者に対抗することができる」と規定する。

そこでは同様に、準備草案は、学説が一致して反対していた破毀院第2民事部の逆の立場の判例（破毀院第2民事部2015年2月19日判決⁽⁷⁾）を変更している。

14　最後に、この提案は、同様に、準備草案民法典第2372条第3項において現れている^{訳注7)}。同項は、所有権留保に基づいて財産の転売代金債権や保険金への代位がなされる場合に、「転得者又は保険者は、債務に内在する抗弁及び債務者が移転を知る前に債務者との関係から生じた抗弁を債権者に対して対抗できる」ことを認めている。

ここでも、準備草案は、破毀院の逆の立場の判例を変更しようとしている。

15　というのは、破毀院は、特に、1995年1月3日⁽⁸⁾および2011年1月18

訳注5）2021 年担保法改正オルドナンスにより民法典第 2298 条に採用されている。

（6）Cass. ch. mixte, 8 juin 2007, n° 03-15602, *Bull. ch. mixte,* n° 5 ; D. 2007, 2201, note D. Houtcieff ; *D.* 2008, 514, n. L. Andreu ; *RLDC* sept. 2007, p. 25, L. Aynès ; *RTD civ.* 2008, 331, obs. P. Crocq ; *RTD com.* 2007, 585, obs. D. Legeais, *JCP* 2007. II. 101.38, note Ph. Simler.

訳注6）2021 年担保法改正オルドナンスにより民法典第 2455 条第 2 項に採用されている。

（7）Cass. 2e civ., 19 févr. 2015, n° 13-27691, *JCP* N 2015, 1149, note crit. Cl. Brenner ; *JCP* G 2015, 496, obs. crit. V. Brémond ; *D.* 2015, p. 1818, obs. crit. P. Crocq ; *JCP* G 2015, 604, n° 11, obs. crit. Ph. Delebecque ; *D.* 2015, p. 964, note crit. Ph. Théry et p. 1346, obs. crit. A. Leborgne ; *Gaz. Pal.* 16 juin 2015, p. 36, 228q5, obs. L. Lauvergnat.

訳注7）2021 年担保法改正オルドナンスにより民法典第 2372 条第 2 項に採用されている。

I 担保一般

日[9]に下された2つの判決において、転売代金の支払を第三取得者に請求しようとする所有権留保の受益者に対して、第三取得者が、転売された財産の瑕疵に基づく抗弁を対抗できるとすることを拒絶していた。

このような拒絶は、まさしく非難されるべきである。なぜならば、財産の転売代金債権への所有権留保の転移（report）は、論理的に、第三取得者の地位に影響を及ぼすべきではなく、それゆえに、第三取得者は、転売の日に固有の売主に対抗することができた債務に内在するすべての抗弁を、所有権留保の受益者に対して、対抗できなければならない。

この破毀院の判例は、コンセイユ・デタが、2007年12月12日に下した判決[10]において、転得者が公法人である場合には、抗弁の対抗の機能を認めたことから、より一層、驚くべきものとなった。

さらに、ダイイ譲渡（cession Dailly）に関しては、債務に内在する抗弁は、その抗弁が譲渡または通知の後に明らかになった場合であっても、被譲債務者によって譲受人に対して対抗することができることに注目してよいであろう[11]。所有権留保の財産の転得者の地位が、対峙する者が、転売代金債権の利益に代位した売主か、同一の債権の譲受人である銀行かによって異なるとするいかなる理由も存しない。

16 それゆえ、準備草案が、所有権留保に関して言い渡された誤った判例によるこれらの解決を変更して、この担保の付従性を回復することは、まったくもっ

（8）Cass. com., 3 janv. 1995, *Bull. civ.* IV, n° 3 ; *JCP* G 1995, I, 3841, n° 13, obs. M. Cabrillac et Ph. Pétel ; *D.* 1996, Somm. p. 219, obs. F. Pérochon ; *Rev. proc. coll.* 1995 p. 206, n° 16, obs. B. Soinne ; Cass. com., 5 juin 2007, n° 05-21.349, *Bull. civ.* IV, n° 152 ; *JCP* G 2008, I, 117, n° 11, obs. M. Cabrillac et Ph Pétel ; *RD bancaire et financier* juillet-août 2007, n° 155, obs. D. Legeais ; *D.* 2007, p. 1729 s., obs. A. Liénhard ; *Act. Proc. coll.* 2007, n° 153, obs. E. Le Corre Broly ; *RLDC* septembre 2007, p. 30, obs. G. Marraud des Grottes ; *RTD com.*, 2008, p. 622, obs. A.Martin-Serf ; *Rev. Proc. Coll.* 2007, p. 224, obs. M.-H. Monsèrié-Bon.

（9）Cass. com., 18 janv. 2011, n° 07-14.181, *RLDC* mars 2011, p. 33 s., obs. J.-J. Ansault ; *RTD civ.* 2011, p. 378, obs. P. Crocq ; *D.* 2011, p. 368, obs. A. Liénhard ; *JCP* G 2011, note 524, S. Ravanne ; 同判決について、R. Dammann et S. Schneider, «Une protection légitime du vendeur avec clause de réserve de propriété, mais à quel prix ?», *RLDC* mai 2011, pp. 31 et s.

（10）CE, 6e et 11e ss-sec., 12 déc. 2007, n° 296345, Juris-Data n° 2008-072850 ; *Act. Proc. Coll.* 2008, n° 179.

（11）Cass. com., 9 févr. 1993, *Bull. civ.* IV, n° 51.

て論理的である。

しかしながら、準備草案は、担保法の大原則を尊重させることで満足してはいない。同草案は、実務における必要性に耳を傾け、そのために、特に担保の設定行為における当事者の権限を増大することを提案している。

II　所有権担保と当事者の権限の増大

17　この当事者の権限の増大は、2つの態様で現れるが、それぞれ所有権担保に影響を与えている。一方では、改正準備草案は、当事者にもっとも大きな選択の自由を与えている。それは、担保目的での一般法上の債権譲渡（cession de créance de droit commun à titre de garantie）を承認することによって説明されうる（A）。他方では、準備草案が、同様に一般的な形で、当事者の処分権限を強化している。それは特に所有権留保（réserve de propriété）に関しておよび信託担保（fiducie-sûreté）の場合に現れている（B）。

A　当事者の選択の自由の強化

18　選択の自由に関しては、準備草案は、他の説明においても見られることであるが、特に法定担保につき登記をなすか否かの自由を認めたり、あるいは物的担保の実行方法についての自由な選択を認めたりすることによって、担保の管理や実行について実際に課されている束縛を緩和して、真の新たな息吹を吹き込んでいる。

準備草案は、同様に、物的担保の設定の段階から選択の自由を増大させ、特に当事者に新たな動産担保の選択の可能性を提供することによってそれをなしている。

かくして、準備草案民法典第2366-1条以下において、新たな預金通貨質（nantissement de monnaie scripturale）の創設を提案し、同様に第2373条以下において、一般法上の担保目的での債権譲渡（cession de créance à titre de garantie）を認めるに至ったわけである。

19　しかしながら、第1の改革は、実務の賛同を得ることなく、かつ準備草案のこの視角は、司法省によってすでに廃棄されているようである[訳注8)]。

反対に、担保目的での一般法上の債権譲渡の承認については、削除されていな

69

Ⅰ　担保一般

いが^{訳注9)}、私自身の認識では、疑いなく、ミッシェル・グリマルディによって代表される作業グループの中においては、もっとも躊躇を感じさせた改革であった。

20　その点を理解するためには、まず第1に、債務法改正前において、破毀院商事部が、2006年12月19日に下した判決において、ダイイ法譲渡と異なり、一般法の債権譲渡は担保目的で行うことはできず、かつそのような譲渡は質権設定と性質決定をし直すべきであると判示していたことを想起しなければならない⁽¹²⁾。

この判示は、広く学説によって批判されてきた。それは以下の理由による。第1には、従前の判例は、破毀院がむしろ反対の解決に向かうと考えさせていたからであり⁽¹³⁾、第2には、担保目的での一般法上の債権譲渡をこのように拒絶することは、真の法的基礎を欠いていたからであり⁽¹⁴⁾、第3には、カタラ委員会によって起草された債務法改正草案は、反対に、明文で担保目的での債権譲渡を

訳注8)　預金通貨質は、2021年担保法改正オルドナンスにより採用されなかった。

訳注9)　担保目的での債権譲渡については、2021年担保法改正オルドナンスにより、民法典第2373条及至第2373-3条で採用されている。

(12) Cass. com., 19 déc. 2006, n° 05-16.395, *RLDC* mars 2007, n° 35, p. 38, obs. J.-J. Ansault ; *JCP* G 2007, I, 161, n° 16, obs. A-S. Barthez ; *Act. proc. coll.* 2007, n° 72, obs. R. Bonhomme ; *JCP* G 2007, II, 10067, rapp. M. Cohen-Branche et note D. Legeais ; *RD bancaire et financier* 2007, p. 14 s., obs. F.-J. Crédot et Th. Samin ; *RTD* civ. 2007, p. 160, obs. P. Crocq ; *Petites Affiches*, 18 juillet 2007, n° 143, pp. 22 et s., obs. F. Danos ; *JCP* G 2007, I, 158, n° 26, obs. Ph. Delebecque ; *D.* 2007, p. 76 s., obs. X. Delpech ; *RLDC* 2007, n° 36, p. 29, note D. Houtcieff ; *Banque de droit,* n° 112, mars-avril 2007, pp. 61 et s., obs. F. Jacob ; *RDC* 2007, pp. 273 et s., obs. Y.-M. Laitheir ; *D.* 2007, pp. 344 et s., note Ch. Larroument ; *JCP* E 2007, 1131, note D. Legeais ; *RTD com.,* 2007, p. 217 s., obs. D. Legeais ; *Dr. et patrimoine* nov. 2007, p. 73 s., obs. J.-P. Matttout et A. Prüm ; *LPA* 2007, n° 42, p. 10 note S. Prigent ; *Defr.* 2007, art. 38562, n° 29, pp. 448 et s., obs. E. Savaux ; *Defr.* 2008, art. 38726, p. 414 s., obs. Ph. Théry ; 加えて、J.-F. Adelle, « L'adoption de la fiducie a-t-elle remédié à la prohibition des cession de créance en garantie de droit commun », *RD bancaire et financier* 2007, pp. 48 et s. ; F. Auckenthaler, « Cession de créance en garantie innomée et compétitivité du droit français », *Mélanges AEDBF-France,* t. VI, RB Édition, 2013, p. 57 et s. ; L. Aynès, « La cession de créance à titre de garantie : quel avenir ? », *Dr. et patr.* Avril 2007, pp. 28 et s. ; V. Beuzelin, « Cession de loyer à titre de garantie ou nantissement de créance, que faire ? », *RLDC* novembre 2007, pp. 28 et s., R. Dammann et G. Podeur, « Cession de créance à titre de garantie : la révolution n'a pas eu lieu », *D.* 2007, pp. 319 et s. ; D. Houtcieff, « A la recherche de la cession de créance réalisée à titre de garantie », *RLDC* mars 2007, pp. 29 et s.

認めていたからである[15]。

21 債務法改正の2016年2月10日オルドナンス2-16-131号は、この問題について明文での態度表明をしていない。

しかしながら、相互に関連した2つの要素が、債務法の改正が、黙示的に、担保目的での一般法上の債権譲渡を承認する可能性を開いたことを示している。第1には、債権譲渡が爾後、売買とは独立して規律されるという事実による。そのことは、債権譲渡が、売買の機能とは異なる機能を持ちうることを含意している。第2には、第1の論理的帰結として、爾後、民法典第1321条第1項に従えば、債権譲渡は、もはや代金を対価としてなされる必要はないし、有償でも、無償で、いかなる担保の設定としてでもなされ得るという事実による。

22 それゆえ判例は、今から、債権譲渡の新たな規律に基づいて方向転換をし

---

(13) というのは、判例は、2006年以前は、破毀院第1民事部によって2001年3月20日に言い渡された1つの判決を別として、この点について明示的には説示がなされていなかった。そして、その判決は、最上級審が、黙示的には、担保目的での一般法上の債権譲渡を認めたと分析する余地は存するであろうが、しかしながら、何らかの事項に関してその意味における解釈を引き出すことができるほどには十分に明白ではなかった（Cass. 1re civ., 20 mars 2001, « Banque Sovac immobilier c. M. Fabre, ès qual. », no 99-14.982, *Bull. civ.* I, no 76 ; *D.* 2001, pp. 3110 et s., note L. Aynès ; *JCP* G 2002, II, 10125, note I. Goaziou ; *Banque,* déc. 2001, p. 76, obs. J.-L. Guillot ; *RD bancaire et financier* 2001, p. 349, obs. D. Legeais）。もっとも、判例は、しばしば、仮装の賃料支払指図（fausses délégations de loyers）の効力を認めていた点には注意を向けなければならない。それは、自称被指図人によって約務が負担されることはないが、実際には、担保目的での賃料譲渡に他ならないからである（Cass. com., 4. oct. 2005, no 04-14.722, *Bull. civ.* IV, no 198 および Cass. com., 3 mai 2006, no 04-17.283, *Bull. civ.* IV, no 104 ; *RD bancaire et financier 2006,* no 94, obs. D. Leagais で取り上げられた事案参照）。

(14) 所有権担保の新しい形式の創設が、物的担保の物権法定主義の原則や民法のその他のいかなる要請にも反しない限り、契約自由の原則の適用によって、このような譲渡は理論的には可能である。

(15) カタラ委員会によって起草された債務法の改革草案は、将来の民法典第1257-1条において、「債権は、代金の約定なしに、担保のために所有権を譲渡できる。譲受人がその権利の満足を受けたとき、または、被担保債務が他の原因で消滅した場合には、債権は譲渡人に戻される」ことを認めるように提案していた。さらにグリマルディ委員会によって起草された担保法改正準備草案は、一般的な形で、担保のための所有権移転の有効性を認めることを要求していた点も付言できよう。この要求は、信託全体（信託管理と信託担保）に関するより一般的な条文が近々採用されることを理由として、一時的に脇に追いやられたが、当時は、司法省に、一般法上の担保目的の債権譲渡の承認を拒絶しようとする意図があったわけではなかった。

て、担保目的での一般法上の債権譲渡を認めることができるわけであるが、担保法の改正準備草案が民法典の中に明文をもって確立しようとしていることは、このような変革なのである。

　しかしながら、このような変革が時宜を得たものか否かは検討の余地があり、我々作業部会において議論がなされたのも、その点に関してである。

23　2つの理由から、この変革の適宜性に疑問を提起することができる。一方では、ダイイ法上の適用領域が近時拡大してきたという点である。というのは、信用機関（établissement de crédit）だけではなく、2014年1月1日以来[16]、融資会社（société de financement）も、2018年1月3日以来[17]、相互投資ファンド（fonds d'investissement alternatif）も譲受人となることができるようになっているからである。他方では、ダイイ法譲渡を用いることができない状況においては、債権質に依拠することは可能であり、質権は、現在でも、質権の目的債権の債務者に質権設定通知がなされたときには、同様にその受益者に質権の目的債権につき排他的弁済受領権（droit exclusif au paiement）を付与するという限りにおいて、担保目的の債権譲渡に極めて近い実効性を有しているからである[18]。

24　しかしながら、今回、担保目的の一般法上の債権譲渡を承認することは、ダイイ法譲渡に依拠することができない場合、少なくとも2つの利点を有することになろう。一方では、それは、被譲債権を担保する担保の利益を譲受人に移転することを可能とする。これは単なる質権ではなし得ない。他方では、それは海外の投資家を安心させることになる。彼らは実務上、単なる債権質に同意することを望まず、債務者から「アサインメント（assignment）」すなわち担保目的での債権譲渡を受けるのが慣行だからである。

25　担保法改正準備草案における担保目的での一般法上の債権譲渡の承認は、大部分、一般法上の債権譲渡の規定への準用によって行われる。

---

(16) かつては信用機関のみに適用されていた立法上の規定の大部分を、後に融資機関と改名された融資会社に拡張した2013年6月27日オルドナンス2013-544号の適用による。

(17) 2017年10月4日のオルドナンス2017-1432号の適用による。通貨金融法典 L. 214-143条によって規律される事業投資家ならびに通貨金融法典 L. 214-166-1によって規律される証券化機関および信用専門機関に開かれたファンドである。

(18) Cass. com., 26 mai 2010, *Société GOBTP*, n° 09-13388, *Bull. civ.* IV, n° 94 ; *RTD civ.* 2010, p. 597, obs. P. Crocq ; *RDC* 2010, p. 1338, obs. A. Aynès ; *Dr. et part.* sept. 2010, p. 96, obs. Ph. Dupichot ; *JCP* G 2011, 226, n° 19, obs. Ph. Delebecque.

5 所有権担保と 2017 年フランス担保法改正準備草案

その結果、被譲債権が将来債権の場合には、担保目的での一般法上の債権譲渡の制度は、ダイイ法の譲渡の制度とは同一ではないということになる。一方では、将来債権のダイイ法の譲渡は、譲渡が行われると直ちに、第三者に対抗することができる。他方では、将来債権の担保目的での一般法上の債権譲渡は、当事者間でのみ効力を生じ、第三者には、民法典第1323条第3項に従って、債権の発生の日にのみ対抗することができる。

この違いは、譲渡後かつ将来債権発生前に、譲渡人について倒産手続きが開始されたときに極めて重要となる。ここでは、担保目的での一般法上の債権譲渡の制度を、ダイイ法上の譲渡制度に合わせた方がよいであろうことは疑いのない点である訳注10)。

26 同様に、担保目的での一般法上の債権譲渡を民法典の中に一般的な形で承認するということは、譲渡の承諾（acceptation）のルールの変更が含意されるべきであろう。それは、債務法改正以来、譲渡の確認（prise d'acte de la cession）と呼ばれる。

ここにおいても、ダイイ法の譲渡の法制度との比較を行うことが興味深い。

というのは、ダイイ法の譲渡においては、承諾は、譲受人に対する抗弁の対抗可能性を奪うという点において、被譲債務者にとっては危険な行為であることから、この承諾は要式に従わなければならず[19]、この要式は被譲債務者の保護を目的としたものであるので、破毀院はそれを厳格に遵守させるようにしている[20]。

もし担保目的での一般法上の債権譲渡を認めるならば、そうすると、必ず被譲債務者の保護の問題が浮かび上がってくる。

しかし、現状では、承諾は、今すでに、「確認（prise d'acte）」と呼ばれているが、民法典第1347-5条の適用により、被譲債務者は相殺の抗弁を主張する可能

訳注10) 2021 年担保法改正オルドナンスにより、「ただし、将来債権の移転は、当事者間でも第三者との関係においても、その発生の日にしか生じない」と規定していた民法典旧第 1323 条第 3 項が削除され、同条第 1 項が、「当事者間では、現在又は将来の債権の移転は、行為の日付で生じる」と改められている。

(19) 通貨金融法典 L. 313-29 条 1 項によれば、承諾は、「事業上の債権の譲渡又は質入れの承諾証書（*"Acte d'acceptation de la créance ou de nantissement d'une créance professionnelle"*）」というタイトルを付した書面で表明されなければならず、それを欠いた場合は無効となる。

I 担保一般

性を失わせることから[21]、ダイイ法の譲渡の効果に極めて近い効果を生じるにもかかわらず、要式には従わないこととなる。

それゆえ、もし、確認について、遵守すべき要式が課せられない場合、または確認が非事業者である債務者には禁止されない場合には、担保目的での一般法上の債権譲渡を認めることは危険となる。

27 この点について、アフリカ取引法調和機構（OHADA）に加盟するアフリ

---

(20) 判例は、厳格にこの要式の尊重に配慮している。被譲債務者がそれにより負担する約務の範囲は広いからである。その結果、破毀院は、たとえ被譲債務者が書証の中において被譲債務の適法性を留保なく認めたとしても、その書面が、通貨金融法典 L. 313-29 条によって要求される文言において作成されたものでない限り、抗弁の対抗の利益を被譲債務者から奪う効果を持つような、撤回不能で、弁済から独立した約務を設定することはできないと考えている（Cass. com., 29 oct. 2003, n° 01-02.512, D. 2004, p. 61 ; *Banque et droit*, n° 94, mars-avril 2004, p. 60, obs. Th. Bonneau ; *D.* 2004, pp. 1969 et s., obs. A. Boujeka ; *RTD com.*, 2004, pp. 117 et s., obs. M. Cabrillac ; *RD bancaire et financier* 2004, n° 69, obs. A. Cerles et n° 6, obs. F.-J. Crédot et Y. Gérard）。かくして、「事業上の」という形容詞が欠けていると、承諾は無効となる（Cass. com., 5 nov. 1991, *Bull. civ.*, IV, n° 329）。いわんや、法律によって要求されているタイトルが全く欠けている場合も同様である（Cass. com., 3 déc. 2002, n° 00- 15.839）。反対に、「事業上の債権の譲渡の承諾証書」との記載が、当該取引の性質に対応しているときには、「または質権」という文言のみが欠けていたとしても問題とはならない（Cass. com., 22 févr. 1994, n° 62-10.632, *Bull. civ.* IV, n° 69）。さらに、承諾の要式が尊重されず、その結果、被譲債務者の約務が譲渡の承諾の価値を有しないという事実があったとしても、しかしながらそれとは別に、債務者が、他の法律上の基礎に基づいて被譲債権を支払うように命じられるということは起こり得る。たとえば、破毀院は、被譲債務者が不適式に譲渡の承諾をなし、次いで譲受人に対して抗弁を援用したという事例において、「無効であるとしても、（被譲債務者によって）記載された承諾証書が、何らの留保もなく、（譲渡人）に対する債務につき（被譲債務者による）承認を表明しており、かつその証書を支配する不正確さは被譲債務者の責任を義務づける」と判示した。これは、民法典第1382条の適用を介して、被譲債務者を、あたかも承諾が適式になされたのと同様の状態に置くという結果をもたらす（Cass. com. 2 déc. 1997, *D. Affaires,* 1998, pp. 472 et s. ; *RTD com.*, 1998, p. 395, obs. M. Cabrillac s, 併せて、債務の承認の存在および民法典第1134条の適用に基づく裁判例として、Metz, 8 févr. 2006, *JCP* G 2006, IV, 3073 参照）。

(21) しかしながら、この効果は同一ではない。民法典新第1347-5条も旧第1295条も不履行の抗弁（exception d'inexécution）については何ら語っておらず、かつ判例も、その結果、一般法上の債権譲渡の承諾をしたとしても、被譲債務者が不履行の抗弁を対抗する可能性は残されるとする。たとえば、Cass. Req., 4 févr. 1889, *D.* 1890, 1, p. 421 によれば、「債務者によってなされた譲渡の純粋かつ単純な許可は、仮に、原則として、譲渡人に対して取得することができた債権と相殺することを許容しないとしても、被譲債権に内在する瑕疵については、譲渡人に対抗できたと同様に、譲受人に対抗する権利を奪うものではない。」

カの17カ国に適用され、かつ担保目的での一般法上の債権譲渡を認める「担保の組織化に関する新たな統一法（le nouvel Acte Unifome portant organisation des Sûretés)」が、その第85条において被譲債務者を二重に保護していることは注目することができよう。一方では、同条第1項は、「本統一法第3条の意味における事業債務者」、すなわち事業活動に際して発生した債務の債務者のみが承諾をなすことができるとしているからであり、他方では、承諾証書を、被譲債務者にその行為の危険性について注意を喚起するための保護の要式に従わせている。すなわち、第85条第2項が承諾の効果を考慮して、「この約務は『担保目的の債権譲渡の承諾証書』とのタイトルが付され、かつ本条の規定を十分にはっきり見える文字で転記した書面で表明されなければならず、それを欠く場合には無効となる」と規定している。

28　それゆえ、将来、破毀院が担保目的での一般法上の債権譲渡を受け入れるために判例を変更することを決意するか、あるいは次の担保法改正が担保目的での一般法上の債権譲渡を承認する場合には、フランスの立法者は、被譲債務者の同様の保護を採用するために介入しなければならないであろう。

B　当事者の処分権限の強化

29　担保法改正準備草案は、当事者の選択の自由を強化することだけでなく、当事者の処分権限をも強化する。処分権限を強化するのは、債務者に関しては、担保が実行される前であり、債権者に関しては、その実行時においてである。

　a）所有権留保と債務者の処分権限の強化

30　担保の実行前において、担保に供された財産につき債務者の処分権限は、一方では、準備草案民法典第2325条において、一般的な形で肯定されており（同条は、この権限の存在を、立法によって特別の規定が置かれていない場合に適用される原則としている)訳注11)、他方では、複数の個別的な場合、明文の規定が置かれており、特に、所有権留保の目的財産の取得者の利益のために、準備草案民法典第2372条第1項は、「反対の条項がない限り、財産は債務者によって譲渡され得る」と認めている訳注12)。

　訳注11)　この点は、2021年担保法改正オルドナンスでは、不採用となった。
　訳注12)　この点について、2021年担保法改正オルドナンスでは、明文の規定は置かれなかった。

I 担保一般

31 この一般的な肯定は重要である。なぜならば、これまでは、所有者ではないにもかかわらず、所有権留保の目的である財産を債務者が処分する可能性は、裁判上の更生手続き（redressement judiciaire）または救済手続き（procédure de sauvegarde）が開始された場合においてのみ認められてきたからである。

　例えば、破毀院商事部は、1995年7月11日判決において、裁判上の管財人は、所有権留保の目的である商品が、観察期間中に転売されるが、この商品はその転売の時点においてすでに追奪の対象となっていたことを、「正当に」承認することができると認めた[22]。

　次いで、破毀院は、さらに明確に、1997年3月11日判決において、「追奪は、企業が活動を継続する間に、所有権留保条項付きで売却された商品を処分できなくするものではない」との原則を提示した[23]。

　そして、改正準備草案がここで一般法において明文化しようとしたものがその解決である。しかしながら、準備草案民法典第2372条第1項は、そのように規定することによって、ここでは、単に、転売が予定された財産への物的担保の設定は、債務者がその取引の通常の範囲でそれを売却することを妨げてはならないという一般的な考え方を実現しようとしたと分析することになろう。

32 それゆえ、準備草案民法典第2372条第1項が将来採用されたならば、倒産手続きの機関に対して、債務者の通常の取引の範囲を超えて所有権留保の目的物を処分する可能性を拒絶してきた判例や条文、特に事業譲渡の計画に所有権留保の目的物が含まれることを拒絶してきた判例[24]、あるいは、清算人が所有権留保の目的物を売却する可能性を拒絶し、かつ追奪への権利の実効的な行使を確保するために清算人に保全手段を執ることを要求してきた判例[25]を変更することになるわけではない。

---

(22) Cass. com., 11 juillet 1995, *D.* 1996, Somm. p. 223, obs. F. Pérochon ; *Rev. Proc. Coll.* 1995, p. 475, n° 12, obs. B. Soinne.

(23) Cass. Com., 11 mars 1997, *Bull. civ.* IV, n° 70 ; *D. Affaires,* 1997, p. 510 ; *D.* 2000, Som. p. 77 s., obs. F. Pérochon et D. Mainguy 参照。そしてこの原則は、2000年1月4日に言い渡されたもう1つの判決によっても再確認されている（Cass. com., 4 janv. 2000, n° 96-18.638, *Bull. civ.* IV, n° 5 ; *JCP* G 2000, I, 249, n° 7, obs. M.Cabrillac ; *Act. proc. coll.* 2000, n° 29, obs. P. Crocq ; *D.* 2000, A.J. p. 56, obs. A. Liénhard ; *RTD com.,* 2000, p. 457 s., obs. A. Martin-Serf ; *Rev. proc. coll.* 2000, p. 80, obs. B. Soinne）。

b) 信託担保と債権者の処分権限の強化

33 準備草案は、今では、担保の実行に関して、債務者の不履行の場合に、債権者の権限の行使の態様を緩和することによって、債権者の処分権限を強化している。それはたとえば、質権債権者については、事業目的で設定された質権の受益者は、爾後、設定者に対してなされた単なる通知から8日後に質権の設定された財産の公売の遂行が可能となることが規定されているという形で現れ[26]、信

---

(24) たとえば、裁判上の更生手続（procédure de redressement judiciaire）において譲渡計画が採用されていた時代には、破毀院によって2004年6月30日に言い渡された判決は、「完全に特定することが可能な高価な航空機材を返還するための手続上の義務を知っていながら、返還請求が明示的に記載された信用機関からの詳細な郵便物を受領したにもかかわらず何もせず、かつ、返還されるべき最小限の部品のストックの状況を示した、競売吏（commissaire priseur）によって提出された更生会社の財産状況報告書（un état descriptif des actifs）を所持していたにもかかわらず、この機材が譲受人の手中に移転されることを妨げるために、それを分離する義務はないと信じた」管財人（administrateur）に民事責任を負わせて、所有権に基づく返還請求者により有利な地位を認めた（Cass. com., 30 juin 2004, nᵒ 02-17.771, *Bull. civ.* IV, nᵒ 138 ; D. 2004, p. 2302 ; *JCP* G 2005, I, 107, nᵒ 11, obs. M. Cabrillac）。爾後、この民事責任の肯定は、フライス盤（旋盤加工機械）について、この財産の売買契約の解除に基づいて主張された返還請求のケースでも認められた。というのは、破毀院商事部は、2011年4月5日に言い渡された判決において、「フライス盤の原状回復義務は、当初は確定的なものではなかったが、裁判上の更生以前になされた売買の裁判上の解除によって（裁判上の更生会社）の負担となったのであるから、それによって裁判上の管財人は、譲渡計画の枠においてこの財産を売却するままにしておくことが禁止される。（譲受人への）転売によって現物返還が不可能となった場合には、裁判上の管財人は、その原状回復の債権者に対して民事責任を負担しなければならない」と判示した（Cass. com., 5 avril 2011, nᵒ 10-14.080）。しかしながら、この裁判上の管財人の民事責任が発生するためには、管財人が所有権留保の存在を知らされていたことが前提となる（Cass. com., 27 sept. 2016, nᵒ 14-24993）。

(25) 裁判上の清算手続き（liquidation judiciaire）に関しては、一度、清算人が所有権留保の存在を知っているかまたは知るべきであり、かつ財産の所有者がなおその返還をなし得るときには、財産の転売ができないことは、条文および判例によって明言されている。この場合、判例は、同様に、清算人は、返還請求への権利を実効的に行使することを担保するために、保全の手続をとる法定義務を負う（その結果、返還請求された財の保全費用は倒産手続に課され、事務管理の基礎に基づいて返還請求者の負担とすることはできない）とする（Cass. com., 13 janv. 2015, nᵒ 13-11.550, *JCP* G 2015, 472, note Ph. Casson ; *RTD civ.* 2015, p. 444 et *Dr. et proc.* avr. 2015, cah. *Droit des ent. en diff.*, nᵒ 30, obs. P. Crocq ; *Act. proc. coll.* 2015, comm 45, obs. L. Fin-Langer ; *BJE* 2015, nᵒ 2, p. 99, 112a9, obs. M. Laroche ; *Gaz. Pal.* 1ᵉʳ au 5 mai 2005, p. 38, 224e1, obs. E. Le Corre-Broly ; *JCP* E 2015, 1204, nᵒ 10, obs. Ph. Pétel）。

(26) 本文段落番号32参照。

I　担保一般

託担保に関しては、信託契約においてその可能性が明文で定められている場合には、受託者が、担保に供された財産を、鑑定人によって定められた価格のみではなく、「受託者の責任において、財産の価値に相当すると判断した価格で」売却することを認めるという形で現れる。なお、受託者は、正当な価格で売却したことを証明する責任を負担する（準備草案民法典第2378条第4項）訳注13）。

　34　この改革は、担保に供された財産の価値が急速に変動しうる場合には、実務において特に有用である。というのは、可能な限りよりよい条件で財産を実行する可能性を受託者に残すことが必要となる。そして、鑑定を必須としなければならないし、さらに、その価格ではもはや取得者を見つけることが不可能な場合には、所定の時点で鑑定人によって決定された価値を尊重する義務を課さなければならないが、それによって、その自由が妨げられることがないようにしなければならない。

　35　ここでは最後に、この改革が、信託担保に関して、要式の緩和へのより一般的な傾向の中に見出される点を確認しておこう。というのは、改正準備草案は、この担保の設定の際に、担保に供された財産の価値の鑑定の必要性を廃止し（準備草案民法典第2377条第1項）、さらに、信託契約から生じる権利の新たな受益者への移転を、登録された証書の中で確認する義務を削除している（準備草案民法典第2377条第2項）訳注14）。この点はシンジケートローンにおいて特に有用となろう。

【訳者付記】本稿は、2018年4月7日および8日に慶應義塾大学三田キャンパスで実施された日仏シンポジウム「担保法の将来（"Quelles sûretés pour demain ?"）」において行われた報告の原稿の翻訳である。クロック教授は、学位論文 Pierre Crocq, Propriété et garantie, préface de Michelle Gobert, Bibliothèque de droit privé, t. 248, LGDJ, 1995、体系書 Laurent Aynès et Pierre Crocq, Les sûretés, Publicité foncière, 13e éd., LGDJ, 2019などの著作で知られるフランス担保法の第一人者であり、2006年の担保法改正以降、フランス国内外の立法作業にも多大な貢献をされてきた。残念なことに、クロック教授は、この日仏シンポの翌年、2019年4月に再度

訳注 13）2021年担保法改正オルドナンスにより、民法典第2372-3条第4項として採用されている。

訳注 14）2021年担保法改正オルドナンスにより、民法典第2372-2条として採用されている。

来日され、フランスに帰国された直後、7月5日に急逝されている。2018年4月のシンポジウムには、ミシェル・グリマルディ（Michel GRIMARDI）パリ第2大学教授（当時）、シャルル・ジスベール（Charles GIJSBERS）ルーアン大学教授（当時、現パリ第2大学教授）、ジャン＝ジャック・アンソー（Jean-Jacques ANSAULT）ルーアン大学教授（当時、現パリ第2大学教授）とともに来日し、当時、進行中のフランス担保法改正に関する講演を行うともに（当時は司法大臣の諮問に基づき、アンリ・カピタン協会の支援の下で組織された委員会（グリマルディ委員長）によって起草された「担保法改正準備草案（avant- projet de réforme du droit des sûretes）」が2017年9月に公表されたタイミングであった）、担保法の主要テーマについて、日仏それぞれからの報告を踏まえて参加者との討論が行われた。その際の準備草案に関するクロック教授の講演がここに訳出する「所有権担保と2017年フランス担保法改正準備草案」（原題は、"Propriétés-sûretés et avant-projet français de réforme du droit des sûretés"）であった。「所有権担保（propriétés-sûretés）」論は、クロック教授が、学位論文以来、取り組んでこられたライフワークであり、立法作業としては、2017年準備草案を経て、2021年9月15日に成立した担保法改正オルドナンス（民法典改正）に採用された物的担保の「二元的構成」（「優先的担保」と「排他的担保」）に結実したと評価することができる（民法典新第2323条参照）。本翻訳は、今般のフランス担保法改正において、クロック教授が果たした役割の大きさを改めて示す内容となっており、今後、2021年フランス担保法改正の趣旨および意義を分析研究するために、不可欠の貴重な資料を提供するものと確信している（本講演の内容と重複するクロック教授の論稿として、Crocq（Pierre）, Les sûretés fondées sur le droit de propriété, in Yannick Blandin et Vincent Mazeaud（dir.）, Quelle réforme pour le droit des sûretés, 2019, Dalloz, pp. 75 à 83がある）。

　なお、当日のシンポジウムの討論のテーマの1つであった「担保価値維持義務」論に関してクロック教授が担当されたフランス側の報告については、すでに、ピエール・クロック＝片山直也訳「フランス法における設定者の担保価値維持義務」慶應法学44号（2020年3月）213頁以下〔本書第3章〕を公表している。さらに、本講演で取り上げられている2017年の準備草案については、齋藤由起教授（北海道大学）と共訳で、片山直也＝齋藤由起訳「2017年フランス担保法改正準備草案——アンリ・カピタン協会グリマルディ委員会による条文案およびその解説」法学研究94巻6号（2021年6月）67頁以下を、2021年のオルドナンスについては、同訳「2021年フランス担保法改正オルドナンスによる民法典の改正——人的担保および物的担保（動査担保）に関する条文の翻訳ならびに共和国大統領に対する報告書による解説」法学研究95巻11号（2022年）65頁以下、さらに新たなフランス担保法における物的担保の「二元的構成」については、片山直也「動産・債権担保をめぐる新たな2つの動向」同『財産の集合的把握と詐害行為取消権（詐害行為の基礎理論　第2巻）』（慶應義塾大学出版会、2024年）所収139頁以下をそれぞれ公刊しているので、本翻訳と併せて参考にされたい。

6 フランス担保法改正とグローバル化

今尾真・蛯原健介・黒田美亜紀 訳

　1　最初に、貴法学部の創立50周年という名誉ある式典において講演をするために私をお招き下さり、フランス担保法改正というプリズムを通してみた法のグローバル化現象に関する私の考えを皆さまに開陳する機会を与えて下さった今尾法学部長に心より感謝申しあげたい。また、この講演の通訳の労をおとり下さる黒田教授にも感謝申しあげたい。

　2　今日私たちは、法がグローバル化する、多極化した世界に暮らしている。なぜなら、規範が、（法律や判例のように）もっぱら国を根源として生じるだけではなく、超国家的な統治形態——たとえば、フランスにとってのEUという大陸的統治形態のように制度化されている場合には、非常に明白な形で現れる統治形態もあれば、（企業などの）経済主体の活動に対して非常に漠然とした影響を及ぼすにとどまる場合には、それを特定することが困難な統治形態もある——から生じることもあるからである。そのような仕組みの現在よく知られている例としては、コンプライアンス[1]が挙げられる。アメリカ合衆国で形成されたこの概念は、アメリカ法が適用される企業に、その企業がアメリカ法の内容を遵守することだけでなく、その企業に関係するすべての人にアメリカ法の内容を遵守するようにさせるという帰結をもたらす。また、アメリカ法の内容の遵守は、アメリカ法の適用のない人にも当てはまるものである。それに従わない人がいる場合、アメリカ企業は、「ルールに従え、さもなければ、従わない理由を説明せよ」という原則に基づき、その人を当局に通報する義務を負う。この原則が国際的経営規模のアメリカ企業に適用されると、その企業に投資をしている外国の銀行やその企業の傘下にある企業のような、その企業の契約相手方となる外国の企業にもア

（1）　M. -A. Frison-Roche, "le droit de la *compliance*", *D.* 2016, p. 1871. 参照。

81

I 担保一般

メリカ法が間接的に適用されるという意味で、コンプライアンスは、一国、この場合アメリカ合衆国で生じた法規の事実上の国際化をもたらしているということができる。

3 法のグローバル化は、大企業などの主要な経済主体の激しい国際的な移動からも生じ、それぞれの国の法秩序を競争させ、主要な経済主体に自分達にとって最も都合のよい法秩序を選択する可能性を与えることになる。そして、このことは、他の国々を、同じような経済主体を引き寄せるためにその国の立法を改正し、その結果として、立法の統一化へと導くことになる。こうした現象を、アメリカ人は、会社の負担となる要求および制約の大部分を撤廃して、多くの会社をその州に登記（登録）するように仕向け、アメリカ合衆国の他の複数の州にその州の会社法を適応させるよう導いた州の名にちなんで、『デラウェア効果』と呼ぶ[2]。その結果、各州の間で法の競争が起こり、「規制のダンピング」が生じている。この規制のダンピングは、しばしば、形式主義や税金を減らすという効果を生み出すが、また時として、これが、個人の保護を縮小させるということについて、かなり異論の余地がある（たとえば、ソーシャルダンピングなど）。ところで、国家間でのこうした法の競争の存在は、その国の法が経済活動を優遇するのに適しているかどうかに応じて、各国の順位付けが行われる世界銀行の年次報告書「ドゥーイング・ビジネス」の中で、特に顕在化する。ここには、4年に一度ではなく毎年の順位付けがなされるということを別にすれば、規制緩和のオリンピック競技とでもいうべきものが存在する。もっとも、発展途上国にあっては、世界銀行が、その国に対する財政支援を行うかどうかを決定するにあたり、「ドゥーイング・ビジネス」の順位の上昇を条件としていることは周知の事実なので、これは単なる競技にとどまるものではない。法規範の進化は、アダム・スミスの有名な表現「神の見えざる手」によってのみならず、より直接的にはアメリカ合衆国に強く結び付けられる仕組みによっても起こっているのである。

4 しかしながら、グローバル化に関していえば、世界的規模での経済の発展が、インターネットやソーシャルネットワークの利用に伴う社会的規制の新しい形をも登場させたことから、市場が万能ではないことに留意する必要がある。す

（2） B. Frydman *"Comment penser le droit global ?"* Working Papers du Centre Perelman de Philosophie du Droit, 2012/01、http://www.philodroit.be において紹介された事例。

なわち、この形は、国際的な企業が、規制の緩やかな法律を選択して免れたいと望む行為をその企業に断念させるという帰結をもたらす。さもなければ、その企業は、大部分の顧客を失うことになるからである。この点に関する典型的な例としては、たとえば、国際的な企業が、年少者の労働を容認している国の傘下の企業によって商品を生産させているといった理由で買い手からボイコットされ、その規制内容についてその国際的企業が回避したいと考えていた国内規制に近い善良な行為規範をその企業に尊重させたという例が挙げられる[3]。

5 法のグローバル化は、ソフトローと呼ばれる、国際慣習の法典化の進展からも生じる。すなわち、ソフトローとは、適用される法律としてそれらを選択できたり契約の中に取り込んだりすることができる経済主体、あるいはそれらを法改正の際にその内容に取り込むことができる国の立法者、さらには時として国内法を解釈するためにそこから着想を得る裁判官に対して、示唆を与えることなどがもっぱら想定されている法文である[4]。そのような法文は、とりわけ、ランドー委員会による「ヨーロッパ契約法原則」あるいは（アンリ）キャピタン協会および比較立法協会が起草した「契約の共通原則」を用いた契約法に見出される（括弧は訳者）。さらに、私は「アジア契約法原則」の草案も存在していることを知っている。

6 このような法のグローバル化は、これらの様々な形をとって、フランス法の進展に相当な影響を明らかに及ぼしたといえる。というのは、フランス法の大部分が、超国家的な影響または市場の期待を考慮して改正されたからである。たとえば、フランス法の権利の主体（民法総則）および家族法は、ヨーロッパ人権条約の影響を受けて著しい進歩を遂げた。また、金融取引市場に関する法および会社法も、フランス法では新たな経済的ニーズやその国際化を考慮して改正されたのである。

7 しかし、こうした進化を免れて大部分がそのままであるフランス法の少なくとも一領域が存在する。それが担保法の領域で、グローバル化に直面しても、強い独自性を改正の都度、維持し続けている。

　もっとも、フランス担保法がグローバル化という現象の完全に外にあると考え

（3）前掲、B. Frydman 参照。

（4）特に、M. Fontaine, "Le rayonnement international du droit français des contrats", *D.* 2016, p. 2008. 参照。

Ⅰ　担保一般

る必要はない。

　むしろ反対に、フランス担保法がグローバル化という現象に対峙しているということ（Ⅰ）だけでなく、1986年以降行われてきた担保法の改正により、フランス担保法が法のグローバル化の担い手になろうとしていること（Ⅱ）も、見ていくこととしたい。

Ⅰ　法のグローバル化という外からの働きかけに直面したフランス法の改正

　8　フランス担保法とグローバル化との対峙は、比較的容易にグローバル化が行われる場合のみならず、反対に、グローバル化への抵抗がフランス法に振り向けられたり、振り向けられざるをえない場合の両面を明らかにする点で、興味深いものがある。

　9　担保法のグローバル化は、次の二つの場合に容易に受け入れられた。

　すなわち、一つは、担保取引が専門業者間における国際取引である場合である。

　もう一つは、担保として提供された財産が、無体財産である場合である。無体財産は、帳簿記載の方法だけで、国から国に容易に流通しうるからである。

　10　前者の場合、すなわち担保取引が専門業者間の国際取引の場合には、損害担保契約（garantie autonome）の例によって、証明される。具体的には、損害担保契約のために、義務的な色彩を持たないが、国際的な担保契約に適用される準則として、契約当事者が選択することができるという、統一的な規範形式をとったグローバル化の規則が、国際商業会議所[5]によって、1978年に作られ、その後1991年と2010年に改正された例が挙げられる。

　これは、実務から発したグローバルな規則であり、実務のニーズに対応し、結

（5）この点に関して、G. Affaki et R. Goode, "*Guide to ICC Uniform Rules for Demand Guarantees URGD 758*", International Chamber of Commerce, 2011; G. AFFAKI et J. STOUFFLET, *Banque et droit*, no 130, mars-avr. 2010, p. 37 et s. : A. CERLES, *RD bancaire et financier* nov.-déc. 2010, no 218 : J.-P. MATTOUT,《La révision des Règles uniformes de la Chambre de commerce internationale relatives aux garanties sur demande》, *D*. 2010, p. 1296 et s. ; S. PIEDELIEVRE,《Les nouvelles règles de la CCI relatives aux garanties à première demande》, *RTD com*. 2010, p. 513 et s. 参照。

果として世界中の銀行に広く採用されている規則である。

こうした現象に直面して、立法者がとりうる二つの対応がある。

すなわち、まず、その国の担保法の中にこれらの準則（実務から発したグローバル化の規則）の内容を明示的に規定し直すというやり方がある。たとえば、こうしたやり方は、（17か国が加盟している）アフリカ商事法調和化機構（以下、「OHADA」とする）によって、担保の構成と題する統一法典の第42条以下において、（これらの準則を定めるという形で）行われた選択肢である。

次に、契約自由を広く許容しておくために、損害担保契約を最小限で規制するというやり方がある。こうしたやり方は、民法典第2321条において、1986年にフランス法によって行われた選択肢である。これは、実際には、国際商業会議所の統一規則を当事者がその契約の中に組み込むことを可能にする。すなわち、これは、民法典に最小限で規定されている準則であるので、ここでは、国際商業会議所の統一規則が新たに変わった場合でも修正される必要がないという利点のある規制である。

11 グローバル化の受け入れに関するもう一つの場合の例は、金融資産に対する担保の例である。これらの担保は、主として債権者のために所有権を移転することを基礎とするもので、通貨＝金融法典第 L. 211-38条に規定されている非常に柔軟な法的枠組みを有するものである。もっとも、この制度は、2005年2月24日のオルドナンスによってフランス法に導入された EU 指令（金融担保契約に関する2002年6月6日の指令[6]）に由来する。ここでは、グローバルな規制は、制度的な淵源に由来しているが、EU 内部での立法過程が検討委員会およびロビー活動に裁量の余地を残している限りにおいては、そうした規制は、実務の要請からも発するといえる。しかしながら、法制度の柔軟性は、金融資産の場合に完全というわけではなく、危機の場合には、直ちに、国家が、金融市場の安定化を確保し、システム危機に対処するために、契約自由を制限することが見られる。たとえば、2016年6月23日のオルドナンス[7]によってフランス法に導入された、2014年5月15日の EU 指令は、ヨーロッパ国際リーマン・ブラザーズ銀行の破産に際して、この銀行が、顧客の固有の義務として担保名目で同銀行に差し入れさ

（6） 金銭担保契約に関する、Directive 2002/47/CE du Parlement européen et du Conseil du 6 juin 2002 (*JOCE* du 27 juin 2002, L. 168/43 s.)。

Ⅰ　担保一般

せていた資産をその顧客等に返還できない状態に陥ってしまったという問題が顕
在化したため、所有権を基礎とする（所有権移転型の）担保の利用可能性を制限
することを決定した、という例などである。

12　反対に、担保法のグローバル化に関する別の試みは、フランス法において
は、採用されなかった。

すなわち、2005年9月にEUの後援で作られた、"抵当貸しに関する緑書"に
記載されている、ヨーロッパ抵当を創設するという提案の場合である。

また、2007年に公にされ、ハンブルクのマックス・プランク研究所の専門家委
員会によって作られた『人的担保法に関するヨーロッパ原則』の場合も採用され
なかった。

さらに、2015年に公にされた同じ専門家委員会によって作られた『動産の物的
担保法に関するヨーロッパ原則』の場合も採用されなかった。

そして、2007年に公にされ、最近、2016年7月に加盟国に提案された法律モデ
ルに形を変えた、国際商事法に関する国連委員会によって作られた『担保取引に
関する立法指針』の場合も同様であった。

そこで、何故、これらの試みが、少なくとも今のところ、実を結んでいないの
かを考えてみることは、興味深い。

13　ヨーロッパ抵当の場合、その挫折は、不動産担保法が財産法と密接な関係
を維持し、不動産に関して、ヨーロッパの国々の間で、その観念に著しい相違が
存在し、それが共通準則の採用を非常に困難にしているということに起因してい
る。このことは、グローバル化は、関連する法秩序において著しい観念の相違に
ぶつかると、困難になるということを物語っている。さらに、法の進化は、現実
の必要性を前提としている。ところで、抵当権に関するフランスの規律は、第三
者に対するのと同様に、当事者にも大きな安心感を与え、経済活動を行う者すべ
てによって満足のゆくものと考えられており、フランスでヨーロッパ抵当を創設

（7）　2014年5月15日の欧州議会・理事会指令2014年第65号第16条(10)を導入した、
2016年6月23日のオルドナンスに由来する通貨金融法典L.533-10条2項は、「有価証券
管理会社以外の投資サービス業従事者」について、第9号で「*現在又は将来の実在の、条
件付又は潜在的な債務を担保することを目的として、若しくは別の方法でそれらの債務を
カバー（保証）することを目的として、事業者でない顧客と、所有権移転を伴う金融担保
契約を締結することはできない*」とする。

する必要性を皆が強く感じていなかった（したがって、ヨーロッパ抵当は失敗に帰したわけである）。

14　人的担保に関するヨーロッパ原則の場合には、それらの原則は、フランス法において採用される機会はほとんどない。というのは、保証に関するフランス法の内容が、それが完璧ではないとしても、少なくとも、ヨーロッパ原則の適用から生ずる保護よりも大きな保護を、自然人たる保証人に与えるというメリットを有しているからである。それゆえ、人的担保に関するグローバル化は、個人の保護を減じることに帰着することになるので、保証に関しては想定されない。なるほど、フランス法では、保証人の保護が時として過度であるという点が際立っているが、フランスの消費者団体の圧力からすれば、消費者法典によって、今日、善良な当事者のために規定されている保証の規律が、容易に修正されるということは疑わしいと私には思われる。

15　動産の物的担保法に関するヨーロッパ原則および動産物的担保にも関連する担保取引に関する法律モデルに関しては、その受容拒否は、一見したところでは、非常に驚きである。というのは、ここではそれが個人の保護の問題でもなければ、動産所有権に関する各国間における著しい法的相違も存在しないからである。もっとも、その受容拒絶がすべてにわたるのではない場合もある。というのは、物的担保の設定を容易にするというこれらの法文の目的の一つは、2006年に行われたフランスの担保法改正によって広く取り入れられ、動産質権および各種の質権の設定をかなり単純化したという点で、フランス法に取り入れられているからである。

しかしながら、動産担保法のグローバル化というこれらの試みの主たる局面の一つは、拒絶された。すなわち、アメリカ法、とりわけ、統一商事法典（U.C.C.）第9編の動産担保権（security interest）に由来する、独自の（unique）担保権観念は受け入れられなかった。この観念によれば、すべての動産の物的担保は、その呼び名が何であれ、その対象の性質が何であれ、同じ法制度に服し、かつ、とりわけ、すべての担保権に等しい公示形式を充足すれば、その対抗力が認められなければならないというものである。ところで、このこと（動産の物的担保が同じ法制度に服するということ）が、フランス法において実際には受け入れられえないのは、以下の二つの理由によっている（括弧は訳者）。

16　第一の理由は、すべての動産担保権に統一的な公示制度の創設は、たとえ

I 担保一般

それが理論的には望ましいものであっても、実務上は時宜を得ていないということである。そうした制度を創設することは、ある財産が担保権の目的物にすでになっているのかいないのかを知ることを可能にすることから、いずれにしても理論上は望ましいのは疑いがない。確かに、そうした理由から、2006年にフランスの担保法の改正を準備していた委員会が、2006年の年度中に司法大臣から改めて諮問されたときに、その委員会は、既存の様々な公示の登録簿が統一されるべきとの提案をした。もっとも、その委員会は、直ちに、その提案を有体動産の担保権のみに限定したということを付け加えておかなければならないが。実際に、無体財産とりわけ債権に対する担保権に関しては、公示制度の設置は、債権に関するあらゆる取引が、コンピューター化された国の登録簿に完全に公示される、つまりその登録簿が毎日行われる何万件もの取引をインターネットにより登録するということを前提とするであろう。ところで、そのような登録簿の創設は、期待された利点に比べて、融資コストの増大をもたらし、まったく割に合わない、非常に大きなコストを要することになろう。なぜなら、債権者が債権に対する担保権を対抗され、彼がその担保権の設定を知らなかったということは、実務では希だからである。これが、フランスの銀行が、そのような公示の創設に頑なに反対している理由であり、しかも、フランス法では、今日、そして最近の債務法の改正以降も、債権に関すあらゆる取引は、公示なくして第三者に対抗できるであろうといわれている。担保法のグローバル化は、それが実務の必要性に反対する形で現れるときには、拒絶されることになる。

17 動産の物的担保法についてのヨーロッパ原則および担保取引に関する法律モデルといったこれらのグローバル化の道具によってもたらされるアメリカ型モデルを拒絶する第二の理由は、このモデルが、立法の局面においてしか理解されないことに起因している。統一的な動産の物的担保という観念は、倒産処理手続法が債権者を十分に保護する場合にしか、実際には認められない。アメリカ法の場合はそのよう（倒産処理手続法が債権者を十分に保護しているよう）であるが、フランス法はそうではない。すなわち、1985年のフランス法（倒産処理手続法）は、企業の存続のために、動産質ないしその他の質を有する者の権利を犠牲にした。この場合、債権者は、所有権の利用に基礎をおく他の担保形態によってしか、その救いを見出せなかった。なるほど、フランスにおける倒産処理手続法の何度かの改正に応じて、物的担保権を有する債権者の立場は徐々に改善されてき

たといえるが、その債権者たちが、所有権を債権者に移転することに基礎をおく担保権が持っている利点を実際に必要としないところまでに到達しているのかは、定かではない。それゆえ、担保法のグローバル化は、立法の局面がそれに利点をもたらさない場合には拒絶されるにちがいなく、その場合には、担保法のグローバル化は、危殆に瀕した企業を取り扱う法（破産法や更生法）が事前にグローバル化されていることを前提とすることになろう。

18　したがって、最近のフランス担保法の改正は、グローバル化の影響を部分的にしか受けず、それに対してまったく正当な理由が存在していたといえよう。そうはいっても、これらの改正は、グローバル化のただ中にあって、フランス法に新たに積極的な役割を果たさせるために、法のグローバル化を考慮して行われたのである。

II　担保法のグローバル化の要因としてのフランス法の改正

19　あらゆる立法者と同様、フランスの立法者も、グローバル化現象とそれが規範構造を根本的に修正したということを認識している。かつては、企業は国に従っていたが、企業間競争の場合、今日では、国際的な大企業にあっては状況が逆転している。すなわち、「国々が、投資や企業の支出を獲得するために競争し、（それゆえ、必要に応じて担保を緩和させながら然るべき形に法を修正し）、そして、企業が国との交渉および協調関係に入っている[8]」。さて、こうした力関係の逆転が、法のグローバル化を助長することになる。すなわち、国際的企業は、契約交渉に際して時間を節約するために、契約モデルないし一般的な条件を用いたがる傾向にある。つまり、この契約モデルや一般条件は、多くの国々に適用される余地のあるものなので、国際的企業が特定のある国に進出するあるいは投資をする場合、それら（契約モデルや一般条件）が、その国の立法に必ずしも適合する必要はないのである[9]。これがまさに、契約そしてまた法的概念において用いられる用語の標準化にとって重要な要因となる。というのは、このことが、大企業およびその弁護士事務所をして、法的規範の調査を得るために、ロビー活

（8）A. Garapon. "Le tiers inclus : rôle et enjeux de la fonction de directeur juridique dans la mondialisation", rapport au Cercle Montesquieu et à l'IHEJ. mars 2016.

Ⅰ　担保一般

動へと導くからである。すなわち、法的規範の調和こそが、これらの企業に実務上もっとも都合のよい法的規範を用いることを可能とする。そして、この法的規範は、場合に応じて、コモンローまたはヨーロッパ大陸法の規範を模範としている。

20　この現象は、たとえば、パリ・ユーロプラスの活動に見られるように、フランスでも現れている。すなわち、パリ・ユーロプラスとは、主要な弁護士事務所をまとめ、銀行および金融機関を代表してロビー活動を行う団体であり、2015年9月に、この団体は、司法大臣と経済・財政大臣に対して、グローバル化の方向に進むフランスの担保法の改正提言を行った。こうした現象は、とりわけ、魅力的な法を作りたいと考え、そのために、しばしば外国の法的モデルを導入する必要がある発展途上国の間でみられる。OHADA に加盟しているアフリカの17か国の担保法の進展の例が、ここでは特に重要である。2006年3月に始まった世界銀行の研究[10]では、支払い不履行または倒産処理手続開始の場合に、債権者が適用される法規範に頼ることができる国々にあっては、与えられる融資の総量は、国内総生産のおよそ60％を占めるのに対して、貸主を保護する有効な法的制度を持たない国では、それがたった30％でしかない、ということを示していた。このことは、投資を引き寄せ、融資の進展を促進させるため、発展途上国を担保法の改正へと導いた。

2010年に行われたこうした担保法の改正は、モデルとして、大部分フランス担保法を採用するという形で行われたが、これは、以下の理由からのみなしえたことである。すなわち、フランスの担保法自体が、2006年に、一方で、企業およびその銀行のニーズによりよく適合するように、他方で、フランス法が外国の法律家に容易に理解され、国際的な契約において適用される法として、また立法改正の場合にモデルとして選ばれるといった形で、より単純かつより理解しやすくなるように、これを現代化する意図で改正されたというわけである。

（9）Chapuis- Thuault et S. Fougou, "Les nouveaux défis pour le droit comparé dans un monde globalisé vus du poste d'observateur du juriste d'entreprise", in, "*Le droit comparé au XXIe siècle: enjeux et défis*", Société de Législation Comparée, 2015, p. 112 s. 参照。

（10）M. Safavian, H. Fleisig and J. Steinbuks, "Unlocking dead capital : how reforming collateral laws improves access to finance", *Private sector development viewpoint, The World Bank Washington DC*, mars 2006, n° 307.

21 このような改正がなければ、フランス法は、アフリカの担保法のグローバル化のためのモデルとして役立たなかったであろう。というのも、フランス民法典は、19世紀に他の国の法の進化に強い影響力を及ぼしえたので、後に、19世紀末からドイツの民法典のような別の国のモデルと競争したのである（日本の民法典の起草はこのことの好例である）。そして、20世紀に、他の国々が、特にアメリカの統一商事法典やケベックの新民法典の登場を契機に、その国の法を改正したとき、フランス法の影響は著しく減退したのである。法のグローバル化という現象のただ中にあって、フランス法に新たな役割を担わせることを可能にしたのは、2006年のフランス担保法の改正である。そして、2016年2月10日のオルドナンスによる最近のフランス債務法の改正はまた、改めてフランス法の影響を広めようとする意図にほかならない。

22 したがって、フランス法が、改めてこうしたモデルの役割を果たすことができるということは、以下の理由から特に重要である。

まず、フランス法の輸出は、フランス企業の海外への進出を明らかに促進するので、フランスの企業にとっては、当然重要である（法のグローバル化へ関わるということは、決して、経済的な魂胆を抜きにしては行われないのであって、そもそも、この点に関して、アメリカ人は、彼らの経済に特に効果的で利益をもたらすロビー活動を行っている）ということがある。

というのは、法的モデルの多様性を保持することが絶対必要なので、このことは、国々の調和にとって重要なことである。最近、フランス比較法概論の序章の中で、「現在行われているモデルの数を削減することは、将来の進化と進歩の、ありうべき出発点を制限し、さらに重大なことには、そうすることは、そのモデルの中で行われる競争から利益を引き出すことを阻害することになる。」[11]と記されているように、これは大切なことである。外国の規範やモデルの受容が、時として有益であることは確かであるが、自国の法制度の多様性も、同じく守られるべき財産であるというのは、まったくもってそのとおりである。なぜなら、その多様性こそが改善すべき力を内包しているからである。

23 これに、外国の法的モデルの輸入は、常に、このモデルが移植される国の

---

(11) A. Gambaro, R. Sacco et L. Vogel, "*Le droit de l'occident et d'ailleurs*", LGDJ, 2011, nº 29.

I 担保一般

社会学的特性、法的背景および経済的制約を考慮して、行われなければならないということを付け加えておく必要がある。三つの例が、アフリカの新担保法とフランスの新担保法の両法において同時にこのこと（新モデル導入に際して社会学的特性・法的背景・経済的制約を考慮しなければならないこと）を説明することができる（括弧は訳者）。

24 第一の例は、社会学的特性に関するもので、それは、支払いを受けていない債権者に、抵当不動産の所有権を与えるが、抵当不動産が債務者の主たる居所である場合には例外を認めるというフランスの新たな抵当権の規律に関するものである。

この原則と例外は、フランスでは適用におけるいかなる問題も引き起こしていない。反対に、アフリカではそうではない。というのは、この原則がOHADAの加盟国に導入されたとき、一人の債務者が数人の妻とその数に応じた居所を持つという一夫多妻制の慣行がうっかり忘れられてしまい、「主たる居所」という概念の適用問題がこの場合に提起されたからである。

25 第二の例は、法的制約に関するもので、信託の導入、とりわけ、フランス法に信託的担保を導入する際の例である。フランスの実務家は、（イギリス法における）トラストと同様の柔軟性のある法的手段を必要としていた（括弧は訳者）。しかし、トラストの構造が、イギリス法を特徴付けるところの制定法上の所有権（legal ownership）と衡平法上の所有権（equitable ownership）の区別と切り離せないがゆえに、この信託は、フランス法には直接には導入することができなかった。なぜなら、フランス法では、所有権は単一の観念だからである。それゆえ、トラストをフランス法の法的背景に適合させなければならなかった。これは、民法典に初めて信託を導入した2007年2月19日の法律によって行われた。すなわち、受託者のために所有権を一時的に移転することになるが、だからといって所有権の分属が生ずるというわけではない、といった形でトラストをフランス法に適合させたわけである。

この信託は、フランスの法的背景および実務のニーズに適合し、現在、信託の目的となっている財産総額は、およそ数十億ユーロを占めているので、これは、今日、一定の成功を収めているといえるであろう。

26 第三の例は、経済的制約に関するものである。2010年にOHADAの加盟国が担保法を改正したとき、その加盟国は、担保取引に関する法律モデルの中に

その着想を見出し、OHADA の新たな担保法は、公示手続の充足に、債権に対する担保権の対抗を服させるという選択をした。しかし、ここでの問題は、関係国が十分に発展したコンピューター公示登録簿を備えていない限りは、そのような選択は時期尚早であったということである。すなわち、担保の新しい規律が5年以上も施行されているにもかかわらず、債権に対する担保権は現在まったくなおざりにされている結果になってしまっている。このようなわけで、法律の輸入が、経済的制約に直面して効果がないことが明らかになった。

27　したがって、新たな規範の導入が実務において失敗しないよう望むのであれば、それを導入する国々の特殊性が、尊重されなければならない。

同時に、そうした（新たな規範を輸入する）国々もまた、その国の固有の法を魅力的なものとし、法的モデルの実際の国際競争の中で競争できるモデルを作るために、その国固有の法を改良しなければならない（括弧は訳者）。法的モデルの多様性を維持することは、法的革新を内包するために必要不可欠なのである。

それゆえ、法のグローバル化と法的モデルの多様性の間に見出される新たな均衡が存在し、これこそが、21世紀の初めに、法律家に提起される最も重要な問題の一つである。

【訳者付記】本稿は、2016年11月5日に明治学院大学において行われた、明治学院大学法学部創立50周年記念シンポジウムでの基調講演を翻訳したものである。

第Ⅱ部

保　証

フランス法における保証人に対する情報提供
―― 近時の状況及び将来の改革の展望*

平野裕之 訳

序　論

1）保証の問題性

　フランスにおいて、保証は危険な行為であることがよく知られているにもかかわらず[(1)]、実際には、日常頻繁に保証人となることが行われている。

　例えば、子が親元を離れて、アパートを借りる際に、両親が〔賃貸〕保証人になることはよくみられるところである。会社の経営者もまた、その〔経営する〕会社の債務について保証人となることはよくみられるところであり、場合によっては、銀行が会社の経営者の配偶者にさえ保証人になるよう求めることもある。

　このように〔保証が〕よく使われているのは、経済的な理由からである。〔即ち〕保証が魅力的なのは、一方で、支払能力ある補充的な債務者を得られ、債権者を満足させる担保が提供されるからであり、他方で、例えば抵当権のように設

---

*本稿はクロック教授が、「日本学術振興会　外国人招へい研究者（短期）プログラム」に基づく成果として野澤正充教授（立教大学）の招聘により、2005年2月1日に早稲田大学で行った講演のために送られた原稿を翻訳したものである。当日の講演はこの原稿を更に圧縮した原稿によって行われたが、翻訳では当日の原稿ではなく当初の詳しい原稿を翻訳した。講演用の原稿であり、1フレーズごとに切られているため、適宜的にまとめた上で改行を行い、また、注は1ページごとの通し番号となっているが全体の通し番号に変更した。なお、〔　〕は訳者が読者の理解のために便宜的に追加したものである。

（1）プラトンは、保証人となることは、不幸になることに等しいと「*Charmide*」において記述している（La Pléiade, tome II, p. 269）。また、聖書は、われわれに「近親者のために保証人となることを了承する者は、判断が十分ではない」（Livre des proverbes, 17-18; v. aussi, *ibidem*, 11-15,「第三者の保証をする者は、誤った行為である。保証をしないほうが安全である」）と教えている。

Ⅱ　保　証

定費用が必要な担保とは異なり、債務者に何らの費用の負担もかけないからである。

　このように魅力のある保証であるが、殆どの保証人は、まさか自分が責任を取らされることはないだろうと思って〔軽率に〕責任を引き受けてしまうという危険なものである。即ち、保証人は主たる債務者を信頼しており、保証をするとしても、銀行が要求している単なる形だけのものと考えているのである。

　更には、その結果、非常に多くの保証人は、主たる債務者の事業はうまくいっているものと思いこんで、契約〔をしたこと〕さえ忘れてしまいがちである。〔主たる債務者の支払いについての情報が〕何もなければ、まさか誰も自分に支払いを請求するような者はいないだろうという〔保証人の〕思いが、ますます確固たるものになって行くのである。〔しかし〕それがしばしば全くの幻想であることがあり、幻想であるということがやがて明らかになる序曲であることは、保証人への情報提供の問題にかかわる数多くの訴訟が提起されていることからも分かるのである。

2）保証人保護をめぐる判例・立法

　保証人の義務の範囲についての保証人への情報〔の提供〕は、当然のことながら、保証人保護の欠くべからざる要件である。しかし、この情報の提供を受けていなかったとしても、事情を認識している保証人に対してまで、〔保証〕契約を容易に回避することを可能とする主張を認めるべきではない、ということを付け加えておく必要がある。それゆえ、立法及び判例は、保証人の保護と債権者の〔取引の〕安全との間に、常に正当なバランスを追求しているが、それ〔がどのようなものであるべきか〕を見出すことは難しい。そして、この分野におけるフランス法における近時の展開は、首尾一貫したものとは言い難いものである。

（a）初　期

　長い間、即ち1804年から1984年まで、判例は保証人に非常に厳しく、両者のバランスは、夭逝したフランスの偉大な民法学者クリスチャン・ムーリーによれば、非常に保証人に不利なもの、余りにも保証人に不利にすぎたものでさえあった。ムーリーは、1982年に保証の濫用がされていることを明らかにしている[2]。

（2）Ch. Mouly, "Abus de caution ?", in "L'évolution du droit des sûretés", *RJ com.*, n° spécial, février 1982, p. 13 s.

（b）保証人保護への転換期

その後は、1984年3月1日の法律から1998年7月29日の法律までの間は、〔保証人保護は〕全く正反対の傾向に転換される。フランス法は、多くの分野で、債権者に不利なものとなり、今度は逆にそれが行き過ぎてしまうことになる。

（c）調整期

この行きすぎを目のあたりにして、2002年には、判例は、保証人にもう少し不利な解決を図ろうと努力をし、その結果、十分なバランスがとれた状況になっていった。

（d）債権者保護への転換期

〔ところが、〕不幸にも、2003年8月1日の法律により、このバランスが新たに経済的要因から脅かされてしまうことになる。この法律は、2004年2月5日から施行され、重要な規定を含んでおり、〔上記（c）の〕2002年における〔保証人の保護の行き過ぎを調整しようという〕判例の展開を覆したものである（⇒114頁）。

このように〔保証人に対する〕情報の提供をめぐるフランス法の状況は非常に複雑になっている。先ず保証契約の締結に際する情報、そして次に、保証の履行に際する情報の順で考察をすることにより、〔これから〕条文と判例の迷路の中に飛び込んで行きたい[3]。

I　〔保証〕契約締結に際する保証人に対する情報提供

保証人が義務〔保証債務〕を引き受ける際の保護としては、〔主たる〕債務者の支払能力（⇒A）及びその契約の範囲（⇒B）について、情報が与えられることが必要である。

A　主たる債務者の支払能力についての情報提供

支払不能の状態が明らかな債務者のために保証人になることも、禁止はされてはいない[4]。しかし、そのことを知った上で保証人になることが必要である。

（3）2つの事例で情報提供義務の根拠が同じではないこと、特に契約締結時の情報提供のみが契約の不均衡〔保証人のみが債務を負担するという〕の存在により正当化されるものであることを述べるものとして、V.：D. Pardoël, "Les obligations d'information de la caution portant sur l'évolution de la dette principale", *Les Petites Affiches*, 3 juillet 2001, p. 13 s.

Ⅱ　保　証

〔では〕もし保証人が主たる債務者の〔支払不能の状況にあるという〕実際の状況を知らなかった場合に、保証人はその〔保証〕契約の効力を争うことができるであろうか。

1）錯誤無効の援用

(a) 原則として錯誤無効は認められない

〔保証人が〕錯誤を理由とする〔保証契約の〕無効を援用することは難しい。実際、破毀院は、1982年3月2日の基本となる判決[5]以来、保証人は、その契約当時における主たる債務者の支払能力についての錯誤を、その支払能力を保証人が〔保証〕契約の決定的な要件としたことを証明した場合でなければ[6]、援用することはできないとしている[7]。保証契約にそのような趣旨の条項が含まれている場合がそのような〔錯誤無効が認められる〕事例になろうが[8]、実際には、そのような条項が存在することはない。

(b) 新しい傾向の萌芽

しかし、現在では、一定の特殊な事例においてではあるが、判例には、保証人の錯誤をより広く認めようという方向性に進む可能性のある新しい傾向が見られるようになっている。

例えば、2002年10月1日の破毀院商事部の判決において[9]、保証人が金銭的に窮している会社の再建を支援しようとしているのであり、絶対に再建不可能な

（4）このことを明確に認めた判決として、Cass. com., 10 octobre 1995, *Bull. civ.* IV, n° 223

（5）Cass. com., 2 mars 1982, *Bull. civ.* IV, n° 79.

（6）同旨の判決として、Cass. 1re civ., 1er juillet 1997, *Dalloz Affaires,* 1997, p. 1039 は、債権者に提供される担保の範囲についての保証人の錯誤は、それが保証人の合意を決定したものである場合にのみ、保証行為の無効原因となるにすぎないと判示する。

（7）主たる債務者の資格についての錯誤は、保証人の〔保証〕契約についての動機における錯誤であり、それが援用できるためには、それが契約の範囲に含まれ、この動機が債権者に知られていることが必要であることになる。債務者の事業活動を行う能力についての当事者の共通錯誤の事例において、錯誤による無効を認めたものとして、Cass. com., 19 novembre 2003, *Bull. civ.* IV, n° 172; D. 2004, p.60, obs. V.Avena-Robardet; *Banque et droit,* n° 93, janvier-fevrier 2004, p. 50 s., obs. N. Rontchevsky; *JCP* G 2004, I, 141, n° 5, obs. Ph.Simler を参照。

（8）このような条項の必要性は、別の領域において Cass. 3e civ., 24 avril 2003, D. 2004, p. 450 s., note S. Chassagnard によって認められ確固なものとされており、「目的物の外にある動機についての錯誤は、明示の合意がない限り、この動機が決定的なものであったとしても、合意の無効原因とはならない」と判示されている。

状況にある会社のために保証人になろうとしたのではないことを証明したならば、錯誤無効が認められるものとされている。このような事例において、破毀院は、融資を受ける事業の実現可能性は必然的に、保証人が契約〔をするか否か〕を決定する条件になっていたという事実から、このことは導かれるものと考えている。

とはいえ、主たる債務者の支払能力についての保証人の錯誤は、ほんの例外的にしか認められないという状況は変わっていない。

2）詐欺的沈黙

ところが、判例は、〔錯誤よりも〕より容易に、保証人が銀行の詐欺ないし詐欺的沈黙（le dol ou la réticence dolosive）を援用することを認めている。

詐欺ないし詐欺的沈黙とは、〔意図的に〕引き起こされた錯誤である。即ち、相手方契約当事者が、契約させようとして騙している場合である。これは、作為によって行うこと、即ち詐欺の場合だけでなく、不作為、即ち契約の重要な要素を隠すことによって行うこともあり、それが詐欺的沈黙である。

保証の場合には、判例は[10]、債権者——殆どの場合は銀行であるが——が、保証人に対して、負債で苦しんでいる債務者が再建不能の状況にあることを知らしめなかった場合には[11]、詐欺的沈黙を理由とした契約の無効〔日本で言うと取消〕を認めている。この詐欺的沈黙を理由とした保証〔契約〕の無効は、基本的に、〔以下の〕4つの要件が満たされることが必要である[12]。

（9）Cass. com., 1er octobre 2002, no 0013.189, *D.* 2002, p.3076; *RTD civ.* 2003, p.122 s., obs. P. Crocq; *RD bancaire et financier* 2003, p. 19 s., obs. D. Legeais; JCP G 2003, I, 124, no 3, obs. Ph. Simler. この判決は、先に引用した Cass. com., 19 novembre 2003〔⇒注7〕に近似している。営業資産の取得のための融資を担保する保証について、錯誤を理由とする無効を認めているが、事業活動についての適格性にかかわる錯誤の事例である（主たる債務者は、前に司法再生手続きがなされていることが理由で、この活動を行うことができなかった）。

（10）判例は、Cass. com., 21 janvier 1981, *Bull. civ.* IV, no 25 以来この方向で確立している。

（11）銀行が、保証人にその支払いについて保証をした債務とは別に主たる債務者に貸付があることを明らかにしなかった場合も、融資を分けたことが、保証人に主たる債務者の資産がほとんど無に等しいことを隠そうとするためのものであったならば同様とされている（Paris, 3 mars 1998, JCP G 1998, I, 149, no 2, obs. Ph. Simler et Ph. Delebecque.）。

（12）Cass. com., 13 mai 2003, *D.* 2003, AJ p. 2308 s., obs. V. Avena-Robardet; D. 2004, p. 262 s., note E. Mazuyer は、同様の要件の下に、銀行は「銀行が主たる債務者の危うい状況を知りながら、約定をしたのであれば、『保証人は保証される者の状況を契約の決定的要件とはしない』と宣言する保証契約中の条項を主張することはできない」と判示している。

Ⅱ　保　証

（a）要件 1 ── 主たる債務者の再建不能

先ず、主たる債務者の財政的状況が保証〔契約〕締結の時にすでに再建不能な
ほどになっていることが必要である。単に、財政的に窮している状況にあるとい
うだけでは十分ではない[13]。

（b）要件 2 ── 債権者の悪意

第 2 に、詐欺的沈黙を理由とした保証〔契約〕の無効が認められるためには、
保証契約の締結の時に、そういった状況が債務者に存在していることを債権者が
知っていることが必要であり[14]、このような認識はしばしば推定が可能であ
る。例えば、保証契約を締結してからわずか 3 ヶ月で司法再生手続が開始した場
合には、銀行は、「保証を受ける会社の負債が大変な状況にあることを知らない
ことは許されない」とした控訴院判決がある[15]。

（c）要件 3 ── 沈黙の結果として保証がされたこと〔因果関係〕

第 3 に、詐欺的沈黙による保証〔契約〕の無効が認められるためには、その沈
黙が決定的であったこと〔沈黙により錯誤に陥り、意思表示をしたという二重の
因果関係〕が必要である。〔この点〕判例は、保証人に有利な推定を認めてい
る。即ち、〔（a）のような事情について債権者が〕沈黙していた事実が証明され
たならば、それは決定的であったことが推定され、その沈黙が影響をしたわけで
はなかったことを証明しなければならないのは、債権者の責任とされている[16]。

沈黙自体は保証人が証明する責任を負うが、この点、その証明は難しいもので
はない。なぜならば、判例では、一般的に[17]、事業者が情報提供義務を負わさ

---

(13) 保証を受ける会社の状況が、確かに心配されるものではあるが、保証を受ける当時に再
建がいまだ可能なものであった場合には、〔錯誤による〕無効は認められていない（Cass.
com., 20 mai et 25 novembre 1997, *Rev. Proc. Coll.* 1998, p. 492, nº 1, obs. E. Kerckove;
Cass. 1ʳᵉ civ., 30 janvier 2001, *Banque et droit,* nº 81, janvier-février 2002, p. 49, obs. J.L.
Guillot.）。

(14) Cass. 1ʳᵉ civ., 11 février 1986, Bull. civ. I, nº 22; Cass. com., 6 février 2001, *D.* 2001, AJ
p.1024; *Bull. Joly* 2001, p. 847, note Ph. Delebecque; *RD bancaire et financier* 2001, p. 231,
obs. D. Legeais; Cass. com., 27 mai 2003, pourvoi nº 00-18.612

(15) Grenoble, 28 octobre 1997, *JCP* G 1998, I, 149, nº 2, obs. Ph. Simler et Ph. Delebecque.
Cass. 1ʳᵉ civ., 10 juin 1987, *D.* 1987, Somm. p. 445, obs. L. Aynès の批判可能な判決と比較
せよ。この判決は、銀行が保証を受ける会社から 11 もの拒絶証書（protêts）を受け取っ
ていたのに、銀行が知っていたということを認めなかった。

(16) Cass. 1ʳᵉ civ., 10 mai 1989, *D.* 1990, Somm. p. 385, obs. L. Aynès; Cass. 1ʳᵉ civ., 18
février 1997, *Bull. civ.* I, nº 61; *Dalloz Affaires,* 1997, p. 378 s.

れる場合には、その義務を尽くしたことを証明するのは事業者の責任とされているからである。それ故に、保証人に主たる債務者についての状況について情報提供をしたことは、［債権者たる］銀行側が証明しなければならないことになる。

(d) 要件 4 —— 保証人が知りえなかったこと

第 4 に、即ち最後に、詐欺的沈黙を理由とした保証〔契約〕の無効が認められるためには、保証人が、主たる債務者の財政状況について知りうる手段を有していなかったことが必要になる。この要件があるために、判例は、保証人が、会社の経営者または保証を受けた会社の出資者である場合には、詐欺的沈黙を援用することを殆ど認めていない。〔但し〕会社の経営者や出資者の場合にも、極めて例外的な場合にはこのような〔詐欺的沈黙による〕無効が認められており[18]、この点について 2 つの説明が可能である。

1）このような例外が認められるのは、銀行の重大な過失ある行為が認められる場合である。例えば、銀行が経済的に実現できないような計画に対して融資をしたり[19]、または、経営者の保証を得た直後に、その会社に対する追加融資をやめるなどの場合である[20]。

---

(17) Cass. 1re civ., 15 mai 2002, *JCP* G 2002, I, 184, no 1 s., obs. F. Labarthe.

(18) Cass. com., 17 juillet 2001, *RD bancaire et financier* 2001, p. 347 s., obs. D. Legeais. rappr. Cass. com., 12 novembre 1997, *Dalloz Affaires,* 1997, p. 1372, Flash, この判決では、会社の経営者、会社の債務の連帯保証人は、例外的な事情がない限り、濫用的な支援に対する銀行の責任を認めることはできないものとされている。会社の創始者と経営者について同様の判決として、Paris, 8 juin 2001, *Banque et droit,* no 85, septembre-octobre 2002, p. 52.

(19) Cass. com., 3 mai 2000, *Droit et Patrimoine,* no 94, juin 2001, 2855, p. 92, obs. B. Saint-Alary, は、このような要件の下に、経営者に関して詐欺的沈黙を認めている。

(20) 近時の同旨の判決として、Cass. 1re civ., 9 juillet 1996, *Dalloz Affaires,* 1996, p. 1164 et Cass. com., 10 mars 2004, no 0210.406. それ以前にも、破毀院は、債務者が新たな融資を受けられるため保証人になった事例、また、当座勘定後にすぐに銀行が取引を停止した場合に、錯誤による無効を認めていた（Cass. com., 11 février 1986, *D.* 1987, Somm. p. 446, obs. L. AYNES; *Gaz. Pal.* 1986, 2, Som. p. 504, obs. M. Piedelièvre; *Banque,* 1986, p. 402, obs. J.L. Rives-Lange. *Adde* : Paris, 6 juin 1989, *Défrénois,* 1989, p. 1406, obs. L.Aynès; Grenoble, 23 octobre 1996, *Rev. Proc. Coll.* 1998, p. 492, obs. E. Kerckove.)。この場合には、詐欺的沈黙を援用し、または、この違反を独自に主張することによって、保証〔契約〕の無効が認められている。初期には、破毀院は、債権者の詐欺と誠実に契約を締結すべき義務の違反とを競合的に認めていたが、現在では、誠実に契約を締結すべき義務は、独自にサンクションが考えられるようになっている。

Ⅱ 保　証

　2）また、このような例外は、〔保証の〕契約の時に、保証を受ける会社の財
政状況について現実的な認識を取得することができるほど[21]、保証人の〔会社
における〕立場が十分なものではなかった場合にも認められている[22]。例え
ば、保証契約のわずか2ヶ月前に、主たる債務者である会社の出資者になったに
すぎない保証人については、詐欺的沈黙が認められている[23]。

　このように事例ごとに具体的な評価を行なおうとする判例の態度は、保証人が
その〔保証〕契約の結果についての情報〔の提供〕が重要なことを示すものであ
る。

B　保証人へのその〔保証〕契約の結果についての情報提供

　保証は片務契約、即ち2人の当事者の一方のみが何らかの義務、ここでは一定
額の金銭の支払いをなす義務を負担するものである。このことから、保証は民法
1326条［2016年改正により現行1376条］によって規律されることになる。同条は、
「一方当事者のみが他方に対して、一定額の金銭を支払うこと……を義務づけら
れる法律行為は、この契約をする者の署名及びすべての文字及び数字による金額
または数量の記載含んだ証書によって証明されなければならない」と規定をして
いる。2000年3月13日の法律以来、電子的手続によってもこの手書きの記載の要
件を満たすことが可能となっている。保証人にこの記載を義務づけることによ
り、立法者はその責任の範囲を自覚させようとしたのである。

----

(21) 会社の財政状況についての実効的な認識のみが、考慮することができるのであり、たと
　　えば、保証人の会社の取締役会への参加から〔このことは〕導かれている（詐欺的沈黙に
　　ついて、Cass. com., 20 mai et 25 novembre 1997, *Rev. Proc. Coll.* 1998, p. 492, n° 1, obs. E.
　　Kerckove, et s'agissant de la mention manuscrite incomplète, Cass. com., 7 juillet 1992,
　　Bull. civ. IV, n° 261 参照）か、または、会社の代表者として活動していることから導かれ
　　ている（Cass. 1re civ., 12 janvier 1999, *Bull. civ.* I, n° 13）。

(22) このような評価は、Cass. com., 24 juin 2003, *D.* 2003, AJ p. 2308 s., obs. V. Avena-
　　Robardet. によれば、事実審裁判所の専権的〔判断〕事項に属する。

(23) Cass. com., 23 juin 1998, *Bull. civ.* IV, n° 204; rappr. Cass. 1re civ., 14 novembre 1995,
　　Banque, février 1996, p. 90, note J.L. Guillot, この判決は、主たる債務者である会社の従業
　　員が、この会社の出資者（associé）になる数日前になした保証の事例で、詐欺的沈黙を認
　　めている。同様に、Cass. 1re civ., 15 février 2000 は、家族関係という要件が、銀行を保証
　　人に対する情報提供義務を免せしめるものではなく、主たる債務者である会社の経営者の
　　配偶者が保証人になった事例でも、詐欺的沈黙が認められている（Cass. 1re civ., 15 février
　　2000, *Rev. Proc. Coll.* 2000, p. 4, n° 1, obs. E. Kerckove.）。

〔ところが〕この手書きによる記載という要件は、ここ過去数年において大きな修正がされてきた。

①　一方で、判例によって、その適用領域のみならず、その内容や妥当範囲についても重要な点について明らかにされていった。

②　他方で、2003年8月1日の法律によって、大きくこれをめぐる法制度が混乱されてしまった。何故ならば、消費法典 L. 341-2条［現 L. 331-1条］以下において、2004年2月5日以降は[24]、事業者である債権者と自然人である保証人との間の私署証書によって締結された一切の保証契約について、適用範囲、妥当範囲またその内容について、手書きの記載についての新しい要件が規定されたからである。

もしこの新しい制度が、旧来の制度に一切全面的に置き換わる〔＝旧来の制度を廃止する〕ものであったならば、複雑な状況にはならなかった。ところが、不幸なことに、フランスの立法は、新しいものを単に付け加えるという悪しき慣習がある。その結果、新しい制度が2004年2月5日から私署証書による一切の保証に一般的に適用されることになったものの、旧来の制度が、以下のような場合には依然として適用され続けることになってしまったのである。

①　2004年2月5日よりも前の自然人によりなされた一切の民事保証、
②　その日付がいつかを問うことなく、事業者ではない債権者のための自然人による民事保証、
③　その日付がいつかを問うことなく、自然人によってなされた民事保証。

旧来の制度が一部存続しているので、先ず、判例の観点からそれがどう展開していったのかを検証し（→（1））、次いで、2003年8月1日の法律による変更について考察をしていく（→（2））。この法律は、多くの学者によれば、会社の経営者による保証というよく見られる事例にも適用されることになり、それ故に重大な修正がされていると考えられている。

1）2003年8月1日の法律以外の手書きの記載の要件

民法1326条の規定する手書きの記載の要件の適用領域、妥当範囲及び内容につ

---

(24)　保証人に対する情報提供についての2003年8月1日の法律の新規定は、その公布より6ヵ月後に施行されることになっており、公布は2003年8月5日である。

Ⅱ　保　証

いて順を負って考察をしていくことにする。

（a）この要件の適用領域

この〔民法1326条（現1376条）の〕適用領域は非常に広いものである。なぜならば適用除外とされるのは次の2つのタイプの保証しかないからである[25]。

① 公正証書[26]によりなされた保証[27]。判例は、公証人の助言義務があるので、保証人の保護を確保するために十分と考えている[28]。

---

[25] 判例は、手書きの記載の要件は物上保証人には適用されないと考えている（Cass. 1re civ., 13 mai 1998, no 9616.087, *Bull. civ.* I, no 172; *RD bancaire et bourse* 1998, p. 149 s., obs. M. Contamine-Raynaud; *RTD civ.* 1999, p. 152 s., obs. P. Crocq; *Banque*, no 597, novembre 1998, p. 76, note J.L. Guillot; *JCP* N 1998, p. 1667, note S. Piedeliévre; *JCP* G 1999, I, 116, no 1, obs. Ph. Simler）。しかし、物上保証の場合には、物上保証人は他人に対して支払いを義務づけられず、第三者の債務の担保のために財産のみが押さえられているにすぎないと考えることを前提としている。物上保証が1326条の定義に対応しうるのは、このような前提の下においてのみである。このような解決は、それ故に、現在では、問題視されている。というのは、破毀院は近時物上保証は担保にとられた財産の額に限定された支払いをなす個人的義務を含むということを認めているからである（Cass. 1re civ., 15 mai 2002, no 9921.464, 0013.527 et 0015.298, *Bull. civ.* I, no 127, 128 et 129; D. 2002, Som. p. 3337 s., obs. *Aynès* L.; *D.* 2002, p.1780 s., note Ch. Barberot; *Dr. famille* 2002, comm. no 90, obs. B. Beignier; *Defrénois,* 2002, art. 37611, no 83, p.1322 s., obs. G. Champenois; *RTD civ.* 2002, p. 546 s., obs. P. Crocq; *Bull. Joly* 2002, no 194, p. 871 s., note J. Devéze; *Defrénois,* 2002, art. 37604, p.1208 s., note J. François; *Banque et Droit,* no 86, novembre-décembre 2002, p. 46 s., obs. F. Jacob; *JCP* G 2002, II, 10109, concl. C. Petit et note S. Piedelièvre; *Droit et Procédures* 2002, p. 354 s., obs. Y. Picod; *JCP* G 2002, I, 167, no 5, obs. Ph. Simler）。

[26] これは、企業の再建計画の採用の際になされ、判決によって確認された保証であろうとも適用される（Cass. com., 11 février 2004, no 0116.192）。

[27] 但し、特別の法制度に服する賃貸借主のためになされた保証は例外である。

[28] ところが、31 mai 1998 の判決以来、破毀院は、手書きの記載についての要件が、保証人となることについての私署証書による委託にも適用されると判示し、結果として、手書きの記載のない委任について、保証〔契約〕の公正証書を受け取ったならば、公証人はその責任を免れないことになる（同旨の判決として、Cass. 1re civ., 7 novembre 2000, *Defrénois,* 2001, p. 256, note J.L. Aubert; D. 2000, AJ p. 435, obs. V. Avena-Robardet; D. 2001, Som. p. 690, obs. L. Aynès; JCP G 2001, I, 315, no 6, obs. Ph. Simler, et Cass. 1re civ., 19 décembre 2000, *Defrénois,* 2001, art. 37309, no 15, p. 258 s., obs. J.L. Aubert）。反対に、民法1326条は公正証書によって保証人になった保証人については、保証人になってもらうことの依頼には適用されない（同旨の判決として、Cass. 1re civ., 13 février 1996, *D.* 1996, Som. p. 265, obs. L. Aynès, et Cass. 1re civ., 12 mars 2002, D. 2002, p. 1342; *RD bancaire et financier* 2002, p. 124, obs. D. Legeais; *adde* C. Albiges, "Le mandat de se porter caution", *D.* 2002, chron. p. 706 s.）。

② 商人によって行われた商事保証[(29)]。

(b) この要件の妥当範囲

2003年8月1日の法律の前には、保証〔契約〕の有効要件として手書きの記載を必要としていた立法は、次の2つしかなかった。

① 一方で、居住用賃貸借の賃料の支払いを担保するためになされた保証[(30)]。
② 他方で、消費者与信または住宅ローンに際しての保証[(31)]。

(ア) 特別規定がなく民法1326条が適用される場合 —— 証明準則

この2つの場合には、法律によって詳細が規定された手書きの記載を保証人が記入することが求められ、これに違反すれば〔保証契約が〕無効とされる。この2つの〔特別立法のある〕事例以外では、手書きの記載は、破毀院が慣用する用語によれば、保証人保護を目的とした証明準則にすぎないことになる[(32)]。〔先の2つの立法が適用されない場合には〕手書きの記載の要件は、単なる証拠準則にすぎないため、手書きの記載が遵守されなかったとしても、保証〔契約〕は無効となることはなく[(33)]、また、保証の妥当範囲の認識は、保証契約時点で〔保証

---

(29) これは、商法110-3条により商人については証明が自由であることによる。しかし、商法110-3条は、商人がその事業のために営業を行っている場合にのみ適用されるということに注意をすべきである。その結果、民法1326条の適用は、保証人が自分の事業の利益または行使のために行っているという場合に排除されるにすぎないことになる :Cass. com., 12 mai 1998, *Dalloz Affaires*, 1998, p.1174. V. aussi, antérieurement, Cass. com., 19 janvier 1993, *Bull. civ.* IV, n° 21; *Defrénois*, 1993, p.1374, obs. J.L. Aubert.〔訳者注 商法110-3条は次のような規定である l'égard des commerçants, les actes de commerce peuvent se prouver par tous moyens à moins qu'il n'en soit autrement disposé par la loi.〕

(30) 1989年7月6日の法律22-1条3項によると（現在は loi du 21 juillet 1994）、この保証は、賃料の額、改定の要件、保証人の一方的解約権を示す手書きの記載を対象とし、更には、賃貸人は賃貸借契約の写しの一部を賃借人に交付しなければならないものとされている。この条文は、いかなる形式であれ（公正証書か私署証書かを問わず）の賃貸借に適用される。

(31) この点につき、消費法典313-7条、313-8条は、手書きの記載を必要として、その内容は、連帯保証の場合には強化されているが、立法者により事前に決定されており、保証が特定された金額についてなされることを前提としている。前の場合〔＝賃貸保証〕とは異なって、この条文は、保証が公正証書で行われる場合には適用にならず、このことは Cass. 1re civ., 24 février 2004, *D.* 2004, p.805, obs. V. avena-Robardet; *Dr. et proc.* juillet-août 2004, p. 205, obs. Y. Picod; *JCP* G 2004, I, 141, n° 3, obs. Ph. Simler が認めているところである。

Ⅱ　保　証

人の〕この認識を証明する性質の外在的証拠を債権者が主張したならば、証明されたものと扱うことが可能である[34]。

　例えば、判例は、保証人が会社の経営者であるということを、保証人がその責任の範囲を認識していたと推定する[35]外在的な証拠であると考えている。

（イ）判例による要件の軽減

　この点で、2002年に、判例が、外在的要因という概念をかなり大きく拡大する解釈を展開し、その結果、保証人が、手書きの記載に違反していることを援用しても、そうやすやすとその責任を免れることができないようになっていることに

---

(32)　手書きの記載を保証の有効要件とする第一民事部と、単なる証明準則にすぎないとする商事部との間の判例上の対立があった後、2つの部は民法2015条と1326条とは「保証人を保護する目的を持った証明準則にすぎない」と肯定することで合致することになり（Cass. 1re civ., 15 novembre 1989, *D.* 1990, p. 177, note C. MOULY; Cass. 1re civ., 20 octobre 1992, *JCP*, é d. G., 1993, I, 3680, n° 3）、その不遵守はそれ故に保証の無効というサンクションを受けるものではないということで合致した。

(33)　たとえば、手書きの記載が、金額ではなく文字でなされているにすぎないような場合である。破毀院は、単なる書面による証拠としての価値しか有しないと判断した（Cass. 1re civ., 13 novembre 1996, *Bull. civ.* I, n° 393; *JCP* G 1997, II, 22810, note Y. Dagorne-Labbé; D. 1997, p. 368 s., note Pasqualini; Cass. 2e civ., 27 juin 2002, D. 2002, Somm. p. 3333, obs. L. Aynès; *JCP* G 2003, I, 124, n° 2, obs. Ph. Simler）。他方で、別の義務について、破毀院は、文字の手書きの記載は完全に証明としての効力を持つのに十分であると判断している（Cass. 1re civ., 19 décembre 1995, Bull. civ. I, n° 467; *RTD civ.* 1996, p. 620, obs. J. Mestre; Cass. 1re civ., 18 septembre 2002, *JCP* G 2003, I, 124, n° 2, obs. Ph. Simler）。シムレールによると、この扱いの差は、現在ではなくなるべきものであるとされ、その理由として、保証について手書きの記載に破毀院が果たさせようとしている特別の役割によってしかこのような差は説明できないことを述べている。このような役割は現在では、証明という機能のために消滅しており、金が繰による手書きの記載のみが、保証について、証明としての完全な効力が認められるべきである。

(34)　Cass. 1re civ., 9 mai 2001, *Bull. civ.* I, n° 124; D. 2001, A.J. p. 2126. Ainsi, selon Cass. 1re civ., 29 octobre 2002 （*Bull. civ.* I, n° 251; *D.* 2002, A.J. p. 3203; *Defrénois*, 2003, art. 37676, p. 258 s., n° 14, obs. J.L. Aubert）、裁判外の自白は、完全に証拠として認めることができ、それが保証人の保証後であっても同様であるが、それがその内容から、行為のときに、行為者がその義務の範囲及び性質について知っていたことを明らかにするようなものであることを要する（反対の判決がそれ以前にはあった。Cass. 1re civ., 26 mai 1993, *Bull. civ.* I, n° 190; D. 1993, Som. p. 312, obs. L. Aynès）。反対に、判例は、任意の履行を外在的な証明要素とは認めない。何故ならば、そのことは、契約締結に際しての知識を明らかにするものではないからであり、保証人は、支払い後でも手書きの記載が遵守されていないことを援用することができる（Cass. 1re civ., 4 octobre 2000, *JCP* G 2001, I, 315, n° 4, obs. Ph. Simler）。

7 フランス法における保証人に対する情報提供

注意すべきである。

2002年1月15日に出された判決(36)において、破毀院は、消費貸借と保証とを同時に確認する1つの書面に保証が記載されている場合に［借用証書において保証人が債務保証をするような事例］、保証人が(37)その書面のすべてのページに花押（paraphe）を添えたという事実は、保証人が保証人となることによって引き受けた責任の範囲について認識していたことを証明する外在的要因となると判示している。破毀院によれば、それ故に、外在的なものとされるためには、交渉の最中に(38)、保証人によって引き受けられた契約の外に在る証拠要素であれば十分であり、その要素が保証人により署名されたただ一つの書面に記載されていてもよい。

---

(35) この外在的要素ということは、Cass. com., 8 janvier 2002 によれば、「会社で行われている役割が、書面による証明基礎を補充する性質のものではないことを証明した」ならば、裁判所によっては排除することができる（Cass. com., 24 juin 2003, D. 2003, AJ p. 2308 s., obs. V. Avena-Robardet において、詐欺的沈黙を援用する可能性についても同様のことが認められている）。たとえば、保証人が会社において、純粋に理論的な役割しか果たしていなかったことを主張することができる（取締役会の年老いたまた病気の、代現表取締役の父親である副会長が保証人になった事例につき、Cass. com., 6 dćembre 1994, *Bull. civ.* IV, n° 364）。詐欺的沈黙におけると同様に、判例は、事例ごとの具体的な評価を行っている。こうして、判例にとって、主たる債務者である会社の経営者の配偶者という資格（Cass. 1re civ., 6 dćembre 1994, *Contrats, conc consom mars* 1995, n° 50）、また、義理の母親（Cass. 1re civ., 3 octobre 1995, *Bull. civ.* I, n° 339; D. 1996, Somm. p. 263, obs. L. Aynès）というだけでは、保証人の認識を証明するためには十分ではないと考えている（同旨の判決として、Cass. com., 11 juin 2003, D. 2003, AJ p. 2311）。外在的要素の評価ということは、事実審裁判所の専権的な権限に属することになり、この点についての、評価が分かれることを放置することになるという不都合がある。

(36) Cass. 1re civ., 15 janvier 2002, *Bull. civ.* I, n° 13; D. 2002, p. 720; *RTD civ.* 2003, p.122, obs. P. Crocq; *RD bancaire et financier* 2002, p. 71, obs. D. Legeais. V., antèrieurement, Cass. 1re civ., 9 dècembre 1997, *Bull. civ.* I, n° 360; *Dalloz Affaires*, 1998, p. 200, obs. V. Avena-Robardet; D. 1999, p. 322 s., note V. Brémond; *RTD civ.* 1998, p.109, obs. J. Mestre. *Adde*, A. Medina, "Formalisme et consentement dans le contrat de cautionnement : évolution de la jurisprudence", D. 2002, chron. p. 2787 s.

(37) しかし、借用証書が保証人の委託者によって花押がされ、保証人自身によってされているのではない場合には認められない。それは、この花押が保証人が保証人となることの委託を受けた時に知っていたことを証明するものではないということによって説明ができる（Cass. 1re civ., 4 juin 2002, *RD bancaire et financier* 2002, n° 177, p. 255, obs. D. Legeais）。

(38) 保証契約書自体に外在的要素が現れていることは必要ではないことは、Cass. 1re civ., 5 mai 2004, D. 2004, p.1592 によって認められている。

Ⅱ　保　証

このことは、手書きの記載という要件が十分と認められるためには[39]、保証人に与信契約に花押を添えさせればよいということを意味することになり、この要件はもはや実務上大して重要なものではないことになる[40]。

このような債権者に有利な判例の展開は、〔次のように〕手書きの記載の要件の内容についても認められている。

（ｃ）この要件の内容

手書きの記載の内容は、保証が以下のどれかによって異なっている。

① 包括的な保証か否か（これは包括的保証といわれるものであり、即ち、特定の債権者に対する特定の債務者の一切の債務について支払いをめぐる保証である）

② 特定保証か否か（これに属するものは、一方で、債務者と同じ限度で特定された債務の支払いについての制限のない保証、また、他方で、一定の限度により制限された保証である）。

（ア）包括的な保証［日本の根保証］

包括的な保証の場合には、確立した判例によれば[41]、手書きの記載が、あいまいではない明確な何らかの形で、契約で定められた債務の範囲と性質についての保証人の認識を示すものであればよいものとされている。

（イ）特定保証

特定された［債務の］保証の場合には、要件はもっと厳格なものとされる。何故ならば、保証人[42]の債務額の数字[43]による手書きの記載が要求され、また、保証［債務］は契約した範囲を超えて拡大できないものとする民法2015条［2006年改正により2292条に移され、2021年改正により現行2294条になっている］の適用に

---

(39) この点は、Cass. 1re civ., 12 mars 2002, *RD bancaire et financier* 2002, p.124, obs. D. Legeais によって明確に認められている。

(40) この重要性は、破毀院がこの領域において、裁判所に積極的な役割を認めているために、なおさら少なくなっている。事実、2002年10月1日の破毀院商事部の判決によれば、事実審裁判所は、あらかじめ「不完全な手書きの記載が、保証された義務の支払いの方法及び性質、範囲について正確な内容、債務者である会社の義務を定義する証書に保証人が行ったのではないのか否か」を明らかにすることなく、手書きの記載の不遵守を認定することはできない（Cass. com., 1er octobre 2002, *Bull. civ.* IV, nº 132; D. 2002, A.J. p. 3203; D. 2002, Som. p. 3333 s., obs. L Aynès; *RD bancaire et financier* 2003, p.19, obs. D. Legeais）。

(41) この点で、判例は Cass. 1re civ., 22 février 1984, *JCP*, é d. G., 1985, II, 20442, note Storck 以来確立している。

より、超えることができない限界を手書きで示された金額の表示は構成することになるのである[44]。

　ところで、この限界づけは、手書きの記載がそれを明らかにしていない場合に、債務の従たる債務とりわけ利息にも適用されるのであろうか。破毀院の内部でも、この点について［の判断］は分かれていた[45]。

　①　商事部判決［適用否定]　　商事部は、「保証債務は主たる債務の一切の従たるものに拡大される」と、債務の従たるものに保証を拡大する民法2016条[2006年改正により2293条に移され、2021年改正により現行2295条になっている]の宣言する原則が、保証人にとってそれほど危険ではない特定保証にも、当然に適用されると考えていた。それゆえに、商事部は、1999年3月16日の判決によって、手書きの記載がそのこと［利息など］について明示的に何も言及していなくても、債務の利息を担保するものと判示した[46]。

　②　第一民事部判決［適用肯定]　　ところが、第一民事部は、1986年12月9日の判決[47]以来、手書きの記載には利率の記載も必要であり、その記載がないと

---

(42)　Cass. 1re civ., 9 mai 1996, *D.* 1996, Som. p. 263, obs. L. AYNES; *Dalloz Affaires*, 1996, p. 711 によれば、担保される債務の性質まで示すことは要求されていない。しかし、特定された〔債務の〕保証契約が、担保を受ける債務者も、担保される債務も明らかにしていなくても、書面による証拠の commencement に値しうると判示されている (Cass. crim., 14 mai 1996, *RTD civ.* 1996, p. 662, obs. M. Bandrac.)。

(43)　文字だけで書かれた金額は契約の証明として十分ではなく、また、書面による証拠の基本の価値しかない（同旨の判決として、Cass. 1re civ., 15 novembre 1989, *Bull. civ.* I, n° 348; D. 1990, p.177 s., note Ch. Mouly; Cass. 1re civ., 13 novembre 1996, *Bull. civ.* I, n° 393; *JCP* 1997, é d. G, II, 22810, note Y. Dagorne-Labbé; Contrats, conc., consom., fé vrier 1997, n° 25, obs. L. Leveneur; *JCP* 1997, é d. G, I, 4033, n° 5, obs. Ph. Simler.)。

(44)　証書の本体が、保証人はこの金額のほかに、利息、費用、手数料などを担保することを示していても、同様である (Cass. 1re civ., 22 juin 1983, "Procrédit", Defrénois, 1984, p. 367, note Aubert; Cass. 1re civ., 7 juillet 1998, *Bull. civ.* I, n° 241.)。また、保証書の本体が、ステレオタイプの条項として、保証人は主たる債務者の一切の債務を担保するという条項が含まれていても同様である (Cass. com., 9 juin 1998, *Dalloz Affaires*, 198, p.1126)。

(45)　M. Graff, "La garantie des accessoires, analyse d'une divergence", *Rapport de la Cour de cassation* 2001, La Documentation Fran aise, 2002, p. 281 s.

(46)　Cass. com., 16 mars 1999, *JCP* G 1999, I, 156, obs. Ph. Simler; *JCP* G 1999, II, 10184, note J. Casey. 違約金の事例についても、Cass. com., 6 février 2001, *RD bancaire et financier* 2001, p. 85, n° 56, obs. D. Legeais 参照。破毀院商事部は、証書の本体に書面によってそれが決められている限り、利息の利率が手書きの記載の中に含まれているかはどうでもよいと考えている (Cass. com., 31 mars 1994, *JCP*, é d. G., 1994, I, 3807, n° 5.)。

Ⅱ　保　証

利息は保証によって担保されないと理解している[48]。

　③　商事部判決への統一［適用否定］　　最終的に、2002年10月29日の３つの判決により[49]、破毀院第一民事部は、［手書の記載によって］保証人が利息の支払いを担保する義務を負うことを明示することも、また、利率について言及する必要もないと考え、債権者に有利な判例へ戻ることにし、商事部の解決を採用することにした[50]。こうして、2002年には、破毀院は、手書きの記載の要件の重要性を低減させ、債権者に非常に有利な判例を発展させた。

　このような経緯があるため、立法者が保証人に有利な、有利すぎるともいえるような法律〔次述〕を採用したことが、非常に奇妙なものとなってくるのであ

---

(47)　Cass. 1re civ., 9 dé cembre 1986, *Bull. civ.* I, n° 287; *D.* 1987, Som. p. 444, obs. L. Aynès; *JCP* G 1988, 20921, note Storck. 同様に、解約補償金は、保証人がその金額と計算方法を示して手書きの形で約束をしている場合に限り担保される。そのためには、「費用及び従たるもの」の金額を担保することを義務づけられると示すだけでは十分ではない（Cass. 1re civ., 2 avril 1997, *Bull. civ.* I, n° 113; *JCP* 1997, é d. G, 22927, note J. Casey; Cass. com., 9 juin 1998, *Bull. civ.* IV, n° 180; *Dalloz Affaires*, 1998, p.1397）。この判例は、民事保証の場合にのみ限定されている（Cass. 1re civ., 29, fé vrier 2000, *Bull. civ.* I, n° 68; *JCP* G 2000, II, p.1667, note J. Casey; *JCP* E 2000, p. 801, obs. D. Legeais, et Cass. 1re civ., 22 mai 2001; Cass. 1re civ., 22 mai 2001, *Bull. civ.* I, n° 145; *D.* 2001, AJ p. 2409.）。

(48)　しかし、Cass. 1re civ., 29 février 2000, *Bull. civ.* I, n° 68; *D.* 2000, Som. p.342, obs. L. Aynès; *D.* 2000, Som. p. 342 s., obs. V. Brémond; *JCP* G 2000, II, 10382, note J. Casey; *RD bancaire et financier* 2000, p. 80, n° 57, obs. D. Lgeais; *JCP* G 2000, I, 257, n° 6, obs. Ph. Simler; Cass. 1re civ., 10 juillet 2001, *Bull. civ.* I, n° 208; *D.* 2001, AJ p.2408; *JCP* G 2001, I, 356, n° 1, obs. Ph. Simler.. Cass. 1re civ., 21 février 1995, *JCP*, é d. G., 1995, I, 3889, n° 7, は、利率を明示しない利息についての手書きの記載は、書面による証拠の基本となり、保証の外在的要素によって補充が可能であることを認めている。したがって、保証人がその義務の範囲について知っているということを外在的要素によって裁判所に証明したならば、保証人は利息の支払いを義務づけられる。しかし、そのためにはやはり、事実審裁判所が採用する外在的要素が何なのかを明らかにし、また、利率が書面に記載されているという事実だけでは十分ではない（Cass. 1re civ., 2 avril 1997, *Bull. civ.* I, n° 114; *JCP* 1997, é d. G, 22927, note J. Casey.）。

(49)　Cass. 1re civ., 29 octobre 2002, "Lapie" et "Thivel", *Bull. civ.* I, n° 247, 248 et 250; *D.* 2002, Som. p. 3334 s., obs. L. Aynès; *RTD civ.* 2003, p.122 s., obs. P. Crocq; *D.* 2002, p. 3071 s., note D. Djoudi; *JCP* G 2002, II, 10187, note D. Legeais; Dr. et procéd. 2003, p. 84 s., obs. Y. Picod; Defré nois, 2003, art. 37675, p. 229 s., note S. Piedelié vre; *JCP* G 2003, I, 124, n° 1, obs. Ph. Simler.

(50)　この商事部の判決は、近時、Cass. com., 4 février 2003, *D.* 2003, A.J. p. 689. によって再び認められている。

る。

2) 2003年8月1日の法律による手書きの記載の要件

この法律について、手書きの記載という要件の適用範囲、妥当範囲および内容につき順次考察をしていきたい。

(a) この要件の新しい適用範囲

2003年8月1日の法律は、消費法典 L. 341-2 [現行331-1条] の新しい条文において、一般的に、「事業者である債権者に対して、保証人として私署証書によって義務を負担する一切の自然人は、以下の手書きの記載による署名を行い、また、これによってのみ行わなければならず、さもなければ無効とされる」と規定をしている。

この2003年8月1日の法律に由来する手書きの新しい要件は、それゆえ、自然人によって事業者である債権者のために行われた商事保証にも適用の余地があることになり [106頁(a)②のように自然人だが商人の場合は除外されていた]、これは〔これまでの2つの立法にはなかった〕新たな点である。〔その結果〕公正証書による保証のみが、手書きの記載という要件が不要とされるにすぎない。

さらには、この新しい条文は、〔次のように〕かなり手書きの記載の要件の妥当範囲も修正している。

(b) この要件の新しい法的妥当範囲

この法律以前には、立法者が手書きの記載を保証の有効要件としていた2つの事例があったことはすでにみたところである [☞106頁 (b)]。すなわち、賃貸保証の事例と、消費者信用の保証の事例である。この2つの事例が、今や広く拡大されたことになる。なぜならば、2003年8月1日の法律は、経済的要因に基づいて、手書きの記載の要件を一般化するだけでなく、さらには、この要件を満たさないと〔保証〕契約を無効としており[51]、その手書きの記載の内容は、立法者により決められているからである。このようにして、立法により、それまでは、賃借人、不動産をローンで購入した買主や消費者のための保証の事例に限定されていたにすぎない要件が、一般化されたのである。

---

(51) ここで、2004年5月13日に採択された、数値経済における信義についての法律の適用により、手書きの記載は、人的ないし物的担保についての証書の有効性要件である場合に、その事業上の必要性から私署証書について電子的方式で行うことが可能になったことを注記しておこう。

Ⅱ　保　証

　手書きの記載を、単なる証明の要件ではなく、保証の一般的有効要件とすることによって、立法により外在的な要素についてのこれまでの判例は否定され、この新しい手書きの記載には適用されなくなったのである。それ以前の判例は、手書きの記載を単なる証明の要件に過ぎないと理解していたのである。それがために、手書きの記載がされていなくても外在的な要素により補完することが可能であったのである。これからは、手書きが要求されている事例ではそうはいかず、違反すれば〔保証〕契約は無効となる。

　このようにして2002年における債権者に有利な判例が、2003年に立法者によって変更されたのである。

(c)　この新しい要件の内容

　手書きの記載の内容は、立法者によって厳格に決められており、以下の記載が要求されまた以下の記載でなければならない〔現行の消費法典 L. 331-1 条〕。

　「Ｘの保証人となり、……の金額の範囲内で、主債務の支払い、利息、場合によっては、……の期間に対する違約金および遅延損害金の支払いを含めて、もしＸが自ら履行をしない場合には、私の収入と財産によって、支払われるべき金額を貸主に対して支払うことを義務づけられる」

　更に、もし連帯保証の場合には、以下のような記載が追加されなければならない〔現行消費法典 L. 331-2〕。

　「私は、民法2021条〔現行2298条〕に規定された検索の抗弁権を放棄し、Ｘと連帯して義務を負い、あらかじめＸに対して責任を追及するよう求めることができずに、債権者に支払うことを義務づけられます」。

　会社の経営者である保証人については、手書きの記載を要求する新しい要件があまりにも不都合であることを、ここで強調しておかねばならない。新しい手書きの記載は、保証人が「主債務の支払い、利息、場合によっては、……の期間に対する違約金および遅延損害金の支払いを含めて」保証人が義務を負うことを明らかにしなければならない。このことは、判例が、民法1326条〔現1376条〕に基づく場合には必要ではないことを認めたばかりであるのに、債務の従たるものの担保についても手書きの記載で言及しなければならないこと、さらにまた、とりわけ〔これが重要であるが〕、保証が特定された金額についてなされまた特定された期間についてなされなければならないことを意味している。「……の金額」また「……の期間」という言葉は、それ以外を一切認めないものというべきであ

り、特定された金額、年数ないし月数が記載されることが予定されているのである(52)。

　この結果、もはや会社の経営者も、私署証書によって包括的保証を締結することができなくなってしまったのであり、これは実務の要請に対するまったくの無知をさらけだすものである〔根保証で保証期間や極度額を記載することは認められないのかは不明〕。

　確かに、公正証書による保証は改革の対象外なので〔包括保証も可能〕、立法者は保証〔契約〕の締結のためには公正証書を暗に求めたものと考えるならば、改革のこの点も正当化することができるかもしれない。〔確かに〕そうした理念はばかげたものとも思われない。なぜならば、保証は危険な行為であり、とりわけ包括的保証の場合には。公証人の助言義務を介することは、おそらくは好ましいものであるからである(53)。〔しかし〕残念ながら、公正証書によったとしても、実務のこの新たな問題のすべてを解決することはできない。何故ならば、特定されていない期間についての保証〔契約〕の締結が可能であるとしても、包括的な保証の締結はできないからである。〔というのは〕2003年8月1日の法律は、消費法典L.341-4条〔改正の上、現行L.343-4条〕の新設された規定において、保証人の収入及び財産に対する保証がふさわしいものであることの要求をこれまで同様に導入しており、これは公正証書による場合にも適用される〔からである〕。〔包括的な保証の場合には〕その契約の時点で保証人の義務の額が分からないのに、この要件がどうして遵守できるのであろうか。

　さらには、2003年8月1日の法律により新設された消費法典341-5条〔現行L.343-3〕において、金額が特定されていない保証は、今後は公正証書によらなければならないことになるが、連帯保証とすることはできず、このことは実務に

---

(52) 私の考えでは、また、無益な方式主義が残念であるが、主たる債務を参照とするだけで、金額や期間が限定されていないまたは限定されている期間について言及するという可能性は排除されている。反対の考えとして、Ph. Simler, *"Cautionnement et garanties autonomes"*, Litec, 3ᵉᵐᵉ é d., 2000, nᵒ 259.

(53) スイス債務法493条では、2000スイスフランを超える自然人による保証は公正証書によらなければならないとされている（P. Tercier, *"Les contrats sp ciaux"*, Schulthess, 3ᵉᵐᵉ é d., 2003, nᵒ 6049; rappr)。民事的性格の消費貸借の保証について、ポルトガル法でも類似の解決が採用されていることについて、A. Menezé s-Cordeiro, *"Rapport portugais"*, in *"Les garanties du financement"*, Travaux de l'Association Henri Capitant, tome XLVII, L.G.D. J., 1998, p. 481 s., spéc. p. 486 参照。

Ⅱ　保　証

おける［保証の］利点を大幅に失わせるものである。この2003年8月1日の法律
は、それゆえに、実務の要請をまったく無視するものとして学者により激しく批
判されている。

　さらには、不特定期間の保証が認められなくなったことにより、机上の議論に
すぎないが、その義務を一方的に放棄する権限の保証人による行使が排除される
ことになったことも注目すべきである〔訳者注　期間の定めのない包括的保証に
ついては、日本にいう任意解約権が保証人には認められていたが、保証期間が定
められなければならないことになると、任意解約権が考えられなくなる〕。

　司法大臣の下に設置された担保法改革委員会は、それ故に、この新しい〔2003
年8月1日の法律の〕規定を廃止して、これらの条文を民法の中に1か条の条文
に置き換えて、手書きの記載を要求しそれに違反すれば無効とするが、記載がな
かったり十分でなかった場合でも、債権者が、一切の手段により、保証人がその
義務の範囲を認識していたことを証明することを認めるべきである［現在は手書
要件は、消費法典 L. 331-1条、民法2297条1項とに再編されている］。

　第1部〔＝Ⅰ〕の結論として、確かに混沌とした形でそれは行われ、判例はあ
る方向に進んだかと思うと、ほかの方向に進み、あるときは立法により擁護さ
れ、あるときは覆されたりはしているものの、立法また判例は、保証契約の締結
に際する保証人に対する情報提供については、かなり改善をはかっているように
思われる。

　同様の状況は、［次にみる］契約の履行中の保証人保護についても認められる
ところである。

Ⅱ　〔保証〕契約の履行に際しての保証人への情報提供

　保証契約の履行に際する［債権者の］保証人に対する情報提供は、2つの異
なった目的を持っている。一方で、［保証人が］義務を忘れてしまうことに対す
る保護（⇒A）、他方で、主たる債務者の不払い［債務不履行］を知らないことに
対する保護（⇒B）である。

A 〔保証人になっていることを〕忘れてしまうことに対する保護

1）毎年の債務状況の通知義務、任意解約権の通知義務

保証人は当然のことであるが、〔保証〕契約の存在を忘れてしまいがちであり、自分の保証した債務の支払いがどうなっているのかについて情報を受けることがないのが普通である。このことは、保証が期間の定めのない場合にはとりわけ危険である。なぜならば、保証人は、その損失をまだ限定できる時点での金額において、保証人が契約を解約することができなくなる危険があるからである〔期間の定めのない根保証人の任意解約権が解釈によって認められている〕。

保証人を保護するために、1984年３月１日の法律48条[54]（現在は、通貨・金融法典313-22条［2021の担保法改正で削除され、民法2302条に規定されている］になっている）は、銀行に、主たる債務が消滅するまで行われなければならない〔保証人に対する〕毎年の情報提供義務を負わせている[55]。この義務は、ただの個人保証であろうと経営者保証であろうと適用され[56]、また、当座勘定に登録されているものも含めて、企業に対して行われた一切の融資[57]に適用される[58]〔逆にいえば、住宅ローンなど個人向け融資には適用されない〕。

---

(54) この規定は強行規定である。

(55) 債権者は、保証人に対して訴訟を提起していてもこの義務を履行しなければならない。Cass. 1re civ., 30 mars 1994; Cass. com., 25 avril 2001, "Malique", *RTD com.*, 2001, p. 752, obs. M. Cabrillac; Cass. 1re civ., 6 novembre 2001, *RD bancaire et financier* 2002, p.16, obs. D. Legeais. しかし、問題の召喚状（l'assignation）が、情報提供義務の履行について要求される要素をすべて含んでいるのであれば別である（Cass. com., 25 avril 2001, "Jacottet", *JCP* E 2001, 1276, note D. Legeais.）。

(56) Cass. com., 25 mai 1993, *JCP*, é d. G., 1993, é d. E, II, 484, note H. Croze; *D.* 1994, p.177 s., note N'Gafaouanian; *JCP* G 1993, é d. E, I, 302, n° 203, obs. Ch. Gavalda et J. Stoufflet; *RTD com.*, 1993, p. 698, obs. M. Cabrillac; Cass. com., 17 mai 1994, Banque, 1994, p. 94, note GUILLOT; Cass. 1re civ., 27 février 1996, *Dalloz Affaires*, 1996, p. 611; Cass. com., 13 octobre 1998, *RTD com.*, 1999, p. 173, obs. M. Cabrillac; Cass. 1re civ., 12 mars 2002, "Benard", *D.* 2002, p.1199, obs. A. Lié nhard; Cass. com., 25 juin 2002, *D.* 2002, p.2676.

(57) Cass. com., 18 février 1997, *Bull. civ.* IV, n° 53; *adde* dans le cas d'un crédit accordé pour l'acquisition de murs professions, Cass. 1re civ., 4 février 2003, *D.* 2003, A.J. p. 689. によれば、営業財産の設置のための使用が付与されたという銀行にとっての事実は、企業に対する融資であることを特徴付けるのに十分である。

(58) Cass. com., 16 octobre 2001, *Banque*, janvier 2002, n° 632, p. 74 s., obs. J.L. Guillot. 保証人が融資と同時に同意したかまたはその後に同意したかによって、まったく区別がされることはない（Cass. com., 11 avril 1995, *D.* 1995, p. 599, note Y. Picod.）。

Ⅱ 保 証

　毎年、銀行［債権者］は保証人に以下のような情報を提供しなければならない。前年の12月31日に存した主たる債務及び利息、手数料、費用及び付随的債務の額、そして、もし保証が期間の定めのないものである場合には、銀行は保証人にいつでも解約する権限があることを注意喚起しなければならない[59]。もし銀行が、この情報提供義務を尽くさなかった場合には、前の通知の時から新たな情報提供がされる日までの利息[60]を受ける権利を失うという不利益を受ける[61]。立法者は、このように、主たる債務者の状況がどうなっているかについて、また

---

[59] 破毀院は、支払期日のある債務の支払いを担保し、そのため任意解約権を保証人が認められない場合には、これは必要ではないと判示している（Cass. com., 28 janvier 2004, nᵒ 0021.039）。

[60] この不利益は、約定利息のみに適用され、民法1153条に基づいた保証人が遅滞に陥った後の法定利率での遅延損害金については適用されない（Cass. com., 25 juin 1991, *Bull. civ.* IV, nᵒ 233; Cass. com., 2 novembre 1993, *Bull. civ.* IV, nᵒ 1073; Cass. 1ʳᵉ civ., 9 décembre 1997, *Dalloz Affaires*, 1998, p.148 s.; Cass. 1ʳᵉ civ., 12 mars 2002, "Benard", *D.* 2002, p.1199, obs. A. Liénhard）。

[61] 1984年3月1日の法律48条の旧規定が予定していたサンクションは、実際上あまり実効的ではなかった。ほとんどの事例では、主たる債務者は、最初の弁済期から支払い遅滞に陥ることはない。実際には、債務の一部は、債務者が支払いをしなくなる前に常に支払われている。民法1254条は、一部の支払いは利息に充当されるものと規定している。したがって、1254条の適用は1984年3月1日の法律の適用を実効性のないものとする可能性があった。利息は支払われたものとみなされるために、利息の支払いを保証人に求める権利を失うということは、債権者の状況を大きく変えるものではなかったことになる。こうして、民法1254条の適用は、1984年3月1日の法律48条の適用を実効性のないものとする可能性があった。また、実際に破毀院によって当初そのように判断された（同旨の判決として、Cass. com., 11 juin 1996, *Dalloz Affaires*, 1996, p. 950; *RTD civ.* 1996, p. 950 s., obs. P. Crocq; Cass. 1ʳᵉ civ., 17 novembre 1998, *Bull. civ.* I, nᵒ 321; *Dalloz Affaires*, 1998, p.1976; Cass. com., 30 mars 1999, *Dalloz Affaires*, 1999, p. 763 s., note A. L.）。この判決は、貯蓄及び財政的安定のための1999年6月25日の法律によって覆され、この法律は、1984年3月1日の法律48条に「主たる債務者によってなされた支払いは、保証人と与信機関との関係では、債務の元本の支払いに優先的に当てられたものとみなす」という文章を付け加えた。この新しい規定は、Paris 10 mars et 16 juin 2000, *JCP G* 2001, I, 315, nᵒ 5, obs. Ph. Simler によれば、すでに効力を有している保証にも適用されるとされているが、学説は遡及効は有しないと考え、Cass. 1ʳᵉ civ., 18 mars 2003（trois arrêts）*Les Petites Affiches*, nᵒ 108, 17 octobre 2003, p. 8 s., note B. Elie, et plus particulièrement par Cass. com., 29 avril 2003, *Les Petites Affiches*, nᵒ 108, 17 octobre 2003, p. 8 s., note B. Elie, à propos du refus d'application de la nouvelle régle d'imputation aux réglement effectués avant l'entrée en vigueur de la loi nouvelle（adde, dans le même sens, Cass. com., 14 janvier 2004, deux arrêts, nᵒ 02-14.304 et 02-15.288）はこのことを認めた。

場合によっては、自分の義務を解約しうることについて、保証人が知ることを可能にしたのである。

2）判例によるこの義務の重要性の軽減

この保証人に対する毎年の情報提供義務は、フランスにおいて数多くの訴訟を呼び起こし、また、一般的に、判例の解決は、債権者に有利なものであり、実務上この義務の重要性を低下させることになっている。

［この点につき，］判例として2つの実例を挙げることができる。1つは、情報提供義務の履行の証明に関するものであり、もう1つは、違反があった場合のサンクションについてである。

(a) 義務履行の証明について

義務の履行の証明に関しては、1997年11月25日の破毀院判決[62]以来判例は確立されている。銀行は一切の手段でもって、情報提供義務を履行したことを証明でき[63]、また、この情報が保証人によって受領されたことまでは証明する必要はないとされている。従って、債権者である銀行としては、受取証明つき書留郵便を用いる必要がないことになる。

破毀院によれば、情報提供義務を履行したことを証明するためには、法の要求する内容の情報を記載した郵便のコピーを提供すればよい[64]。そして、その情報を受領していないことを証明する責任は保証人に負わされるが、実務上このような消極的証明は不可能である。

〔しかし〕このような解釈は批判の余地がある。何故ならば、破毀院も明確に容認している原則と矛盾するからである[65]。

破毀院は、更に一歩進めて、情報の発送は推定される、また、この発送の推定を疑わせしめる事実を証明してのみ［この推定は］によって覆すことができるとさえいっている[66]。この判例は、保証が期間の定めのない保証人がその〔保証〕契約を解約した場合に、破毀院は、保証人は銀行が解約の郵便を受け取ったこと

---

(62) Cass. 1re civ., 25 novembre 1997, *Dalloz Affaires*, 1998, p. 23 s.; *JCP* G 1998, I, 149, n° 4, obs. Ph. Simler et Ph. Delebecque; *RD bancaire et bourse* 1998, p. 67 s., obs. M. Contamine-Raynaud. *Adde*, dans le même sens, Cass. 1re civ., 2 octobre 2002, *Bull. civ.* I, n° 225; *Contrats, conc., consom.*, 2003, n° 21, obs. L. Leveneur.

(63) Cass. com., 17 juin 1997, *Dalloz Affaires*, 1997, p. 929 s. によれば、1984年3月1日の法律48条［当時］の規定している情報提供は、一切の手段で証明することができ、とりわけ単なる手紙であってもよいとされている。

Ⅱ 保 証

を証明しなければならないことを認めているために[67]、なおさら衝撃的である。

（b）義務違反のサンクション

次に、情報提供義務の違反のサンクション［効果］については、判例は、通貨・金融法典313-22条［現民法2302条］の予定するサンクション、すなわち利息の支払いを求める権利を失うというのは、民法上の責任法〔による責任〕までも排除するものなのか否か、また、情報提供がされなかったことによって保証人に損害が生じた場合に、保証人には損害賠償請求権が認められるのかという問題について、以下のように問題を解決している。

（ア）当初の判決 ―― 追加的規定

先ず、このような〔別個に民事上の責任を追及する〕可能性は、1992年10月20日の判決によって認められ、破毀院商事部裁判所長は、「1984年3月1日の法律48条の銀行の情報提供義務に関するサンクションは、民法の一般法のサンクションに付け加わるものである」と、このことを明確に肯定している[68]。これは当然〔の結論〕であると思われる。何故ならば、保証人は、この場合に、保証〔契約〕を適時に解約する機会を失うことによって、特別の損害を受けることがありうるからである[69]。

---

(64) しかし、判例の柔軟な運用にも限界がある。事実審の確立した判例によれば、電磁的なリストを作成するだけで証拠を争うことは認められていない（Cass. 1re civ., 17 novembre 1998, *Bull. civ.* I, no 321; *JCP* G 1999, I, 116, no 4, obs. Ph. Simler)。この判決は、手紙が保証人に宛てられたがその手紙の内容を知りうるものでなかった手紙を証明として十分なものではないと考えている。この判例の解決は正当なものである。何故ならば、もしリスティングが情報の送付として認めるならば、その内容がいかなるものか、また、48条の要件が充たされているのかを知ることができないからである。Rappr. Lyon, 24 avril 1998, *Bull. inf.* C. cass., no 485, 15 janvier 1999, p. 41, no 65 は、「企業による保証人への情報を提供する手紙の一定数についての、情報を受ける者の名前を載せたリスティング、リスティングに情報を受ける者の名前を伴った手紙が分かる数多くの打診についてのユイシェの証明書は、そのような証明を可能とするものではない」と認めている。反対に、Douai, 27 avril 2000, *JCP* G 2001, IV, 2538, は、保証人の名前と住所、元本についての残額、利息に関する表示が記載されたリスティングの方法を証明方法と認めている。

(65) Cass. 1re civ., 14 janvier 2003, *Bull. civ.* I, no 9

(66) 同旨の判決として、Cass. com., 26 octobre 1999 et Cass. com., 26 avril 2000, *RD bancaire et financier* 2000, p. 227, no 148, obs. D. Legeais; *JCP* G 2000, I, 257, no 8, obs. Ph. Simler; Cass. com., 26 juin 2001, *JCP* G 2002, Ⅱ, 10043, note F.X. Licari; *JCP* G 2002, I, 120, no 4, obs. Ph. Simler

(67) Cass. com., 22 juin 1999, *JCP* G 2000, I, 209, no 7, obs. Ph. Simle

7 フランス法における保証人に対する情報提供

（イ）その後の判決による変更——このサンクションに限定

ところが、この判決は、残念ながら、2001年4月25日に出された新たな判決[70]によって覆されてしまう。破毀院商事部裁判所は、「1984年3月1日の法律48条からは、与信者の故意または重過失がない限り、この条文の規定する情報提供の懈怠のサンクションは、利息を失うということだけが導かれる」〔それ以外の責任は生じない〕、と認めてしまうのである[71]。

もし、最後の情報提供から新たな情報提供がされるまでの利息を失うということが、保証人の受けた損害の填補を意味し、立法者がその〔損害の〕評価を定めたものであるとするならば、理解できないものではない。その場合には、債権者

---

(68) Cass. com., 20 octobre 1992, *Bull. civ.* IV, n° 311; *JCP*, é d. E., 1992, I, Ⅱ, note D. Legeais; *RTD com.*, 1993, p. 146, obs. M. Cabrillac et B. Teyssié; *RTD civ.* 1993, p.117, obs. J. Mestre; *D.* 1994, p. 177, note J. Ngafaounain. その後、この解決が別の2つの判決によって適用されている。1つは、8 dé cembre 1998 (Cass. com., 8 dé cembre 1998, *JCP* G 1999, I, 116, n° 7, obs. Ph. Simler) であり、他は le 17 octobre 2000 (Cass. com., 17 octobre 2000, *RD bancaire et financier* 2000, p. 352, n° 221, obs. D. Legeais) であり、後者の判決は、銀行の民法の一般規定による責任が、保証人によって、適切に情報が提供されていたならばその義務を解約する権限を行使していたであろうということが証明されたならば、認められることが明らかにされている (rappr. Cass. com., 3 et 17 juin 1997, *Juris-Data*, n° 003040 et 002948)。

(69) その結果、一般規定による責任は、保証の期間が限定されている場合には援用することができなくなる。何故ならば、保証人は、この場合には、特別の損害を主張することができないからである (Cass. 1re civ., 16 janvier 2001, *Bull. civ.* I, n° 3)。

(70) Cass. com., 25 avril 2001, *Bull. civ.* IV, n° 75; *D.* 2001, p. 1793 s., obs. V. Avena-Robardet; Defrénois, 2001, art. 37439, p. 1407 s., note V. Bré mont; *RTD com.*, 2001, p. 751 s., obs. M. Cabrillac; *Banque*, n° 629, octobre 2001, p.74 s., obs. J.L. Guillot; *Banque et droit*, n° 79, septembre-octobre 2001, p. 41 s., obs. F. Jacob; *JCP* E 2001, p. 1278 s., et *RD bancaire et financier* 2001, p. 251 s., note D. Legeais; *Droit et procédures*, n° 5, septembre 2001, p. 301 s., obs. Y. Picod; *JCP* G 2002, I, 120, n° 4, obs. Ph. Simler. Cette solution a été ultérieurement reprise par Cass. 1re civ., 6 novembre 2001, *RD bancaire et financier* 2002, p. 15 s., obs. D. Legeais; *Banque et droit*, n° 81, janvier-fé vrier 2002, p. 38 s., obs. N. Rontchevsky, et Cass. com., 1er avril 2003, *RDC* 2003, p. 179 s., obs. D. Houtcieff.

(71) しかし、破毀院第1民事部は、その後、その立場を軽くではあるが緩和しているものの、悪意や重大な過失の場合のみならず、「明確な違反」の場合についても、堅持している (Cass. 1re civ., 10 décembre 2002, *RDC* 2003, p. 179 s., obs. D. Houtcieff) ou d'une "*faute distincte*" (Cass. 1re civ., 4 février 2003, n° 99-20.023)。このようにして、最上級審裁判所は、債権者がその情報提供義務を特に重大に違反した場合を除き、一般規定による責任を援用する可能性を排斥している。

Ⅱ　保　証

の悪意の証明は、民法1153条［現1231-6条］が債務の履行を遅れたことによって
生じた損害の賠償について明記しているのを想起させる補充的損害賠償の取得を
可能とする。しかし、そのためには、債権者が受ける利息を取得する権利を失う
こと［だけ］が、保証人の受けた損害の賠償となるものでなければならない。

　しかし、そうではない。何故ならば、通貨・金融法典313-22条［現民法2302条］
において、立法者は〔利息についての権利を〕失うという用語によっており、そ
れは［単に］過失ある行為に対するサンクションの意味であり，損害の賠償では
ないのである[72]。この〔利息を〕失うということは保証人がなんら損害を受け
ていなくても適用が可能であり、そのことから、判例は、この条文を債務者であ
る企業の経営者である保証人にも適用しているのであり、この場合の保証人は担
保されている債務について完全に認識しているのである[73]。

　それゆえ、商事部の考えは批判されるべきである[74]。債権者が通貨・金融法
典313-22条［現民法2302条］に基づいて「非難されるべきもので」、民事罰により
サンクションを与えられるという事実は、情報提供がなされなかったことによ
り、その義務についての適時の解約の機会を失わせた場合に、債務法の一般原則
に基づいて、更に責任を負わしめることを排除するものではない[75]。

（c）毎年の債務状況の通知義務の適用範囲

　更には、この毎年の情報提供義務の適用領域も検討の必要がある。これは〔こ
れまで〕拡大するばかりである。

（ア）当初は事業資金の融資に限定

　当初は、1984年の法律は、自然人または法人[76]によってなされた保証であ
り、金融機関が会社に対してその事業活動のために行った融資[77]を担保する場
合のみが想定されていた[78]。それゆえ、毎年の情報提供義務は、会社の事業上

───────────────────

(72) Y. Picod, "Réflexions sur la sanction de l'obligation d'information bénéficiant aux
　　cautions d'entreprise", D. 2002, chron. p.1971 s は、「CMF 313-22条の不利益は、確かに私
　　的罰であり、権利を失うことであるが、損害を評価する補償でもある」と認めて、この理
　　由づけに反対する。

(73) 同旨のものとして、F. Pollaud-Dulian, "De quelques avatars de l'action en
　　responsabilité civile dans le droit des affaires", *RTD com.*, 1997, p. 349 s., spéc. p. 372

(74) 48条旧規定の適用がされない場合に、Cass. 1re civ., 14 mars 2000, *RD bancaire et
　　financier* 2000, p. 172, no 115, obs. D. Legeais が、一般規定に基づいて、銀行は、その義務
　　を一方的に解約する権限、期間の定めがない場合には有することを、保証人に情報を提供
　　しなかったならば、責任を負うことを認めていることを、ここで指摘しておこう。

122

の債務の保証にのみ適用されるにすぎなかった。

しかし、先ず1994年に、この適用範囲が拡大された。1994年2月11日の法律は、1984年3月1日の法律48条の規定は、「個人会社の事業上の債務を担保するために自然人によってなされた期間の定めのない保証の場合」に適用されることを規定した〔債権者が金融機関に限定されていない〕[79]。このようにして保証金額が不確定である限り、一切の事業上の債務の保証に適用されることになった。

ところが、1998年までは、個人に対するその個人的目的のためになされた与信の保証の場合には、情報提供義務は適用されなかった[80]。

（イ）適用範囲の拡大

1998年7月29日の法律101条によってこれは変更される。この法律は、民法2016条〔現2295条〕に次のように宣言する文章を付け加えている。「保証が自然

---

(75) この判例は、会社の経営者がその地位を去った場合には、大変問題であることが明らかになる。事実、このような保証人は、解約をしない限りかつての会社の債務について保証人のままであり、破毀院は、この点について、銀行は、情報提供義務も助言義務も負うものではないことを認めている（Cass. com., 29 janvier 2002, *Bull. civ.* IV, n° 21; *JCP* G 2002, I, 184, n° 19 s., obs. A.S. Barthez; *RTD civ.* 2003, p. 124 s., obs. P. Crocq; *D.* 2002, p. 716 s., obs. A. Liénhard; *RD bancaire et financier* 2002, p. 72 s., obs. D. Legeais）。このような場合には、毎年の情報提供義務の履行のみが、その義務を思い出させ、また、解約しないことの危険を思い起こさせるものである。この義務が履行されなかったならば、旧経営者はその会社を去ってからかなり増えている可能性のある債務の支払いについて責任を負わなければならないという大きなリスクを負い、銀行に対して、利息の支払いを求める権利が失われるということ意外に何も援用することができないことになる。保証人が適時にその保証〔契約〕を解約する機会を失ったことによる損害の賠償を求める権利を認めるのは、もっとさらに不適当であろう。

(76) 保証人が複数いる場合には、保証人ごとに情報提供はなされなければならない（Cass. com., 17 mai 1994, *JCP*, éd. G., 1994, IV, n° 1804.）。

(77) この条文の融資とは何かを明らかにする必要がある。消費貸借と与信の開始は問題がないが、それ以外については問題がある。たとえば、破毀院は、この条文を与信がaffacturage 契約という間接的な方法で付与される場合にも（Cass. com., 30 novembre 1993, RDB, 94, p. 311, note Contamine-Raynaud）、また、Dailly 譲渡に際して付与される与信にも適用している（Paris, 31octobre 1997, *Dalloz Affaires*, 1997, p. 1420 s.）。ところが、ファイナンス・リースについては、48条の融資とはいえないとされている（Cass. com., 30 novembre 1993, *RD bancaire et bourse* 1994, p. 130, obs. F. J. Crédot et Y. Gérard; D*alloz Affaires*, 1996, p. 176; Paris, 24 février 1998, *Dalloz Affaires*, 1998, p. 575）。

(78) 1984年3月1日の法律48条は、個別の営業財産の取得のための融資にも適用されると判示されている（Cass. com., 18 février 1997, *Bull. civ.* IV, n° 53）。

Ⅱ　保　証

人によってなされた場合には、保証人は、債権者によって担保される債務及びその従たる債務の額がどうなっているか、少なくとも毎年、当事者によって合意された時に、もし合意がされていなければ契約の締結の日時において、情報の提供がされねばならず、違反の場合には、一切の債務の従たる債務、費用ないし違約金を失うことになる」、と。

　更に、この毎年の情報提供義務の適用領域の拡大は、2003年8月1日の法律により最終段階に達する。この法律は、消費法典に挿入され、新しくL. 341-6条［現L. 333-2。この規定は民法2302条とは別に残されている］になり、通貨・金融法典313-22条［現民法2302条］の条文を一般化して採用しつつも、その内容は多少異なっている[81]。

　このような発展を経た結果、保証人への毎年の情報提供義務は、現在では3つの異なった条文によって規定がされ、その内容はまったく同じとはいえず、その適用範囲も場合によっては矛盾し、このことによりいかなる場合にどの規定が適用されるのかを考えなければならないという問題が生じさせている。この無秩序を解決するために、担保法改革委員会は、これらの条文をすべて廃止して、民法の中に1つの条文に置き換えて、すべての保証に適用される毎年の情報提供義務を宣言しようとしている［現在は、民法2302条に規定が置かれたが、消費法典L. 333-2条は残されている］。同様の無秩序、しかしこれほどではないものが、〔次

---

(79)　この点について、破毀院は、この条文の会社（enterprise）という概念を広く解釈し（v. S. Schiller, "La définition de l'entreprise au secours de la caution", *RD bancaire et financier* 2002, p.154 s.）、主たる債務者が自由業を営んでおり、また創業中であったとしてもこの条文が適用されることを認め（Cass. 1re civ., 12 mars 2002, "Pellet", *RTD com.*, 2002, p.524 s., obs. M. Cabrillac; D. 2002, p.1199, obs. A. Liénhard; *RD bancaire et financier* 2002, p.126, obs. D. Legeais）、また、債務者が経済活動をしている組合であっても適用をし（Cass. 1re civ., 12 mars 2002, "Benard", *RTD com.*, 2002, p. 524 s., obs. M. Cabrillac; D. 2002, p.1199, obs. A. Liénhard; *RD bancaire et financier* 2002, p.126, obs. D. Legeais）、更には、独自の経済活動をしているSCIにも適用している（Cass. 1re civ., 12 mars 2002, "Sulli", *RTD com.*, 2002, p. 524 s., obs. M. Cabrillac; D. 2002, p. 1199, obs. A. Liénhard; *RD bancaire et financier* 2002, p.126, obs. D. Legeais; *RTD com.*, 2002, p. 498 s., obs. M.H. Monsérié-Bon; comp en l'absence d'une telle activité économique, Paris, 7 juin 2002, *D.* 2002, p. 2677）

(80)　同旨の判決として、Cass. 1re civ., 9 mai 1996, *Dalloz Affaires*, 1996, p. 775

(81)　とくに、1999年6月25日の法律により放棄された充当規定を忘れていたのが理由である。

のように〕主たる債務者の不払い［不履行］についての保証人の保護に関しても同様にみられるところである。

B 〔主たる債務者の不履行を保証人が〕知らないことに対する保護

1）1998年までの法状況

保証人にとり、主たる債務者の不払い［不履行］を知ることは重要である。なぜならば、そのことを知ったならば、保証人は直ちに債権者に支払いをし、支払わなければ蓄積していく遅延利息や違約金を支払わされることを避けることができるからである。

1998年までは、主たる債務者の不払いについての保証人に対する情報提供義務については、2つの特別規定が存在していただけであった。

（a）消費法典の規定

先ず、このような義務は消費法典313-9条［2021年担保法改正で削除され、現在は民法2303条になっている］に規定され、消費者与信または不動産与信の保証人は、不払い［不履行］があったら直ちに主たる債務者の不払いについて情報が〔債権者によって〕提供されなければならないものとされていた。〔主たる債務者の不払い［不履行］についての〕情報提供がされなかった場合には、保証人は、不払い［不履行］があった時から主たる債務者の不払い［不履行］について情報提供を〔債権者により〕受けるまでの遅延利息や違約金の支払いについて責任を免れることになる。

（b）賃貸保証についての規定

次いで、この情報提供義務は、住居賃貸借の保証に拡大される。1994年7月21日の法律は、1989年7月6日の法律24条を修正したものであるが、賃借人への催告から15日以内に、賃借人に対してなされた支払いの請求を保証人にも催告しなければいけないことが規定されている。これが怠られた場合には、ここでも、保証人は遅延利息や違約金の支払いの責任を免れる。

2）1998年7月29日の法律による拡大

この〔主たる債務者の〕不払い［債務不履行］についての〔保証人に対する債権者の〕情報提供義務は、排除に対する1998年7月29日の法律によって、同様のサンクションを伴いつつ、重大な拡大がされている。

この法律では、主たる債務者の不払い［債務不履行］についての情報提供義務

Ⅱ 保 証

は、今後は、個人と事業者との間の債務についての保証人か否か、企業の事業上
の債務の保証人か否かを問わずに、一切の自然人〔である保証人〕に適用される
ことが規定されている[82]。更には、1998年7月29日の法律は、同時に、保証人
が主たる債務者に対する債務超過の更正手続きの開始についての情報が〔債権者
によって〕提供されなければならないことも規定している[83]。

　この結果、保証人はこうして主たる債務者の債務超過の更正手続きについても
関与でき、その監督ができ、更には、保証〔債務〕を履行してその要件を満たし
たならば、清算手続きに参加することを求めることができる立場に置かれること
になる[84]。

　これは実務上非常に重要である。何故ならば、周知のように、1996年11月13日
の破毀院第1民事部の判決[85]以来、判例は個人の債務超過更正手続きは、保証

---

(82) そのために、この法律は消費法典341-1条〔本文に述べたように、現在は削除され、民
　　法2303条になっている〕の新しい規定を創設し、「特別規定の適用を害することなしに、
　　保証人となるすべての自然人は事業者である債権者から主たる債務者の不払いについて、
　　支払い月に決済がされなかった不払い〔債務不履行〕があったら直ちに情報提供をしなけ
　　ればならない」と規定し、1994年2月11日の法律の47-Ⅱ条に新しく3項を追加し、「保
　　証が個別会社または会社形式をとった企業の事業上の債務を担保するために自然人によっ
　　てなされた場合には、債権者は、主たる債務者に支払い月に決済がされなかった不払いが
　　あったら直ちに保証人に情報提供をしなければならない」と明記している。

(83) この点につき、新しい消費法典331-3条7項は、債務超過再建手続きのはじめに、「債
　　権者は、もし問題の債権が保証されているものである場合には、また、それが訴訟の提起
　　を受けているものである場合には、……指示しなければならない」と規定し、また、他方
　　で同、同条の新しい3項は、「主たる債務者の1つまたは複数の債務の支払いが保証により
　　担保されている場合には、手続きの開始を保証人に情報提供しなければならない」とも明
　　記している。消費法典331-10-1条は、1999年2月1日の法律に由来するが（J.O. du 2
　　février 1999, p.1681 s.）、「委員会が、債務者または債権者によって、1つまたは複数の債務
　　が保証されていることを知らされたならば、受取証書つきの委員会の債務者による差し押
　　さえの内容証明郵便により通知を受けなければならず、30日以内に、保証の義務の履行と
　　して場合によっては支払った金額を主張し、または、同一の期間内に有用な情報を供給を
　　受けるために召還されねばならない。」と規定する。

(84) 更には、そのためには、保証人の債務が事業上の債務と分類されないものであることが
　　必要であり、実際上この点で、共同保証の場合には不安定さが残される。判例は、保証人
　　は保証人としての義務からなんらの財産的利益を得てはならない必要があると考えてい
　　る。2003年8月1日の法律は、この問題について、消費法典331-2条で、保証人の義務は
　　主たる債務者である会社の法律上または事実上の経営者でないことが考慮されるべきであ
　　るということを認めることにより、解決をした。

7 フランス法における保証人に対する情報提供

人には利益を与えず〔保証債務には影響がないということ〕、それを避ける唯一の方法は保証人をこの手続きに参加させることであると判断しているからである。

　主たる債務者の支払いの遅滞を保証人に知らせる〔債権者の〕義務は、毎年の情報提供義務がそうであるのと同様に、一般原理となっていくものであろうか。

　それが論理的な展開であろうが、破毀院はそこまでには達しておらず[86]、2003年8月1日の法律はこの点については何も規定していない。保証人をめぐる状況をかなり改善したが、最近の2003年8月1日の法律の事例のように、時々行き過ぎてしまうこともあり、判例及び立法を構築していくことは、将来の新たな改革の行うべき任務に属するであろう。

【訳者後書】本講演は2005年2月になされたものであり、その当時の法令・判例を前提にして講演はなされている。その後、2006年には担保法の改正がされたが、保証については、規定の位置、従って条数が変更されただけで内容は変更されていない。本講演で取り上げている2003年8月1日の法律による消費法典の改正では、本講演の対象である情報に関して個人保証人と事業者債権者との保証契約につき手書要件が導入されたが、それ以外に注目される規制として保証人の資力と保証額との契約と気のバランス原則の規定もある（現行の規制ではバランスを超える金額に保証人の責任を制限する）。その後は、消費法典の改正もあるが、最も重要なのが2021年の担保法の改正である。上記の2006年改正では手が付けられなかった保証の部分も、今回は改正の対象とされ、個人保証人保護規定が民法に導入された。個人保証人ということは要件であるが、債権者更には主たる債務者が事業者であることは必要ではない（事業者たる債権者の場合には、消費法典の規定と重複することになる）。

　2021年担保法改正後も消費法典の個人保証人保護規定は残されている。消費法典の事業者債権者と個人保証人との保証契約における個人保証人保護規定としては、①手書による書面の作成（L.331-1条）、②連帯保証の手書要件（L.331-2条）、③

---

(85) Cass. 1re civ., 13 novembre 1996, *Bull. civ.* I, n° 401; *Defrénois*, 1997, p. 292, note L. Aynés; D. 1997, Som. p. 200 s., obs. P.L. Chatain et F. Ferrié re; cette *Revue* 1997, p.190 s.; *JCP* E 1997, II, 903, note D. Legeais; *D.* 1997, Som. p.178, obs. D. Mazeaud; *JCP*, é d. G., 1997, II, 22780, note Ph. Mury; *RTD com.*, 1997, p.142, obs. G. Paisant; *D.* 1997, p.141, concl. J. Sainte-Rose et note T. Moussa; *JCP* G 1997, I, 4033, n° 7, obs. Ph. Simler.

(86) Cass. Com., 1er juin 1999, *D.* 1999, I.R., p.182 は、支払いがされないことについて、銀行に l'avaliste にはなんらの情報提供義務は負わされないことを認めている（rappr. Cass. Com., 3 décembre 1996, *D.* 1997, I.R. p.19）。

Ⅱ　保　証

バランス原則（L. 332-1 条、L. 343-4 条）、④主たる債務者の支払遅滞の保証人への情報提供義務（L. 333-1 条）、⑤ 3 月31日の年に一度の債務状況の報告義務（L. 333-2 条）、⑥利息や費用を含めて保証の限度額が定められていない場合の連帯保証特約を無効とする（L. 343-3 条）、⑦④の義務違反の遅滞中の利息等の免責（L. 343-5 条）、⑧⑤の義務の違反による新たな情報提供があるまでの利息等免責（L. 343-6 ）がある。

　2021年担保法改正で、民法に導入された個人保証人保護規定としては、①手書きによる書面の作成、連帯保証の手書要件（2297条）、②主債務者に対するその資力を超えた融資に対する保証人保護義務、その違反による保証人の受ける限度での債権者の債権の否定（2299条）、③バランス原則（2300条）、④毎年 3 月31日における主債務の状況の通知義務またその違反の場合に情報提供があるまでの利息等の請求が認められず、主債務者の利息の支払は債権者・保証人間では元本に充当されること（2302条 1 項）、⑤根保証についての期間、期間の定めのない場合にはいつでも解約出来ることの通知義務（2302条 2 項）、⑥主たる債務者が支払遅滞にある場合の債権者の保証人への通知義務、その違反の場合の通知までの利息等の請求が出来ないこと、通知までの間の主たる債務者の利息の支払は債権者・保証人間では元本に充当されること（2303条）、⑦期間の定めのない根保証人の解約権（2315条、2316条）、⑧根保証の場合の根保証人死亡による保証する債務の消滅（2317条）がある。

　ほぼ民法の規定と消費法典の規定とは内容が等しく、事業者たる債権者か、即ち事業者・消費者間契約であることが必要かどうかの差があるにすぎない。 1 つ注目されるのは、民法にしかない②である。従前判例が不法行為として損害賠償請求で処理していたのを明文化し、損害賠償請求ではなく損害分債権者が当然に権利行使出来ないものとしている。この点は本講演では触れられていない重要な問題である。

　これら最新の条文の翻訳を付けるのは、本講演の翻訳の資料の域を超えてしまうので、講演の理解に必要な講演で扱っている条文を当時の条文のまま翻訳してくこととにした。

参考資料　講演時の関係条文の試訳

〔民法〕
民法1326条
　　＊2016年改正により字句の修正を受けて現行1376条になっている。

　一方当事者のみが他方に対して、一定額の金銭を支払い、または、消費物の引渡しを義務づけられる法律行為は、義務を負う者の署名ならびにすべて手書きの文字及び数字による金額または数量の記載を含んだ証書によって証明されなければならない。〔文字と数字とに〕差がある場合には、私署証書は、すべて文字によって記載された金額について有効である。

民法2015条
　　＊2006年改正で2292条に移され、2021条改正で微修正を受けて現行2294条になっている。

　保証〔契約〕は決して推定されることはない。保証は明示的なものでなければならず、契約がされた限度を超えて拡大することはできない。

民法2016条
　　＊１項は2006年改正で2293条１項に移され、2021年改正で表現の変更を受け、現行2295条になっている。２項は2006年改正で2293条２項に移され、2021年改正で改正され現行2302条になっている。

　主たる債務につき限定のない保証は、最初の請求以後の費用、更には、保証〔契約〕後にされた催告後のものであろうとも、債務の一切の従たるものに拡大される。
　保証契約が自然人によって行われた場合には、保証人は、少なくとも年１回、当事者によって合意された日、もし合意がなければ契約から１年後の日に、担保されている債権及びその従たる債権の金額がどうなっているか、債権者によって情報の提供を受ける。これが忘られた場合には、債権者は、債務の一切の従たるもの、費用及び違約金を失うことになる。

〔消費法典〕
消費法典 L. 313- 7 条
　　＊現在は、事業者たる債権者に対する個人保証については、消費法典 L. 331- 1 に手書要件が規定され、民法2297条１項には債権者を問わない個人保証人についての手書要件が規定されている。

　本章１節及び２節の取引のいずれかのために、保証人として私署証書により契約をし

Ⅱ　保　証

た自然人は、次のまたこれでなければならない手書きの記載をして署名をしなければならず、そうでなければその契約は無効である。

「私は、Xの保証人となり、主たる債務、利息、違約金及び……の期間について遅延利息の支払いをカバーする……の金額の範囲で、貸主に対して、Xが自ら履行をしなかったならば、私の収入及び財産を責任として、その金額を支払う義務を負担します。」

消費法典L.313-8条

＊現在は、事業者たる債権に対する個人保証については、消費法典L.331-2に、債権者を問わず個人保証人一般について民法2297条2項に規定が置かれている。

本章1節及び2節の取引のいずれかのために連帯保証を債権者が求めている場合には、保証人となる自然人は、次のような手書きの記載をして署名をしなければならず、そうでなければ、その契約は無効である。

「私は、民法2021条に規定されている検索の抗弁権を放棄し、Xと連帯して義務づけられ、予めXに対して執行することを求めることができずに、債権者に支払いをする義務を負います。」

消費法典L.313-9条

＊現在は消費法典の規定は削除され、民法2302条に規定が置かれている。

本章1節及び2節の与信取引に際して保証人となった自然人は、与信機関によって、333-4条に規定されたリストに登録される可能性のある初めての支払いの支障があったならば直ちに、主たる債務者の不払いについて通知がされなければならない。もし与信機関がこの義務を適切に行わなかった場合には、不払いの初めから通知がされるまでの間の違約金または遅延利息の支払いについて責任を負うことはない。

消費法典L.313-10条

＊現在は、事業者たる債権者に対する個人保証人については、消費法典L.332-1に債権者を問わず個人保証人については、民法2300条に規定が置かれている。

与信機関は、本章1節及び2節の与信取引について自然人が保証契約を締結するに際して明らかにその収入及び財産と不釣合いであったならば、保証人が請求を受けた時点で、保証人の財産がその義務の履行を可能とするものでない限り、保証契約を主張することができない。

消費法典341-1条（2003年8月1日の法律）

＊現在は消費法典L.343-5条に規定され、また、民法2303条にも事業者たる債権者の通知義務が規定され、同条2項に、通知されるまでに主たる債務者がなした利息の支払は、債権者と保証人との関係では元本に充当されるという規定を付け加えている。

特段の規定がない限り、保証人となった自然人は、主たる債務者の不払いについて、

130

支払いを求めることができる月において決済されない不払いがあったならば直ちに、事業者である債権者によって通知がされなければならない。債権者がこの義務を適切に行わなかったならば、保証人は、不払いの初めから通知を受けるまでの支払期限の到来した違約金及び遅延利息を支払う義務を負わない。

〔通貨・金融法典〕
通貨・金融法典313-22条
　＊2021年担保法改正で削除され、民法2302条が規定されている。

　企業に対する融資を、自然人または法人による保証を条件として約束した与信機関は、毎年遅くとも3月31日までに、保証人に対する義務として、前年12月31日現在における主たる債務、利息、手数料、費用及びその他の従たる債務の額ならびに契約の期間を保証人に知らせねばならない。もし、契約が期間の定めのないものである場合には、与信機関は、いつでも解約をする権限があること及びその行使の要件について通知しなければならない。
　前項の規定する方式が遵守されなかった場合には、この方式をとることを義務づけられている〔与信〕機関と保証人との関係において、前の通知から新たな通知がされるまでの間に発生した利息を失う。主たる債務者によって行われた支払いは、保証人と〔与信〕機関との間で、主たる債務の決済に優先的に充当されたものとみなす。

8 21世紀初頭のフランス法における保証の展開

野澤正充 訳

は じ め に

　2005年に日本に初めて招かれたときに行った講演の1つは、保証人への情報提供をテーマとするものであった＊。

　保証についての日本民法（債権法）の改正が検討されている現在では、21世紀初頭からのフランスにおける保証法の展開がどのようなものであったかを概観し、より一般的な仕方でこのテーマを再び取り上げることは、時宜に適ったものであると思われる。

　ただし、はじめに、2つの重要な点を強調しておく。

　第1に、次の点に注意しなければならない。すなわち、2006年3月23日のオルドナンスによるフランス担保法の大改正は、保証に関するものではなかった。もっとも、グリマルディ委員会によって起草された改正草案の重要な部分の1つは、保証に関するものであった。にもかかわらず、保証法が改正されなかったのは、立法府が、行政府に対して、保証についてオルドナンスという手段によって法律を制定する権利を認めなかったことによる。また、保証法の改正が、保証人の保護に関する消費法典の規定を削減するのではないか、ということをおそれた消費者団体のロビー活動も、保証法の改正を妨げた。ただし、保証人の保護に関する消費法典の規定は、後に述べるように過剰である。

　第2に、同様に、次の点にも留意しなければならない。すなわち、紙数の制約

＊　ピエール・クロック（平野裕之訳）「フランス法における保証人に対する情報提供 —— 近時の状況及び将来の改革の展望」慶應法学2号189頁（2005年）〔本書第7章〕。

133

Ⅱ　保　証

があるため、本稿では、保証法の展開の大まかな傾向のみを検討することとし、有益ではあるけれども、破毀院の重要な判例を形成することとなった保証法の若干の観点を省略せざるをえない。例えば、個人保証と物上保証の区別や、債権者が主たる債務者に対して行った詐欺の存在を、保証人が援用しうるか否かという問題などである。

　そこで、大まかな傾向として、保証法の近年における展開は、次の２つの現象によって特徴づけられる。

　１つは、保証契約の当事者の一方に関するものであり、保証人の保護の拡大である（Ⅰ）。

　もう１つは、保証人と債権者との間に存在する法的な結びつきに関するものである。そして、その結びつきは、保証の付従性の範囲を画定する、保証債務に特徴的ないくつかの要素を否定することとなる（Ⅱ）。

Ⅰ　保証人の保護の拡大

　21世紀初頭における保証法の展開は、まず、保証人の保護の著しい拡大によって特徴づけられる。すなわち、一方で、保証人の保護の拡大は、契約の締結に際して債権者に課される情報提供義務の強化と裁判官の評価（appréciation）権限の後退に現れる（A）。

　他方で、契約の履行に際して、保証人ないしその家族に付与される、この担保の実行の経済的な結果を部分的に回避しうる可能性によって示される（B）。

A　契約の締結──裁判官の評価権限を害して拡張される保証人の保護

　まず、フランス法においては、保証人への情報提供について、債権者が、保証契約の締結に際して、および、その履行に際して、多くの義務を負っている。

　契約の締結に際して、債権者は、保証人に対して、保証債務の範囲を告げ、かつ、保証債務が保証人の収入および資産に比して不均衡である場合には、その旨を警告する義務を負っている。

　契約の履行に際しては、債権者は、毎年、保証人に対して、主たる債務者の債務の増加を知らせなければならず、主たる債務者の不履行（défaillance）の場合には、直ちに保証人にその旨を通知し、保証人が主たる債務者に代わって支払

い、利息の増加と遅延利息の支払を免れることができるようにしなければならない。

2003年8月1日の法律の施行によってフランス法にもたらされた重要な展開は、主に契約締結時における保証人への情報の提供に関するものである（2）。しかし、この法律は、残念なことに、同法以前に破毀院によってもたらされた、判例による調和を否定するものである（1）。

1）2003年8月1日の法律前のフランス法の状況 —— 調和的な解決

この法律以前には、判例は、かなり調和的な解決をもたらしていた。すなわち、判例は、真に保護するに値する保証人のみを保護し、その保証人を適切な仕方で保護していた。というのも、保証債務の範囲についての保証人に対する情報の提供は、民法典1326条（現1376条）によって確保されていたからである。すなわち、同条は、保証人に対して、保証人がその負担する債務額を示した手書きの記載をすることを要求し、その手書きの記載は、保証債務額が無制限であった場合にも、契約された債務の性質とその範囲について、保証人が認識していることを表明するものであった。

しかし、この手書きの記載は、単なる保証を証明するための要件にすぎなかった。その結果、この手書きの記載を欠く保証契約もなお有効であり、当該証書は書証の手がかりにすぎず、債権者は、保証債務の範囲について保証人が認識していることを証明する、契約書外の証明要素（éléments de preuve）によって補充することができた。例えば、保証人が、保証によって担保された金銭消費貸借契約書の、すべてのページに略した署名をした（paraphé）という事実は、このような保証契約書外の証明要素を構成しうるものであった。

とりわけ、このような契約書外の証明要素は、保証人の特別な性質、特に保証人が、主たる債務者である企業の経営者であるという事実から帰結することができた。そこで、実務上は、「素人の」（profanes）保証人だけが、すなわち、主たる債務者の財務状況を知らず、それゆえ保護に値する保証人だけが、手書きの記載の不備を主張することができた。

不均衡な債務の負担に対する保証人の保護に関しても、同様である。

1997年6月17日の「マクロン」（Macron）判決において、債権者は、いかなる保証人に対しても、その弁済能力からすれば不均衡な保証債務を負うことを要求した場合には、責任を負う旨を判示した。この判決は、保証人が不均衡な債務を

Ⅱ　保　証

負う場合（en cas de disproprtion）には、債権者に保証契約の締結を拒絶する義務を負わせるものであり、破毀院は、これに引き続いて、その判例法を展開した。

2002年10月8日の「ナウーム」（Nahoum）判決において、破毀院は、まず、判例の部分的な変更を行った。すなわち、不均衡な債務を負う場合における債権者の責任は、経営者が保証人であるときは適用されないとした。そして、この点において、真に保護されるに値する保証人のみが保護されなければならない、という考えを見いだすことができる。

次いで、2006年に公にされた破毀院の判例は、2003年8月1日の法律以前の法律に基づくものではあるが、「素人の」保証人に対してさえも、債権者の義務は、保証人に対し、その債務の過剰な性質について単に警告するにとどまるとした。そして、その警告をしない場合における債権者の責任は、契約の締結をしない機会の喪失（perte d'une chance）に基礎づけられうるもののみであるとした。

この機会の喪失に基礎づけられる責任を認めることのメリットは、次の点にあった。すなわち、裁判官に対して、事案の状況と保証人が被った現実の損害に応じた損害賠償額を確定することを認める、という大きな評価権限を付与するものである。

しかし、2003年8月1日の法律は、残念なことに、この調和を覆すこととなる。

2）2003年8月1日の法律の結果──裁判官の評価権限の後退

まず、手書きの記載に関しては、2003年8月1日の法律は、消費法典 L. 341-2条（現 L. 331-1条、L. 343-1条）において、新たな手書きの記載の要件を規定した。その要件は、とりわけ2つの特徴を有している。

一方で、この要件は、「事業者である債権者に対して、私署証書により保証人として契約したすべての自然人」に関するものである。すなわち、保証契約が公正証書または弁護士の副署名のある証書によって締結された場合を除き、同要件は、商事保証と経営者による保証をも含む、すべての保証に絶対的に適用されることになる。

他方で、立法者は、（保証契約書に）手書きで記載されなければならない内容を明確に定め、その記載を欠くと（契約が）無効になるとし、単なる証明のための要件ではないとした。

その結果、裁判官の評価権限が取り上げられることとなる。なぜなら、手書きの記載要件が充たされていれば保証契約は有効であるが、それが不備である場合には、保証契約は、たとえ保証人がその債務の範囲を完全に知っていたことが立証されたとしても、完全に無効となるからである。例えば、保証人が主たる債務者である企業の経営者であり、その保証債務の範囲を知っていたとしても、手書きの記載の不備によって、保証契約は無効となる。

この裁判官の権限の後退は、同様に、不均衡な保証に関しても認められる。というのも、2003年8月1日の法律は、消費法典に新しいL.341-4条（現L.332-1条、L.343-4条）を挿入したからである。すなわち、同条によれば、「事業者である債権者は、自然人によってなされた保証契約の締結時に、保証債務が保証人の資産及び収入と明らかに不均衡であった場合には、当該保証契約を主張することができない。ただし、保証人が請求を受けた時点で、保証人の資産が自己の保証債務の履行を可能とするものである場合は除く」とされる。

この改正は重要である。というのも、同条は、これまで経営者保証においては存在しなかった比例原則（principe de proportionnalité）の適用を認めるものだからである。

同条は、一般的に、事業者である債権者のために、公正証書で契約したものであっても、自然人によって契約されたすべての保証を対象とするものである。とりわけ、破毀院商事部2010年4月13日判決が認めたように、経営者保証を対象とするものである。

さらに、この改正は、裁判官からすべての評価権限を取り上げ、オールオアナッシング（tout ou rien）のメカニズムをもたらすことになる。すなわち、保証人の債務がその資産および収入と均衡している場合には、保証人はその債務のすべてを負う。しかし、保証人の債務が保証契約の締結時およびその履行の時に不均衡である場合には、そのために、保証人は完全に免責される。というのも、債権者は、「当該保証契約を主張することができ」ず、そのことは、破毀院商事部2010年6月22日判決が判示したように、保証契約の全体が失効（déchéance）することとなる。

したがって、例えば、2003年7月9日判決によって判示された次のような解決は、2003年8月1日の法律の下では、もはや採用されえなくなる。すなわち、同判決によれば、不均衡の場合にもなお、保証人は、その資産（patrimoine）およ

Ⅱ　保　証

び収入と同じ水準で（保証人として）とどまるとされる。これを否定する2003年
8月1日の法律は、（保証人の保護に）過剰である。

　それゆえ、2003年8月1日の法律は、債権者にとって、あまりにも不利であ
る。

B　契約の履行 —— 家族にもその範囲が拡大した保証人の保護

　契約の履行に際しての、現時点における保証人自身の保護に関しては、ここ数
年、立法者が、保証人およびその家族に対して、憐れみ（compassion）を明らか
に示している、と考えることができる。すなわち、立法者は、まず、保証人に対
して、過剰債務処理手続の利益の享受を認め（1）、次いで、保証人の家族に対
し、保証債務の履行を免れることを認める（2）。

1）　過剰債務状態に対する保証人の保護

　2003年8月1日の法律以前には、債務者が過剰債務処理手続の適用を受けるた
めには、その事業に基づかない債務の履行期が到来したにもかかわらず、それを
履行することが明白に不可能な場合でなければならなかった。

　このことが、保証人の場合に次のような問題を生ぜしめる。すなわち、判例
は、保証人の債務が事業に基づかない債務であるとみなされるためには、保証人
が保証からいかなる財産的利益も受けない場合でなければならず、とりわけ、次
の2つの場合には、保証人の債務が事業に基づくものであるとした。

　1つは、保証人が主たる債務者である会社の経営者である場合であり、もう1
つは、保証人が、主たる債務者である企業の経営者の配偶者（conjoint）である
とともに、その社員（associé）でもある場合である。

　このうち、第2の場合に関して、過剰債務法の適用に対する障害が、2003年8
月1日の法律によって取り除かれた。というのも、同法が消費法典L.330-1条
（現L.711-1条）に、過剰債務状態を評価するために、次のことを考慮すること
を付加したからである。すなわち、債務者が、「法律上又は事実上、会社の経営
者でなくなった時以降」に負担した、「個人事業主又は会社の債務を連帯して保
証し又は弁済する」旨の債務も考慮されるとした。

　したがって、第1の場合だけが、すなわち、保証人が主たる債務者である会社
の経営者である場合が、2003年8月1日の法律以降も、なお、過剰債務処理手続
の適用領域の外にあることになる。

138

しかしこの点は、今日では、もはや異なっている。というのも、2008年8月4日の法律は、消費法典 L. 330-1 条（L. 711-1 条）における主たる債務者である企業の法律上または事実上の経営者である保証人の排除を削除したからである。それゆえ、同法以降は、企業のすべての保証人が過剰債務処理手続を利用することができ、その債務の縮減と弁済期の延長という利益を受けることができる。

さらに、同法は、消費法典 L. 332-9 条（現 L. 742-22条）に、次のように規定した。すなわち、（個人に適用される裁判上の清算手続の1つである）個人再生手続（procédure de rétablissement personnel）は、個人事業主または会社の債務を連帯して保証しまたは弁済する旨の債務を消去することができるとした。

このような、財務的に危機に瀕している保証人に対する立法者の憐れみは、同様に、保証人の家族構成員に対しても示されている。

2） 保証人の家族の保護

保証人が亡くなった場合には、20世紀の終わりの判例はすでに、次の2つの方法によって保証人の相続人を保護していた。

1つは、保証債務（obligation de couverture）と支払債務（obligation de règlement）とを区別し、相続人は、保証人の死亡の前に生じた主たる債務者の債務を担保する責任しか負わない、ということを認めることによって保護した。

もう1つは、債権者が相続人に対して、自発的に保証契約の存在を知らせる義務を有していることを認めた。この情報提供義務は、債権者が、相続人の存在を知るために、例えば、相続業務を担当している公証人や税務署に問い合わせをするなどして、その相続人を捜すことを前提としている。

この相続人の保護は、今日では、2006年6月23日の法律による相続法の改正によって新しく規定された、民法典786条2項により、明らかに強化されている。すなわち、同条によれば、単純承認をした相続人は、「その承認の時に被相続人の債務を知らなかったことにつき正当事由があり、かつ、その債務を負うと相続人の固有の財産に著しい負担となる場合には、その債務の全部または一部を免れることを裁判所に請求することができる」とされる。ただし、この請求権は、相続人が債務の存在を知った日から5ヶ月以内に行使されなければならない。

同条の適用要件は、被相続人によってなされた保証から生じた債務に、特に結びつけられうる。それゆえ、同条は、裁判官に、保証の効力を否定するという重要な権限を付与したものである。

Ⅱ　保　証

　保証の効力は、同様に、保証人の債務の付従性に関する一定の発展によっても
否定されている。

Ⅱ　保証債務に特徴的な要素の否定

　破毀院によれば、保証債務の付従性は、保証の本質的な要素である。しかし、
保証債務と主たる債務の間に存在する主たる債務への付従性を生じるのは、保証
契約における当事者の意思である。それゆえ、この主従の結合の強さを決するの
も、まさにその意思である。

　ところで、本来、保証人は、主たる債務者の、万一の不履行（défaillance）を
カバーするために債務を負うものである。そして、この点が、保証債務の本質的
な部分であり、同様に、保証債務の付従性の範囲を確定することになる。

　したがって、原則として保証人の債務は、主たる債務者の債務によってその範
囲が確定されなければならず、主たる債務者の債務の増加に応じて保証債務も増
加するものであるとすれば、保証人は、主たる債務者の債務の増加が、その不履
行の結果生じたものである、ということを主張することはできない。つまり、保
証人は、主たる債務者の不履行に対して、債権者を担保するものであり、保証人
の債務を免れるために、主たる債務者の不履行に結びつけられた事由を主張する
ことはできない。それゆえ、保証人による抗弁の対抗は、必然的に制限される。

　同様に、保証人は、他人の債務を担保するためにのみ債務を負うものであり、
他人の債務の負担を終局的に引き受けるものではない。それゆえ、保証人は、民
法典が主たる債務者に対して認める求償を前提としてしか、保証契約を締結しな
い。この点は、保証債務の範囲を画する上では、主たる債務者の不履行をカバー
するという意思と同じく、重要である。

　債権者が保証人に対して追及することができるということは、原則として、保
証人が主たる債務者に対して求償権を行使することができる、ということを前提
としなければならない。

　ところで、保証の付従性の範囲を確定するこの2つの観点（保証契約における
当事者の意思と求償の可能性）は、21世紀初頭の立法者によって再び問題とされ
た。というのも、主たる債務者の更生を有利にするために、立法者は、一方で
は、理論的には保証人の抗弁が対抗できない場合であっても、その抗弁の対抗を

140

認めた（1）。また、他方では、法人保証の場合には、保証人が債権者に弁済したにもかかわらず、主たる債務者に対する求償権の行使が禁じられることがある（2）。

1） 抗弁の対抗と保証の手段化

まず、抗弁の対抗に関しては、前述のように、保証人は、債権者と主たる債務者との間で生じた抗弁が、主たる債務者の不履行の結果として生じたものである場合には、それを債権者に対して対抗することはできない。

しかし、立法者は、抗弁を援用できない場合においても、その抗弁の対抗を認めるに至っている。そのフランス法における最初の例は、主たる債務者に対して事業救済手続ないし裁判上の更生手続が開始された場合における個々の債権者の権利の追及の停止の問題に関するものである。

保証人は、債権者による履行の請求の停止を主張することができるであろうか。

当初は、これは否定に解されていた。というのも、保証人は、主たる債務者の不履行から、債権者を保護するために存在するものだからである。そして、判例も、1994年まではそのように解していた。

しかし、この判例による解決は、次の点において、不都合であった。すなわち、倒産手続が成功する機会を有し、企業の更生を可能とするためには、できるだけ早くにその手続が開始されなければならない。ところで、倒産手続を早くに申し立てるのは、誰が適任であるかというと、それは、当該会社の経営者である。そして、実務上は、たいていの場合に、会社の債務の保証人は、その会社の経営者である。そうだとすれば、会社に対する履行の請求の停止を認めながら、保証人に対しては請求でき、債権者が直ちに保証人に対して支払を求めるとすれば、その会社の経営者は、倒産手続の開始を申し立てるであろうか。保証人である経営者は、その申立てを絶対にしないであろう。

そこで、このような事態を回避するために、1994年6月10日の法律は、次のように規定した。すなわち、自然人である保証人、すなわち、実務上は会社の経営者である保証人は、今後は、保証人に対する権利の停止の利益を受けることができるとした（現・商法典 L. 622-28条2項）。

これが、倒産手続の早期の開始という優先する客観的な利益を理由に、立法者が、保証の付従的な性質の範囲を確定する1つの視点を提供した、典型的な例で

141

Ⅱ　保　証

ある。

　全く同様の例は、会社更生計画において主たる債務者に認められた債務の免除（remise）と支払の猶予（délais）を保証人が主張しうるかに関する2005年7月26日の法律にも、見出すことができる。

　原則として、保証人は、その利益を受けることはできない。なぜなら、支払の猶予も債務の免除も、倒産手続の開始、すなわち、主たる債務者の不履行の結果だからである。

　しかし、この場合にも、立法者は、主たる債務者である企業が支払停止状態になる前に、その企業の経営者ができる限り早くに行動し、その企業の更生手続を申し立てる気にさせることを考えた。

　この目的を達するために、立法者は、企業が未だ支払停止の状態になっていないが、調停手続（procédure de conciliation）と事業救済手続の2つの手続が開かれるように、主たる債務者に認められた支払の猶予と債務の免除の利益を、保証人も同様に受けられるものとした（商法典L.611-10-2条およびL.626-11条2項）。

　これに対して、経営者である保証人が勤勉ではなく、支払停止となった場合には、裁判上の更生手続を開始する以外になく、更生計画において主たる債務者に認められる支払の猶予と債務の免除は、もはや保証人には認められない（商法典L.631-20条）。これは、あまりに時間を徒過した会社の経営者に対する、一つのサンクションである。すなわち、アメとムチ（la carotte et le bâton）であり、危機に瀕した企業の更生という、立法者によって追求された目的に資する、保証法の手段化を見出すことができる。

　より最近、2008年12月18日のオルドナンスは、新たに、このアメとムチのテクニックを、商法典の新しいL.622-26条2項において用いた。すなわち、同条は、事業救済手続が開始された場合には、その計画の実行期間中、定められた期間内に届出をしなかった債権者が、（その債権を）「人的担保に合意をした自然人に対して、対抗することができない」とした。この点は、商法典の新しいL.631-14条6項によって、裁判上の更生手続が開始された場合にも、同様に明確に拒絶されている。

　しかし、この直近の改正では、同時に、法人である保証人が、主たる債務者に対して求償権を行使することを否定している。そして、このことに対しては、批判が多い。

2) 主たる債務者に対する求償権の行使 —— 自然人である保証人と法人である保証人の区別に関する新たな視点

2008年12月18日のオルドナンスの下では、事業救済手続の場合には、法律の定める一定期間内に債権の届出をしなかった債権者は、その債権を、主たる債務者の倒産手続では主張することができなくなる。しかし、これに反して、債権者は、保証人が法人である場合には、その保証人に対して債権を主張することができる。

したがって、法人である保証人は、債権者に支払をしなければならない。

ところで、この保証人が引き続いて主たる債務者に対し求償権を行使しようとする場合には、同保証人は、この求償に関する債権を倒産手続に届け出るための期間が経過したという事実を対抗されることになる。それゆえ、保証人は、主たる債務者に対する求償権を行使することはできないであろう。

そうだとすれば、弁済後における主たる債務者に対する求償権の存在は、保証人が法人である場合には、保証に本質的なものであるということはできない。そして、このことは、消費者信用の改革に関する2010年7月1日の法律によっても認められた。

2010年11月1日に同法が施行されてから、法人である保証人によって支払われた債権は、過剰債務委員会が、特に正当な理由がある場合には決定によって、部分的に消去することを提案する債権の一部を成すものである（消費法典L.331-7-1条［現L.733-7条］）。

同様に、個人についての裁判上の清算の一つである、個人再生手続の終結の場合において、積極財産が不十分なときは、法人である保証人は、主たる債務者に対して求償権を行使することはできないけれども、債権者に対しては（保証債務を）支払わざるをえないことになる。というのも、消費法典の新しいL.332-5条およびL.332-9条の適用によって、債権者の債権が失われるからである。

実務では、このような主たる債務者に対する求償は、多くの場合に主たる債務者が無資力であるため、効力を生じない。しかし、理論的には、求償を認めないことは、批判の対象となる。というのも、求償を認めないことは、保証を、無償譲与（libéralité）の1つとするものであり、保証人は、主たる債務者の債務を終局的に引き受けることを承諾したものではないから、契約当事者の意思に反することになる。

Ⅱ　保　証

　したがって、フランス法の展開が、日本の保証法の改正にとって、その着想の
源になりうるとしても、その着想は部分的なものとしかなりえないであろう。な
ぜなら、フランスでは、このような保証の展開は、今日では、学説によって強く
批判されているからである。そして、フランスでは、常に保証の大改正が待たれ
ている。その改正案は、グリマルディ委員会によって準備されたが、残念なこと
に、未だ実現されていないものである。

【訳者付記】本稿は、2012年 3 月21日に立教大学太刀川記念館において行われた公開
講演会の講演原稿を翻訳したものである。

フランス法における保証と個人の過剰債務処理手続

野澤正充 訳

はじめに

　周知のように、2004年、日本民法の保証の規定が改正された。この改正は、一方では、自然人である保証人と法人保証とを区別するものであり、また他方では、根保証と特定の債務の保証とを区別するものであった。
　そして、日本では、民法（債権関係）の改正において、保証人の保護を強化することが新たに検討されている。そこで、フランス法において、保証人の保護が自然人と法人との区別に応じ、どのように進展してきたかを検討することが有益であると思われ、連続する2つの講演をとおして、この問題を取り上げることとする。すなわち、第1の講演では、自然人である保証人の過剰債務の問題を検討する。そして、第2の講演は、保証法と会社法との関係に関するものである。
　保証人は保護されなければならないのか、そして、仮にそうだとすれば、すべての保証人が同じように保護されなければならないのであろうか？
　この問題については、ちょうどよい均衡点を見出さなければならない。すなわち、一方では、保証人は、時に自分自身から保護されなければならない。というのも、保証人は、保証が危険な行為であることに気付かないからである。
　保証は、容易に用いることができる担保である。なぜなら、（保証の設定には）費用が全くかからないからである。そして、保証人は、保証債務を決して履行することはないと考えながら（保証契約を）締結する。つまり、保証人は、主たる債務者を信頼しているのであり、かつ、保証は、銀行によって要求される簡単な形式を満たせば、設定することができるのである。
　しかし、他方では、保証人を保護しすぎてはならない。なぜなら、保証人を保

145

II 保 証

護しすぎると、信用の安定性を危険にさらすことになるからである。その場合には、銀行は、信用の供与を少なくするか、または、利率をより高くして信用を供与することになる。そして、その結果は、企業に対する信用の供与を鈍らせ、経済の発展を妨げることになる。

　ちょうどよい均衡をもたらすためには、まず、自然人である保証人と法人の保証人とを区別することが論理的である。そして、自然人である保証人については、本日の講演で取り上げ、法人保証については、明日の講演で検討する。というのも、軽率な保証人による保証債務の危険の問題は、自然人に対してのみ生じるものだからである。

　では、どのように、自然人を特別に保護することができるであろうか？

　企業に対して信用が供与される場合には、自然人が保証人となることを禁止すべきであろうか？

　フランスの立法者は、このようなことを考えてはいない。担保権設定者が自然人である場合に、人的担保の設定契約の効力が制限されるのは、請求払無因保証（garantie à première demande）だけである。

　では、保証人が「素人」（profanes）である場合と「知識の豊富な」（averties）場合とを区別するのはどうであろうか。ここにいう、「知識の豊富な」保証人とは、主たる債務者の借入金を知っている者であり、主に会社の経営者が保証人となる場合が該当する。そして、このような区別は、長い間、フランスの判例法によって行われ、同様に EU 加盟国の多くと、人的担保に関するヨーロッパ原則の草案においても採用されている。

　反対に、以上のような区別をすることなく、すべての自然人である保証人を一様に保護しなければならないのであろうか。

　現実には、フランス法において、立法によって広範に採用されたのは、自然人である保証人を画一的に保護する第3の解決である。

　そこで、この講演では、保証人の過剰債務の危険の防止という点から、自然人である保証人の保護を画一化するという展開がなされていることを明らかにする（I）。そして、その展開が、保証人の過剰債務処理手続の点でも、ほとんど実現していることを概観する（II）。

I　自然人である保証人の過剰債務の防止における画一性

　保証人の過剰債務の危険の防止は、フランス法においては、次の2つのメカニズムの組み合わせによって実現されている。

　1つは、過剰な保証を認めた債権者に対するサンクションである（A）。

　もう1つは、保証人に対する債権者の情報提供義務である。この情報提供義務は、保証人に対して、その保証債務がもたらす結果を自覚させるためのものである（B）。

　そして、この講演では、この2つの保証人の保護のメカニズムが、知識の豊富な保証人と素人の保証人とを区別せずに、すべての自然人である保証人に適用されることを明らかにする。

A　過剰な保証に対するサンクション

　まず、過剰な保証に対するサンクションを検討する。

　保証人の財政的な能力に対して不均衡な保証契約を締結した債権者は、非難に値するであろうか？

　この問題について、フランス法は、判例・立法ともに肯定している。しかし、判例による肯定は、立法者による肯定と全く同じではない。

　まず、判例は、1997年から2006年まで多くの変遷をした後に、民事責任の一般法に基づき、知識の豊富な保証人と素人の保証人とを区別した。すなわち、保証人が知識の豊富な者である場合には、判例は、債権者が保証債務の過剰性について注意を促す必要はないとした。換言すれば、債権者は、保証人に対して、当初から担保することが過剰な負担となるであろうことを隠していたのでない限り、責任を負うことはないとした。

　これに対して、保証人が素人である場合[1]において、債権者が事業者であるときは[2]、判例は、保証人に対して、過剰債務の危険を警告しなければならないとしている。

　この義務を怠ると、保証人は、契約しないという機会の喪失[3]を援用して、債権者の責任を追及することができる。そして、保証人が受領すべき損害賠償は、保証人の債務と相殺され、結局は、保証人の債務がその資産と収入に見合っ

147

Ⅱ　保　証

たものとなるまで、減額されることになる。

　しかし、立法者による解決は、判例とは異なるものである。1989年に導入され、消費法典L. 313-10条（現L. 314-18条）に規定された原則を一般化した2003年4月1日の法律は、消費法典の新しいL. 341-4条（現L. 332-1条）として、次のように規定した。すなわち、「事業者である債権者は、自然人によってなされた保証契約の締結時に、保証債務が保証人の資産及び収入と明らかに不均衡であった場合には、当該保証契約を主張することができない。ただし、保証人が請求を受けた時点で、保証人の資産が自己の保証債務の履行を可能とするものである場合は除く」（規定の訳は、大沢慎太郎「フランスにおける保証人の保護に関する法律の生成と展開（1）」比較法学42巻2号84頁（2009年）による）。

　この規定は、多くの批判を引き起こしている。

　まず、立法者は、この規定において、債権者に対し、単なる警告義務を課しているのではない。すなわち、警告義務違反のサンクションは、民事責任法の適用により、損害賠償を認めることである。しかし、この規定においては、債権者は、過剰な保証契約を締結してはならないという義務を負い、この義務に違反すると、債権者は、保証人に対して、支払を請求する権利を失う（déchéance）というサンクションが課されている。

　これは、次のように、オール・オア・ナッシングのメカニズムである。すなわち、保証人の債務が、契約の締結時およびその履行時に、保証人の財産および収入に均衡していた場合には、保証人はその債務の全額を支払う義務を負う。しかし、保証人の債務が不均衡であった場合には、保証人はその債務のすべてを免れ

（1）保証人が素人であるということは、保証人が素人としての性質を有していることを前提としている。ところで、判例は、保証契約の締結の際に、事業者が素人である保証人をサポートした場合については、その判断が必ずしも一致していない。例えば、弁護士の補助がついた場合には、素人の保証人が知識の豊富な保証人へと転換するであろうか。破毀院商事部は、2008年11月12日判決以来これを肯定している。しかし、破毀院第1民事部は、2009年4月30日判決によってこれを否定している。
（2）この責任は、債権者と保証人との間の能力の格差に基づくものであるため、債権者が事業者でなく、そのような格差がない場合には、警告義務はない、と解されている（Cass. com., 13 novembre 2007）。
（3）損害は、契約しなかったという機会の喪失に基づくものであるため、保証人が受領する賠償額は、彼が支払うべき保証債務額と同じではない。それゆえ、保証人は、その保証債務を完全に免れるわけではない（Cass. com., 20 octobre 2009）。

る。というのも、同条は、債権者が保証債務を「主張することができない」と規定し、保証人の完全な免責を示唆しているからである。

この点において、過剰な保証債務の債権者のサンクションも、それ自体過剰である、ということができる。

そして、この規定による不都合は、消費法典 L. 341- 4 条（現 L. 332- 1 条）の適用範囲が非常に広範であるため、より顕著なものとなっている。すなわち、同条は、2003年8月7日以降に事業者である債権者のために合意された、すべての保証に適用される。そして、その被担保債務がどのようなものであるかは問わず、また、素人である保証人と知識の豊富な保証人との区別もせず、すべての自然人である保証人が、同条によって保護されるのであり、会社の経営者も同様に保護される[4]。

ところで、素人である保証人と知識の豊富な保証人とを区別しないのは、これらの概念を定義するのが難しいことによるものであろう。それゆえ、判例は、事案に応じてこの区別を用いることができるとしても、立法者を同様に考えることはできない。なぜなら、立法者は、一般的な規定を定立しなければならず、自然人と法人のような、明確にその範囲を確定できる法的カテゴリーにのみ、依拠せざるをえないからである。

同じような現象は、保証債務の範囲に関する、保証人に対する情報の提供についても生じている。

B 保証債務の重大性についての保証人に対する情報の提供

立法者と判例のいずれもが、保証人のために、債権者に対して、情報提供義務を課している。しかし、そのために用いられている手法は、それぞれ異なっている。

判例に関しては、破毀院が、債務の一般法に基づいて、素人である保証人のみを保護している。すなわち、判例は、保証人がその債務額を示し、かつ、契約した債務の範囲を知っていることを説明する旨の手書きの記載をしなければならない、という民法典1326条（現1376条）を適用して、素人である保証人のみが、その手書きの記載の不十分さ（irréguralité）を主張することができるとした。

（4） v., en ce sens, Cass. com., 13 avril 2010.

II 保 証

というのも、破毀院は、次のように解しているからである。すなわち、一方では、この手書きの記載の要求が、保証人を保護するための単なる証明の規定でしかなく、不完全な手書きの記載であっても、保証人がその債務の範囲を認識していることを証明する他の証拠によって補完されうるとする。

そして、他方では、そのような他の証拠として、例えば、保証人が、主たる債務者である会社の経営者であることを指摘する。

それゆえ、判例は、素人である保証人と知識の豊富な保証人とを区別しているのである。

これに対して、立法者が現実に保証人を保護するための立法をしようとする場合には、すべての保証人を一様に保護することになる。

例えば、2003年8月1日の法律に基づく消費法典 L. 341-2条および L. 341-3条においては、手書きの記載は、保証人に対してその債務額の上限の記載を強制し、保証債務の重大性を気付かせるために、事業者である債権者と私署証書による契約により保証人となったすべての自然人によって書き写されなければならないとする。そして、この規制により、今日では、自然人は、根保証（cautionnement omnibus）、すなわち、主たる債務者の債務を債権者に対して無制限に保証する契約を締結することができない。

この新しい手書きの記載の要求は、保証契約の有効要件であって、単なる証明のための規制ではない。それゆえ、今日では、判例も、保証人が会社の経営者であることによって、手書きの記載の不十分さを補うことはできないものとしている。

したがって、素人の保証人と知識の豊富な保証人との区別は、もはや存在しない。

同様に、立法者は、主たる債務者の債務額があまりに過大になる前に、保証人からの一方的な解約を可能とするため、債権者に対し、主たる債務者の債務額の増加について、毎年の保証人への情報提供を義務づけている。

この義務は、通貨金融法典 L. 313-22条において、企業に付与された信用の返済を担保するすべての保証人のために規定されている。また、民法典2293条および消費法典 L. 341-6条においても、他の信用の返済を担保する、自然人である保証人に関して規定されている。

それゆえ、この点においても、立法者は、素人である保証人と知識の豊富な保

証人とを区別していない。

　しかし、この毎年の情報提供義務が、しかるべき時に保証人にその保証契約を解約させることによって、まさに直接に保証人を保護するものであるとしても、2003年8月1日の法律以降は、必ずしもそうではない。

　すなわち、立法者は、消費法典の新しいL.341-2条（現L.331-1条）において、自然人である保証人による手書きの記載は、保証の上限期間を書き写さなければならないものとした。しかし、立法者は、自然人の私署証書による保証を、期限の定めのあるものに限定することが、同時に、保証人から一方的な契約の解約権を奪うことになることを考慮しなかった。（なぜなら、保証人の解約権は、期限の定めのない保証契約についてのみ認められるものだからである）。

　したがって、立法者は、あまりによいことをしようと思って、あいにく、過剰債務に対する、自然人である保証人の保護を縮減してしまったのである。

　しかし、このような留保を付けるにせよ、今日のフランス法における過剰債務の防止は、自然人である保証人に何ら差異を設けることなく、完全に画一的な仕方で保障されていると思われる。

　自然人である保証人の過剰債務処理のメカニズムに関しても、ほぼ同様である。

II　自然人である保証人の過剰債務処理の画一化

　では、過剰債務の防止のメカニズムが期待された成果を収めず、担保権の実行によって保証人がその保証債務を履行しなければならないにもかかわらず、支払能力がない場合を検討する。

　自然人である保証人は、過剰債務処理手続を利用することができるであろうか？

　立法者は、時にこれを肯定しているよう思われる。

　例えば、主たる債務者自らが個人の過剰債務処理手続を利用している場合には、保証人にもその保護が認められる。これは、1998年7月29日の法律によって認められ、今日では、消費法典L.331-3-2第3項（現L.722-7条）に規定されている。すなわち、同条によれば、過剰債務処理手続の開始に際して、「債権者は、当該債権に保証人が付されていること、及び保証人に訴訟が提起されたこと

151

Ⅱ　保　証

を、明らかにしなければならない」とし、同条4項（現L. 722-10条）は、「委員
会が、主たる債務者の1つ又は複数の債務の返済を担保する保証人が存すること
を確認したときは、保証人に手続の開始を通知する。保証人は、委員会に対し
て、書面により、自らの所見を述べることができる」と規定している。

　それゆえ、保証人は、主たる債務者の過剰債務処理手続に参加させられるので
あり、それによって、保証人自らが過剰債務処理手続を利用するよう仕向けられ
ているのである[5]。そして、このことは、破毀院第1民事部の1996年11月13日
判決[6]および1998年3月3日判決以降、判例が、保証人は主たる債務者につい
てなされた個人の過剰債務処理手続による期限の延長と債務の減額を主張するこ
とができない、としていただけに重要である。

　しかし、保証人が個人の過剰債務処理手続を利用できるか否かは、なお問題で
ある。

　この問題に答える前に、まず、2003年8月1日の法律以降、個人の過剰債務処
理について2つの手続が存在することを確認する。

　第1の手続は、1989年12月31日の法律によって創設された過剰債務処理手続で
あり、これは、事業によって生じたのではない債務で、支払期限の到来したもの
および到来すべきものの総額に対し、明白な支払不能の状態にある、善意の自然
人に関する手続である。

　この手続は、過剰債務委員会において行われ、同委員会は、合意による更正計
画をまとめなければならない。

　そして、支払期限の延長と債務の減額に対する債権者の同意を得やすくするた
めに、2010年7月1日の法律は、過剰債務委員会が、債務超過に陥った債務者の
請求を受理する旨を決定したときは、自動的に、10年間、その債務の履行を請求
する手続が停止するものとした。

（5）この点は、消費法典の新しい331-3第3項の政府による修正案についての説明がなさ
　　れた際に、Madame Lebranchu によって明言されている（*J.O. Débats A.N.*, 19 mai 1998,
　　p. 3962.）。

（6）Cass. 1ʳᵉ civ., 13 novembre 1996, *Bull. civ.* I, n° 401 ; *Defrénois*, 1997, p. 292, note L.
　　Aynès ; *D.* 1997, Som. p. 200 s., obs. P.-L. Chatain et F. Ferrière ; cette *Revue* 1997, p. 190
　　s. ; *JCP* E 1997, II, 903, note D. Legeais ; *D.* 1997, Som. p. 178, obs. D. Mazeaud ; *JCP*, éd.
　　G., 1997, II, 22780, note Ph. Mury ; *RTD com.*, 1997, p. 142, obs. G. Paisant ; *D.* 1997, p.
　　141, concl. J. Sainte-Rose et note T. Moussa ; *JCP* G 1997, I, 4033, n° 7, obs. Ph. Simler.

ところで、更正計画が債務者と「その主な債権者」によって受け容れられた場合には、更正計画に署名した債権者はその債務者に対する追及権を放棄しなければならず、債務者は更生計画の条項を遵守しなければならない。しかし、更生計画は、その当事者でなかった債権者を拘束しない。

過剰債務委員会が債権者の同意による更生計画を策定するに至らなかった場合には、同委員会は、債務者の請求によって、債務返済日程の繰り延べ、資本金からの弁済についての優先的な控除、利率の引き下げ、または2年を超えない期間の、生活扶助料以外の債権の停止を命じることができる。

2013年7月26日の法律は、債務者の財務状況が、復旧できないほどに危機的なものではないが、その債務の全額を返済する見込みがない場合であり、そのために過剰債務委員会による調整が明らかに困難であるときは、手続の開始時から同委員会に上記の権限を付与することによって、その権限を強化している。

第2の手続は、2003年8月1日の法律によって創設された個人再生手続（rétablissement personnel）である。

この手続は、過剰債務の状況を清算することができないという、復旧しえない危機的な状況にある、善意の自然人である債務者に関するものであり、上記に言及した手法を用いるものである。

この手続は、原則として、債務者の同意の下に、過剰債務委員会のイニシアティヴによって開始されるものであり、同委員会に他の手法が考えられない場合に、同委員会が小審裁判所の裁判官（juge du tribunal d'instance）に付託するものである。

債務者の請求に基づき、その受理を決した過剰債務委員会の決定は、履行の請求手続を強制的に停止する。それゆえ、債権者は、開始決定の公示から2ヶ月以内に、その債権を届け出なければならず、その届出をしないと債権を失うことになる。

債権の履行請求を停止した後に、裁判官は、債務者の債務を弁済するためにその財産を売却し、次いで、資産が十分でないために手続が終結される場合には、原則として、債務者の債務を免れさせるものである。

自然人である保証人は、この2つの過剰債務処理手続を利用することができるであろうか？

まず、これらの手続が、自らの会社の債務について保証人となる会社の経営者

II 保 証

にも利用されるものである点において、ほとんどすべての自然人である保証人について、問題を肯定することができる (A)。

しかし、これらの会社の経営者が、事業に適用される倒産手続に従わなければならない場合には、自然人である保証人の間でも、一定の区別が必要である (B)。

A 会社の債務の保証人である会社の経営者に対する個人の過剰債務処理手続の開始

債務者が個人の過剰債務処理手続の適用を請求しうるためには、消費法典 L. 330-1条（現 L. 711-1条）によれば、当該債務者が支払期限の到来したまたは到来すべき「非事業的な」(non professionnelle) 債務について、明らかな支払不能に陥っていることが要件となる。

2003年8月1日のデュトレイユ法以前は、保証人に関してはこの点が問題となっていた。すなわち、判例は、保証人の債務が非事業的な債務であるというためには、保証人がいかなる財産的な利益も得ていない、ということが必要であるとしていた。

しかし、この結論は、次の2つの場合には適切でなかった。

すなわち、1つは、判例によれば、保証人が主たる債務者である会社の経営者であった場合[7]であり、もう1つは、保証人が、主たる債務者である会社の経営者の配偶者、または社員であった場合である。

この第2の場合に関しては、2003年8月1日の法律によって、過剰債務法の適用に対する障害が取り除かれた。というのも、この法律は、消費法典 L. 330-1条（現 L. 711-1条）に、債務者によってなされた、次のような債務をも考慮して、その過剰債務の状況を評価する可能性が付け加えられたからである。すなわち、「法律上又は事実上、会社の経営者ではない者が、会社の経営者が個人的に負うか、あるいは会社が負う債務を、連帯して保証し又は支払うべき」旨の債務である。

それゆえ、第1の場合、すなわち、保証人が主たる債務者である会社を経営し

（7）Cass. civ. 1ʳᵉ, 31 mars 1992, nᵒ 91-04.011 ; *Bull. civ.* I, nᵒ 107 ; *RTD com.*, 1992, p. 457, obs. G. Paisant ; Cass. civ. 2ᵉ, 13 mars 2008, nᵒ 06-20456, *Act. proc. coll.* 2008, nᵒ 141, obs. O. Salvat.

ている場合のみが、2003年8月1日の法律以降も、過剰債務処理手続の適用対象
外である。

　しかし、今日では、必ずしもそうではない。というのも、2008年8月4日の経
済の現代化に関する法律は、一方では、消費法典 L. 330- 1 条（現 L. 711- 1 条）
における、保証人が主たる債務者である会社の、法律上ないし事実上の経営者で
ある場合には除外する旨の条項を撤廃したからである。これによって、今日で
は、会社の債務に関するすべての保証人が過剰債務処理手続を利用することがで
きる[8]。

　また、他方では、消費法典 L. 332- 9 条（現 L. 742-22条）において、個人再生
手続が、会社の経営者が個人的に負うか、あるいは会社が負う債務を、連帯して
保証しまたは支払うべき債務を免れさせることを認めている。

　そうだとすれば、今後は、主たる債務者である会社の債務の保証人となった、
すべての会社の経営者が、個人の過剰債務処理手続を利用することができるので
あろうか？

　そうではない。というのも、一定の経営者に対しては、その商人としての性質
上、加除債務処理手続の利用に対する障害が残っているからである。

B　合名会社（société en nom collectif）の社員である保証人の排除

　消費法典 L. 333- 3 条（現 L. 711- 3 条）によれば、個人の過剰債務処理手続
は、商法典第6編に規定された債務超過にある企業の法律が適用されない債務者
にのみ認められる。

　このことは、会社の債務の保証人となった経営者に、一定の区別を設けること
になる。すなわち、有限責任会社の社員および経営者である保証人は、個人の過
剰債務処理手続の対象となるのに対し、合名会社の社員および経営者である保証
人は、その対象外となる。というのも、合名会社の社員は、法律上は、自動的に
商人の資格を有するからである。そして、破毀院第2民事部も、2013年12月5日
の判決において、合名会社の社員である保証人は商業活動を反復して行うため、

（8）Cass. civ. 2ᵉ, 27 sept. 2012, nᵒ 11-23285, *RLDC* nov. 2012, p. 31, obs. G. Marraud des
　　Grottes. この改正は、法律が施行された後は、たとえそれ以前に過剰債務処理委員会に付
　　されていたとしても、執行裁判所によって適用されなければならない（Cass. civ. 2ᵉ, 2 déc.
　　2010, nᵒ 09-67503）。

Ⅱ　保　証

個人の過剰債務処理手続から排除されなければならないとした。

　そうだとしても、合名会社の社員である保証人は、何ら保護されないというわけではない。彼らは倒産法の適用によって保護されるのであり、個人の過剰債務処理手続によっては保護されないだけである。

　このことは、同一の者がその経済の危機的な状況において、2つの異なる処理手続を同時に利用することができない、という立法者の意思に基づくものである。

　不都合なのは、主たる債務者である会社の経営者が保証人である場合にも、異なる取り扱いがなされることである。しかし、この差異は、今日では、次の2つの理由によって、大きなものではないと思われる。

　第1に、企業に適用される倒産法と個人の過剰債務処理手続との大きな違いの1つは、倒産法においては、非事業的な債務も含むすべての債務が、当該企業の財政上の危機的状況を評価するために考慮されるのに対し、個人の過剰債務の状態は、その非事業的な債務のみが考慮されることである。

　しかし、この点は大きな違いではない。なぜなら、実務上は、会社の経営者が保証人である場合には、その財政上の危機的状況は、保証人の債務の履行の困難さを考慮して判断するものであり、個人の過剰債務状態の判断と同じ債務を考慮するものだからである。そして、その判断は、企業の支払停止の判断とも同じものである。

　第2に、個人の過剰債務処理手続と会社に適用される倒産手続とは、徐々に近づき、保証人に対して認められる保護も、ほとんど同じものとなってきている。

　例えば、個人の過剰債務処理手続に関して、2010年7月1日の法律は、過剰な債務を負っている債務者の請求を受理する委員会の決定が、自動的にその履行の請求を停止するものとしている。

　しかし、この結果は、倒産手続が開始された場合にも、同様に生じるものである。また、企業が和議手続の対象となった場合にも、債務者のために期限が延長されることによって、同様に、債権者の追及権が無力化することがある。

　さらに、2003年8月1日の法律が、債務者の債務を免れさせる個人再生手続を創設したものであるとすれば、今日では、同様の手続が企業に適用される倒産法制の中に存在する。すなわち、2014年3月12日のオルドナンスによって実現した倒産法の最近の改正は、「清算なき事業再生手続」（procédure de rétablissement

9 フランス法における保証と個人の過剰債務処理手続

professionnel sans liquidation) と呼ばれる新しい手続を創設した。

この手続は、商法典の新しい L. 645-1 条以下に規定されているが、以下のような、自然人である保証人に適用される。すなわち、個人として有限責任を負う経営者ではないこと、直近の 6 ヵ月間に給与を受ける被用者ではないこと、および、届出られた資産の総額がデクレによって定められる限度額を下回るものであることである。なお、デクレによって定められる限度額は、たいていわずかな額である。このようにして、立法者は、資産の換価費用がその全体の価値に対して不均衡である場合に、この手続が開始されるとしたのである。

この手続は、明らかに、個人再生手続に想を得たものである。というのも、商法典 L. 645-11は、この手続の終結が、原則として、債権者に対する債務を免れさせるとしているからである。

企業に適用される倒産法と個人の過剰債務処理手続との近接は、間接的に、自然人である保証人の過剰債務処理について、ほぼ完全な画一化をもたらすものである。

フランス法では、商人である保証人と商人ではない保証人との区別がほぼ失われ、知識の豊富な保証人と素人の保証人の区別も同様に大きな意味を失い、残された区別は、自然人である保証人と法人保証のみである。

しかし、第 2 講演会では、保証と会社法との関係を学ぶことによって、自然人と法人との対立でさえ、微妙なものであることを概観する。

【訳者付記】本稿は、立教大学国際センターの短期招へい研究員として来日したピエール・クロック教授によって、2014年 4 月10日に行われた公開講演会（於、セントポールズ会館 2 階芙蓉の間）の講演原稿を翻訳したものである。なお、当日配布した資料は、第 2 講演（「フランス法における保証と会社」〔本書第10章〕）の翻訳の末尾に掲載した。併せてご参照いただければ幸いである。

157

10 フランス法における保証と会社

野澤正充 訳

は じ め に

　昨日（2014年4月10日）行われた第1講演会のときに指摘したように、日本では、民法（債権関係）の改正において、保証人の保護を強化することが新たに検討されている。そこで、フランス法では、保証人の保護が自然人と法人との区別に応じて、どのように進展してきたかを検討することが有益であり、連続する2つの講演において、この問題を取り上げることとする。すなわち、第1の講演では、自然人である保証人の過剰債務の問題を検討した。そして、第2の講演は、保証法と会社法との関係であり、これが本日（2014年4月11日）の講演のテーマである。

　「保証」と「会社」という、この講演の主題である2つの用語は、よく実務では、一体化して用いられる。というのも、保証は、会社の債務を担保することが多いからである。すなわち、保証は、会社の債権者のために合意され、または、会社によって保証が合意されることもある。

　しかし、担保法に関する著作のアルファベットによる索引を検索しても、「会社」という用語が参照されることは、ほとんどない。

　同様に、保証の条文には、会社に言及するものが存在しない。

　このことは、保証法が、保証における3つの主要人物である保証人、主たる債務者または債権者のうちの1人が会社であるということに関心がない、ということを意味するのであろうか。

　事実はそうではない、ということは明らかである。なぜなら、一方では、会社の存在が保証人の保護に影響を及ぼしているからであり（Ⅰ）、また他方では、

159

Ⅱ　保　証

会社の変容が保証の運命に影響をもたらすからである（Ⅱ）。

Ⅰ　保証人の保護における会社の存在の影響

　まず、フランス法における、会社の存在が保証人の保護に及ぼす影響は、どのようなものであろうか。ここでは、債権者、主たる債務者および保証人という三者が問題となる。

　会社が債権者である場合には、答えは容易である。すなわち、会社が債権者であることは、保証人の保護に影響しない。なぜなら、保証人の保護に関する規定は、債権者が会社であるか否かによって、その適用を区別しないからである。

　これに対して、保証人の保護に関する規定の多くは、債権者が事業者であるか否かを区別している。このことは、とりわけ、手書きを要件とし、保証の比例原則と保証人に対する情報提供義務を要求する消費法典 L. 341-1（現 L. 333-1 条）から L. 341-5 条（現 L. 343-4 条）に現れている。

　それゆえ、問題となるのは、債権者が会社であるということが、その債権者が「事業者である債権者」となるか否かである。この「事業者である債権者」は、2009 年 7 月 9 日の破毀院第 1 民事部判決によって、次のように定義されている。すなわち、「事業者である債権者」とは、「その債権がその事業の執行において生じたものであるか、または、その事業活動の 1 つと、たとえそれが主要な事業活動ではないとしても、直接の関係を有するものである」とする。

　そして、その事業者としての性質は、以下の場合の多くにおいて認められよう。

　まず、商事会社および専門職民事組合（sociétés civiles professionnelles）は、事業者としての性質が認められる。なぜなら、これらは事業を営むものであり、それゆえ、事業活動においてしか、債権者となりえないからである。

　これに対して、不動産民事会社（sociétés civiles immobiliers）は、より難しい問題を提起する。いくつかの控訴院判決は、不動産民事会社が唯一の不動産を管理するか、あるいは多くの不動産を管理するかに応じて区別した。しかし、この区別は、学説によって批判され、学説は、次のように解している。すなわち、原則として、すべての不動産民事会社は、経済活動を行っているため、事業者である債権者であるとみなされなければならないとする。同様に、保証人に対する毎

160

年の情報提供義務に関して、破毀院第1民事部2005年3月15日判決は、賃貸用の不動産を購入した不動産民事会社を事業者であると認定している。

しかし、この原則は、次の場合には例外が認められなければならない。すなわち、不動産民事会社の組織が、家族の資産を保護するためだけに用いられる場合であり、その多くは税金対策である。

したがって、債権者が会社であるということは、保証人を保護する規定を適用する上では特に意味を持たない。しかし、会社が債務者であるか、または、会社が保証人である場合には、事情は異なる。すなわち、会社が債務者である場合には、危機に瀕した会社を救済する必要性を考慮することが、結果として、倒産法における自然人である保証人の保護を拡大することになる。そして、この自然人である保証人は、当該会社の経営者であることが多い（A）。

また、会社が保証人である場合には、保証人である会社を保護する特別の規定が、会社法において設けられている（B）。

A　債務超過に陥った会社の救済の必要性と会社経営者である保証人の保護の拡大

まず、主たる債務者が会社であるという第1の場合を検討する。

会社を設立するということは、起業家にとっては、その個人の資産を事業者である債権者から保護すること（有限責任）になるから、会社に対する信用の供与は、当該会社の経営者がその受けた信用を返済するための保証人となるのでなければ、受けることができないということが多い。このことは、会社という法人格が作り出す遮蔽物に、「穴を開ける」ことを可能とする。この現象を考慮して、立法者は、倒産法における自然人である保証人の保護を強化してきた。そして、「自然人である保証人」（caution personne physique）という用語は、法改正の担当者にとっては、危機に瀕した会社の経営者と同義語である。

倒産手続が会社の更生を可能とするためには、重大な経営危機が表面化し始めたら、できる限り早くに手続が開始されなければならない。では、誰がこの手続の開始を早くに請求できるであろうか？それはもちろん、会社の経営者であり、彼は同時に会社債務の保証人でもある。

それゆえ、会社の経営者に対して、できる限り早期に倒産手続を開始させなければならず、そのために、立法者は、保証人が会社を経営している場合にはその

Ⅱ　保　証

保証人の保護を拡大し、かつ、会社の経営者が手続の開始を遅らせたときは、その保護の利益を奪うことにした。

　このような措置は、1994年6月10日の法律に始まり、同法は、自然人である保証人、すなわち、実務上は会社の経営者である保証人が、裁判上の更生手続の開始によって、個人的な追及を停止される利益を受けることができるとした[1]。ただし、この利益は、状況が改善の見込みがなく、倒産手続が清算手続に移行したときは失われることとなる。

　これに続いて、立法者は、さらに2005年7月26日の法律によって、倒産手続が和議手続または更生手続であり、つまり、原則として事業が支払停止となる前に手続が開始された場合には、保証人に対し、会社更生計画において主たる債務者に認められる債務の減額と期限の延長とを援用することができるとした。そして、会社の経営者が事業の支払停止までに手続の開始を請求しなかった場合には、その利益を奪うことによって、裁判上の更生手続が適切に開始されることとなる[2]。

　より最近のものとしては、2008年12月18日のオルドナンスが、新たに、このテクニックを用いている。すなわち、商法典の新しいL. 622-26条第2項は、次のように規定している。更生手続が開始され、その更生計画が履行されている間は、定められた期間内に届出をしなかった債権者は、「人的担保に合意した…個人に対して、同様に対抗することができない」。ただし、この利益は、商法典の新しいL. 631-14条第6項により、裁判上の清算手続が開始された場合には、明文上否定されている。

　倒産法では、主たる債務者が債務超過に陥った会社であるということが、自然人である保証人の保護規定の創設理由となったと思われる。

　では、会社自らが保証人である場合はどうであろうか。

B　保証人である会社の特別な保護規定

　表面的には、保証法は、保証人である会社の保護には、ほとんど関心がないように思われる。というのも、保証人の保護に関する多くの規定は、自然人である

（1）　v. l'actuel art. L. 622-28, al. 2, C. com.

（2）　comp., d'un côté, les art. L. 611-10-2 et L. 626-11, al. 2, C. com. et de l'autre côté l'art. L. 631-20 C. com.

保証人のみに適用されるからである。

　例えば、消費法典 L. 313- 7 条（現 L. 314-15条）、L. 313- 8 条（現 L. 314-16条）、L. 341- 2 条（現 L. 331- 1 条）および L. 341- 3 条（現 L. 331- 2 条、L. 343- 2条）さらに、居住用の賃貸借における賃料支払の保証に関する1989年 7 月 6 日の法律の22- 1 条は、保証契約の無効をサンクションとして、手書きによる記載を要件とする。

　同様に、消費法典 L. 341- 6 条（現 L. 333- 2 条）および民法典2293条第 2 項による、保証人に対する毎年の情報提供義務も、自然人である保証人のみに適用される。

　また、消費法典 L. 313- 9 条（現 L. 314-17条）と L. 341- 1 条（現 L. 333- 1 条）、および、1994年 2 月11日の法律第126号の47条による、主たる債務者の支払事故（défaillance）についての保証人に対する情報提供義務、さらに、消費法典 L. 313-10条（現 L. 314-18条）および L. 341- 4 条（現 L. 332- 1 条）による保証の比例原則についても、同様である。

　それゆえ、保証人である会社の保護は存在しない、と解されている。

　しかし、このことは、主たる債務者の支払事故に関する、保証人に対する情報提供義務についてのみ適切であり、以下に述べるような他の場合には妥当しない。

　まず、通貨金融法典 L. 313-22条には、被担保債務の状況についての保証人に対する毎年の情報提供義務が規定されている。この規定は、 1 つの企業に対する財政的支援（concours financier）の返済を担保するすべての保証に適用されるものであり、個人保証と法人保証とを区別していない。

　それゆえ、保証人である会社は、多くの場合において、保証人に対する毎年の情報提供義務の恩恵を被ることになる。

　次に、熟慮しないで締結された保証契約、または、均衡を欠いて締結された保証契約に対する、保証人である会社の保護は存在しないということが、誤って信じられている。

　このような保護は存在する。ただし、その保護は、会社法の規定により、異なった手法によって図られている。すなわち、会社法の規定は、一方では、会社によって合意された担保が会社の目的に適合することを要求するとともに、他方では、会社の利益にも適合することを要求する。

163

Ⅱ　保　証

a) 会社の目的に対する保証の適合性

まず、会社の目的に対する保証の適合性は、民事会社（組合）および合名会社（société en nom collectif）において要求される。

論理的には、この適合性は、保証契約を締結することが、会社の目的の１つとして定款（statut）に明記されていることが前提となる。

しかし、実務上は、当然のことであるが、このような定款の規定はなく、判例は、会社の目的に対する保証の適合性が、保証人である会社と主たる債務者との間の共通の利益によって[3]、あるいは、社員の全員一致による決定によって[4]、認められることになるとする。とりわけ、会社の目的は、社員の全員一致の決定によって変更することができるので、保証が会社の目的に適合するためには、すべての社員の合意があれば十分である。そして、社員の全員一致による合意の要求は、会社の行った合意を保護するものであることに留意すべきである。

他の会社に関しては、会社の目的に対する適合性の問題は生じない。というのも、たとえ会社の目的外の行為であっても、その正当な代表者によってなされた行為はすべて、これらの会社を拘束するからである。

ところで、有限責任会社（sociétés à responsabilité limitée）の場合には、後に述べるように、会社の利益に対する適合性に関しては留保が必要であるが、いかなるコントロールも存在しないことは確かである。しかし、株式会社（société ano-

---

（ 3 ）Cass. 1re civ., 15 mars 1988, n° 85-22.282, *Bull. civ.* I, n° 75 ; *Defrénois*, 1988, art. 34275, p. 850, n° 58, note Aynès L. ; *Rev. sociétés* 1988, p. 415, note Guyon Y. ; Cass. 1re civ., 1er février 2000, n° 97-17.827, *Bull. civ.* I, n° 34 ; *D.* 2001, Som. p. 692, obs. Aynès L. ; *RD bancaire et financier* 2000, p. 171, n° 113, obs. Legeais D. ; *JCP* E 2000, p. 490, obs. Bouteiller P. ; Cass. com., 13 décembre 2011, n° 10-26.968, *RLDC* février 2012, p. 29, obs. G. Marraud des Grottes

（ 4 ）Cass. com., 28 mars 2000, n° 96-19.260, *Bull. civ.* IV, n° 69 ; *D.* 2000, A.J. p. 253 s., obs. Boizard M. ; *D.* 2000, Som. p. 479 s., obs. Hallouin J.-Cl. ; *JCP* G 2000, I, 257, n° 6, obs. Simler Ph. ; Cass. com., 18 mars 2003, *Banque*, n° 647, mai 2003, p. 82 s., obs. Guillot J.-L. ; Cass. com., 12 octobre 2004, *Act. proc. coll.* 2004, n° 234 ; Cass. 1re civ., 8 novembre 2007, n° 04-17.893, *RD bancaire et financier* janvier-février 2008, p. 6 s., obs. Cerles A. ; *RLDC* n° 34, janvier 2008, p. 34, obs. Marraud des Grottes G. ; *Banque et droit*, n° 117, janvier-février 2008, p. 56, obs. Storck M. ; Cass. com., 15 avril 2008, n° 06-18.294, *JCP* E 2008, 2545, n° 5, obs. Deboissy F. et Wicker G. ; *adde* : Storck M., "Validité d'un cautionnement souscrit par une SCI", *RLDC* mars 2008, p. 25 s.

nyme）に関しては、同様ではない。というのも、株式会社においては、会社の目的に対する保証の適合性のコントロールに代えて、取締役会（conseil d'administartion）または監査役会（conseil de surveillance）の承認（autorisation）が要求されるからである（商法典 L.225-35条、L.225-68条）。

保証人にである会社は、次の4つの理由によって、特にその保護が強化されている。

第1に、承認が与えられなかったとしても、会社の経営者の権限が法定の要件に基づくものであり、会社の定款の規定された規定に依拠するものではないため、債権者は、外観理論を援用することができない。

第2に、取締役会の承認がない場合におけるサンクションは、無効ではなく、保証契約を会社に対抗できないことである。それゆえ、承認を欠いた保証契約も、事後にその契約が承認されれば追完されうる。

第3に、取締役会の承認を請求しなかったという過失（faute）は、会社の経営者の責任の根拠とはならない。なぜなら、経営者の責任は、その役割（fonction）と不可分の行為が問題となるからである。

そして第4に、債権者は、法定の要件を履践せずに保証契約を締結したという会社の不法行為責任を追及することができない。2013年1月15日の破毀院商事部判決は、取締役会の承認を得ずに締結した保証契約は、会社に対抗することができないので、会社にいかなる債務も負わせるものではなく、このことは、必然的に、当該会社が債権者に対しても責任を負わないことを意味するものである、と判示した[5]。

このような会社の保護は、次の3つの理由によって、債権者が他の人的担保を利用しても回避することができないものであるため、強固である。

まず、商法典 L.225-35条と L.225-68条の適用領域は広く、株式会社によって合意された保証、手形保証（aval）、担保のほか、請求払い無因保証（garanties à première demande）にも適用される。

次いで、2006年の担保法改正によって信用保証状（lettre d'intention）も担保の1つとして認められたことにより、これらの商法典の規定は、従来の破毀院が

（5）Cass. com., 15 janvier 2013, n° 11-27.648, *RD bancaire et financier* mars-avril 2013, p. 50, comm. 50, obs. A. Cerles ; *RLDC* mars 2013, p. 34, obs. Ch. Gijsbers ; *D.* 2013, p. 242, obs. A. Liehnard ; *JCP* G 2013, 585, n° 5, obs. Ph. Simler.

Ⅱ 保 証

行ってきた手段債務と結果債務との区別をすることなく、信用保証状に適用され
ることとなった。

最後に、2013年1月15日の破毀院商事部判決によれば、これらの規定は、債権
の指図が人的担保であると性質決定されうる場合には、すなわち、被指図人が、
指図人に対して債務を負う債務者ではないにもかかわらず、なお債務を負う場合
には、債権の指図にも適用される[6]。

このような会社の保護は、株式会社においては取締役会の承認の必要性によっ
て、また民事会社と合名会社においては社員全員の一致した決定の必要性によっ
て図られている。そして、さらに、すべての会社において、会社の利益に対する
保証の適合性の要求が、会社の保護を強化することになる。

b) 会社の利益に対する保証の適合性

すべての会社において[7]、保証が会社の利益に適合しない場合には、保証は
無効である。そして、判例によれば、社員の全員一致の同意によっても、会社の
利益に反する保証を有効とすることはできない[8]。なぜなら、会社の利益は、
個々の社員の利益の総和ではないからである。それゆえ、この点において、会社
の利益への適合性の要件は、会社の目的への適合性よりも、より強固なものであ
る。

ところで、判例によれば[9]、会社の利益の欠如は、保証の実行によって会社

（6） Cass. com., 15 janvier 2013, n° 11-28.173, *RD bancaire et financier* mars-avril 2013, p.
　　53, comm. 58, obs. A. Cerles ; *RLDC* mars 2013, p. 36, obs. Ch. Gijsbers ; *D.* 2013, p. 1183,
　　note A. Hontebeyrie ; *Banque et droit*, n° 148, mars-avril 2013, p. 49, obs. E. Netter.
（7） 株式会社および有限責任会社の場合には、会社の利益は、特別な規制によって、一層保
　　障されている。すなわち、商法典 L. 223-21 条および L. 225-43 条は、自然人である株式会
　　社の取締役および有限責任会社の経営者に対して、彼らが供与を受けた信用の返済を会社
　　に保証させることを禁止している。
（8）「会社が設定した担保が有効となるためには、社員の全員一致による同意のみならず、
　　会社の利益に適合していなければならない」と判示した判決として、Cass. com., 8 nov.
　　2011, n° 10-24.438, *D.* 2011, p. 2866, obs. A. Lienhard, et 2012, p. 415, note E.
　　Schlumberger ; *Rev. sociétés* 2012. 238, note A. Viandier ; *RTD com.* 2012. 358, obs. H.
　　Monsèrié-Bon ; *Dr. sociétés* 2012, n° 6, note H. Hovasse ; *RD banc. fin.* 2012, n° 8, obs. A.
　　Cerles ; *Gaz. Pal.* 10-11 févr. 2012, p. 33, obs. Zattara-Gros ; *Banque et Droit*, n° 141,
　　janvier-février 2012, p. 61, obs. M. Storck ; *RJDA* 2012, n° 165 ; *Bull. Joly* 2012. 297, note
　　F.-X. Lucas ; *Dr. et patr.* février 2012, p. 86 s., obs. Ph. Dupichot. *Adde*, dans le même
　　sens, Cass. 3ᵉ civ., 2 septembre 2012, n° 11-17.948, *D.* 2012, p. 2166, obs. A. Lienhard.

がその全体の資産を取り崩すことになる場合にもたらされる。このことは論理的であり、会社の利益と社員の利益の総和とを区別することは、論理的には、会社に特有な利益がその永続性にあることから肯定される[10]。

　ここで留意しなければならないのは、会社の利益への適合性によって、自然人である保証人におけるよりも、保証人である会社が保証の比例原則に関して、より一層保護されることになる、ということである。

　なぜなら、自然人である保証人は、その保証債務が保証人の資産および収入の総額を超える場合にのみ、不均衡な保証であるとして保護されるからである。このことは、比例原則が、自然人によって締結された物上保証契約（cautionnement hypothécaire）に適用されることはない、ということを意味する。というのは、物上保証契約は、最大でも担保権を設定した不動産の価値と同等であって、必然的に、保証人の資産の総額を下回るか、あるいは同等だからである[11]。

　これに対して、保証人である会社が保護されるためには、保証債務が会社の資産の総額を超える必要はない。保証債務が、会社の資産の総和と同じであるか、または会社の資産にとって重い負担であることだけで十分である[12]。

（9）Cass. com., 3 juin 2008, n° 07-11.785, *RD bancaire et financier* 2008, comm. 110, obs. A. Cerles ; *JCP* E 2008, 2545, n° 4, obs. F. Deboissy et G. Wicker ; *Dr. sociétés* 2008, comm. 202, obs. R. Mortier ; *JCP* G 2008, I, 211, n° 9, obs. Ph. Simler ; Cass. com., 8 novembre 2011, préc. ; Cass. 3ᵉ civ., 2 septembre 2012, préc.

（10）rappr. G. Goffaux-Callebaut, "La définition de l'intérêt social", *RTD com.*, 2004, p. 35 s., spéc. p. 40.

（11）v., en ce sens, Cass. 1ʳᵉ civ., 7 mai 2008, n° 07-11.692, *Droit et patr.* octobre 2008, p. 95, obs. L. Aynès et Ph. Dupichot ; *RTD civ.* 2008, p. 700, obs. P. Crocq ; *JCP* G 2008, I, 211, n° 16, obs. Ph. Delebecque ; *Banque et droit*, n° 120, juillet-août 2008, p. 41 s., obs. F. Jacob ; *RD bancaire et financier* septembre-octobre 2008, p. 36, obs. D. Legeais ; *D.* 2008, p. 2036 s., note S. Piedelièvre ; Cass. com., 24 mars 2009, n° 08-13.034, *D.* 2009, p. 943 s., obs. V. Avena-Robardet ; *RLDA* mai 2009, p. 31 s., note E. Bazin ; *D.* 2009, p. 1661, obs. N. Borga ; *Banque et droit*, n° 125, mai-juin 2009, p. 26, obs. Th. Bonneau ; *RD bancaire et financier* mai-juin 2009, n° 83, p. 52 s., obs. D. Legeais ; *RLDC* mai 2009, p. 33, obs. G. Marraud des Grottes ; *Banque et droit*, n° 125, mai-juin 2009, p. 60, obs. N. Rontchevsky ; *JCP* G 2009, I, 150, n° 6, obs. Ph. Simler ; *adde*, à propos de cet arrêt : J.-J. Ansault, "Quand le devoir de mise en garde rencontre le cautionnement réel", *RLDC* septembre 2009, p. 29 s. ; P. Pailler, "L'exclusion du devoir de mise en garde en matière de sûreté réelle pour autrui", *Dr. et patr.* septembre 2009, p. 48 s.

（12）Cass. com., 13 novembre 2007, n° 06-15.826

II 保　証

　それゆえ、ただ１つの不動産の所有者である不動産民事会社によって合意された物上保証契約は、会社の利益の欠如を理由に無効となりうる。しかし、ただ１つの不動産の所有者である自然人によって合意された物上保証契約は、消費法典L. 313-10条（現L. 314-18条）およびL. 341-4条（現L. 332-1条）による不均衡な保証であるとは解されない。

　この相違は、おそらく次の理由に基づくものである。すなわち、法人の場合には、民法典2301条の末尾に規定された「生存のために必要な」（reste à vivre）という語に相当する規定が存在しない。そして、自然人である保証人の場合には、この規定によって、保証債務の履行がその最低限の資産を奪うことがないようにしているのである。

　会社の利益の要件に関する判例は、この欠けつを補い、法人の取り扱いを自然人の取り扱いに合わせている。というのも、両者の場合において、保証の実行は、保証人の永続を問題としないわけにはゆかないからである。

　そこで、次に、会社の組織変更が保証の取り扱いに及ぼす影響を検討する。この場合にも、法人保証の取り扱いを個人保証のそれに合わせることが、学説によって提唱されている。

II　　会社の組織変更が保証に及ぼす影響

　自然人と異なり、会社はその法的形態を変更することができる。すなわち、会社は、合併し、また、分割することができる。

　これらの会社に認められた、さまざまな組織変更は、保証の取り扱いに影響を及ぼすであろうか？

　この問題を解くために、まず、このような組織変更による（契約の）一般的要件に対する影響を検討する。その要件は、判例によって提示されたもので、組織変更が主たる債務者である会社になされた場合と、債権者である会社になされた場合に問題となる（A）。

　次いで、未だフランスの判例によっては解決されていない問題であるが、保証人である会社が組織変更をした場合にも、同様の解決が可能であるか否かを検討する（B）。

A 会社の組織変更が保証契約の一般的要件に及ぼす影響件

まず、会社の組織変更が保証の一般的要件に及ぼす影響には、どのようなものがあるかを考える。

保証契約のコーズが、保証人が保証契約を締結するに至った動機ではなく、主たる債務者に対する信用の供与に存する、という原則から出発して、まず、破毀院は、次のように解している。すなわち、主たる債務者である会社の法的形態の変更は、それが新しい法人格を創設しない場合には、保証人の保証債務を存続させるとする[13]。

では、会社の組織変更が新しい法人格を創設する場合はどうか？ この問題は、とりわけ、2つの会社が合併する場合に生じる。

この場合に、判例は、既発生の保証債務の支払と将来生ずべき債務を区別する。

既発生の債務、例えば、合併前に締結された賃貸借契約に基づいて支払うべき賃料債務のように、合併の時にすでに発生している債務については、合併は、保証に対していかなる影響をも及ぼさない。

なぜなら、合併が債権者である会社について行われた場合には、次のようになるからである。すなわち、合併が資産の一般的な承継をもたらすという原則は、必然的に、保証によって担保されている債権も、吸収される会社から吸収する会社に移転される、ということを導く。それゆえ、保証の利益も、同様に、付従性によって移転されることとなる。

また、合併が主たる債務者である会社について行われた場合にも、保証によって担保されている支払債務は、同様に吸収する会社に移転され、その移転によって何ら変更を受けない。それゆえ、破毀院は、債務の移転が保証に何ら影響を及ぼさない、としているのである。

この2つの場合において、賃料支払債務の保証を例にすると、保証人は、合併後と同じく合併前に履行期を迎えた賃料の支払を担保しなければならず、このことは、2005年11月8日の破毀院商事部が公にした2つの判決によって明示されている[14]。

---

(13) V., expressément en ce sens, Cass. com., 20 février 2001, n° 97-21.289, *Bull. civ.* IV, n° 38.

Ⅱ 保 証

次に、将来発生すべき債務については、状況は異なる。例えば、合併の時に、未だ全く利用されていない信用の供与に関する債務が問題となる。

この場合に、判例は、保証の人的信頼関係性（intuitu personae）を考慮する[15]。というのも、保証人の債務の範囲は、債権者が誰であるかと同じく、債務者が誰であるかによるからである。このことは、保証人が、債務者の債権者に対して生じるすべての債務の保証を合意した場合に一層顕著である。

結論として、判例は、原則的には、つまり反対の明示的な特約がなければ、保証人は、会社の合併後に発生する債務を担保しないとした。そして、この結論は、合併が主たる債務者について行われる場合のみならず、債権者について行われる場合にも同様であるとされている[16]。

したがって、判例は、吸収された会社の法人格の消失が、将来の債務についての保証を終了させる事由であり、このことは、破毀院による、自然人の死亡に関する保証債務の取り扱いを想起させる。すなわち、破毀院は、将来発生する債務についての保証は、その相続人に移転されない旨を判示しているのである。

そこで、次に、合併が保証人である会社について行われた場合を検討する。

B 保証人である会社の組織変更に関する特別な場合

保証人である会社が他の会社に吸収合併された場合には、担保がその合併前に生じた債務を目的とするときは、吸収する会社が、依然として、吸収された会社の負っていた保証債務を負うことになる、ということは明らかである[17]。

---

(14) Cass. com., 8 novembre 2005, n° 01-12.896 et n° 02-18.449, *JCP* G 2006, I, 123, n° 17 s., obs. A.-S. Barthez ; *RD bancaire et financier* janvier-février 2006, p. 14, obs. A. Cerles ; *D.* 2006, p. 2858, obs. P. Crocq ; *Droit et patrimoine*, février 2006, p. 126, obs. Ph. Dupichot ; *JCP* G 2005, II, 10170, note D. Houtcieff ; *RTD com.*, 2006, p. 179, obs. D. Legeais ; *Banque et droit*, n° 105, janvier-février 2006, p. 52 s., obs. F. Jacob ; *RTD com.*, 2006, p. 145, obs. P. Le Cannu ; *D.* 2005, p. 2875, obs. A. Liénhard ; *Dr. et patr.* septembre 2006, p. 80, obs. J.-P. Mattout et A. Prüm ; *RLDC* janvier 2006, p. 33 s., obs. G. Marraud des Grottes ; *JCP* G 2006, I, 131, n° 9, obs. Ph. Simler ; *adde* G. Damy, "Le sort du cautionnement dans les opérations de fusion : évolutions et précisions jurisprudentielles pour les banques", *Banque et droit*, n° 107, mai-juin 2006, p. 28 s.

(15) Cass. com., 21 janvier 2003

(16) Cass. com., 20 janvier 1987, *Bull. civ.* IV, n° 20.

(17) Cass. com., 7 novembre 1966, *Bull. civ.* III, n° 421.

しかし、将来発生する債務の担保、すなわち、合併後にしか生じない債務に関してはどうであろうか？

この問題は、時折提起されるものの、破毀院によっては明確かつ明快に解決されておらず、ただ学説がこの問題を指摘するだけである。

学説の多くは、自然人である保証人が死亡した場合から類推して、吸収する会社が、その吸収後に生じる債務を担保することはないとする。つまり、合併は、保証人の保証を終了させる事由となるとする[18]。

しかし、この類推は、必ずしも適切ではない。なぜなら、保証に関して自然人である保証人の相続人が保護されるのは、相続人が保証の存在を知らないからであり、このことは、会社が他の会社を吸収する場合には妥当しない。

ある会社が他の会社を吸収する場合には、吸収する会社は、吸収される会社の負っている債務の存在を知って吸収する。そして、保証の状況についても、商法典 L.232-1 条第 1 項の適用により、吸収される会社の貸借対照表に添付される情報から明らかである[19]。

もっとも、合併後に生じる債務についてまで、吸収する会社の担保を拡張しないとする学説を支持して、判例における一貫性に対する配慮を主張することも可能であると思われる。すなわち、主たる債務者である会社の吸収合併の場合、または債権者である会社の吸収合併の場合に、保証人の保証が終了するなら、保証人である会社が吸収合併された場合にも、先験的には、同様に解釈しなければならないようにも思われる。

---

(18) V., en ce sens, A.-S. Barthez et D. Houtcieff, *"les sûretés personnelles"*, L.G.D.J., 2010, n° 1093 ; M.-N. Jobard-Bachellier, M. Bourassin et V. Brémond, *"Droit des sûretés"*, Sirey, 4ème éd., 2014, n° 666 ; Ph. Simler, *"Cautionnement, garanties autonomes, garanties indemnitaires"*, Litec, 4ème éd., 2008, n° 792.

(19) V., en ce sens, M.-L. Coquelet, *"La transmission universelle du patrimoine en droit des sociétés"*, thèse dactyl., Paris X, 1994, n° 459 ; B. de Granvilliers, *"La transmission des sûretés par la règle de l'accessoire"*, thèse dactyl. Paris I, 2000, n° 502 ; R. Ledain Santiago, *"la circulation du cautionnement"*, Larcier, 2014, n° 369 ; F. Colonna d'Istria, *"La vulnérabilité du cautionnement face à la fusion-absorption de la société créancière"*, *in "Le droit à l'épreuve de la vulnérabilité"*, Bruylant, 2010, p. 561 et s., spéc. n° 7, p. 567 ;
さらに、吸収合併の決定によって、保証人がその保証債務を消滅させることのリスクを強調するものとして、Comité juridique ANSA, 10 septembre 2003, n° 04-2004, *"Fusion de sociétés : société absorbée s'étant portée caution - sort de la caution"*

Ⅱ　保　証

　しかし、そのような類推は誤っている。すなわち、債権者と主たる債務者の吸収合併の場合には、人的信頼関係性が保証を終了させるという結論を正当化することができる。というのも、債権者と主たる債務者がどのような者であるか、ということは、舗装によって担保される債務の範囲に影響を及ぼすからである。これに対して、保証人がどのような者であるかということは、被担保債務の範囲に影響しないため、保証人の吸収合併の場合にも全く同様に解することはできない。

　ところで、近時の博士論文において、ある学説が主張するように、「担保契約における当事者の1人の交代が、担保されているリスクに影響しない場合には、被担保債務の消滅（による担保権の消滅）の原則は、適用されない」[20]と解される。

　したがって、保証人である会社との合併後に生じる、主たる債務者の債務を、吸収合併する会社が担保しない、ということには理由がない。

　そうではなく、吸収される会社の資産が吸収する会社に移転するという原則により、保証人である会社の組織変更は、保証の運命に何ら影響しないということを認めるのが、論理的であると思われる。

　2014年1月7日の破毀院判決は、この結論を認めているとも解される。しかし、実際には、この判決は明確ではない。というのも、その事案においては、合併前に被担保債務が発生していたということによって、十分説明ができるからである[21]。

　それゆえ、フランス法においては、保証と会社法との対照によって引き起こされた、最後の未だ解決されていない問題について、破毀院が明確な結論を出すことを待つことにしたい。

---

(20) V. Mazeaud, "*L'obligation de couverture*", préf. P. Jourdain, Bibl. André Tunc, tome 27, IRJS éditions, 2010, n° 404, p. 560.

(21) Cass. com., 7 janvier 2014, n° 12-20.204, *D.* 2014, p. 77, obs. A. Lienhard.

【資料】

※民法典

2293条　主たる債務についての無制限の保証は、その債務のすべての従たる債務に及ぶ。最初の請求の費用及び保証人に対して行う最初の請求の通知後のすべての費用についても同様である。

②　保証契約が自然人によって締結される場合には、その保証人は、少なくとも年に1度、当事者間において合意された日、又はこの合意がないときは契約より1年後の日に、被担保債権及びその従たる債務の総額の推移を、債権者によって通知される。この通知がない場合には、債権者は、従たる債務、費用及び違約金についてのすべての権利を失う。

※消費法典

L.313-7条　本編第1章（消費者信用）及び第2章（不動産信用）に関する取引のいずれかのために保証人として私署証書により債務を負担した自然人は、次に掲げる、かつ唯一この方式でなければならない、手書きによる記載をして、自己の署名をしなければならず、これを遵守しない場合には、その債務負担を無効とする。

《金額…を上限として、元本、利息、及び万一の場合には遅延賠償金又は遅延利息の支払を被担保債権として、…の期間、Xの保証人となることによって、わたくしは、Xが自らこれを満足させない限り、わたくしの収入及び財産に基づいて、支払われるべき金額を、貸主に返済することをお約束いたします》。

L.313-8条　本編第1章及び第2章に関する取引のいずれかのために、債権者が連帯保証を求める場合には、保証人となる自然人は、次に掲げる手書きによる記載をして署名しなければならず、これを遵守しないときは、その債務負担を無効とする。

《民法典2298条所定の検索の利益を放棄し、Xと連帯して債務を負うことによって、わたくしは、あらかじめXに請求することを主張せずに、債権者に返済する義務を負います》。

L.313-9条　本編第1章（消費者信用）及び第2章（不動産信用）における信用供与取引に関して保証人となったすべての自然人は、…第1回目の支払事故があれば直ちに、主たる債務者の不履行について、貸付機関から情報を提供されなければならない。貸付機関が当該義務に従わない場合には、当該保証人は、最初の支払事故の日から保証人が支払事故についての情報を通知された日までに発生する遅延賠償金又は遅延利息の支払義務を負わない。

L.313-10条　金融機関は、自然人である保証人によってなされた本編第1章及び第2章の範囲に属する信用供与取引に関する保証契約の締結時に、保証債務が保証人の資産及び収入と明らかに不均衡であった場合には、当該保証契約を主張することができない。ただし、保証人が請求を受けた時点で、保証人の資産が自己の保証債務の履行を可能とするものである場合は除く。

Ⅱ　保　証

L.330-1条　債務者によってなされた「法律上又は事実上、会社の経営者ではない者が、会社の経営者が個人的に負うか、あるいは会社が負う債務を、連帯して保証し又は支払うべき」旨の債務をも考慮して、過剰債務状態を評価する。

L.331-3条　③　委員会は、主たる債務者の1つ又は複数の債務の返済を担保する保証人が存することを確認したときは、保証人に手続の開始を通知する。保証人は、委員会に対して、書面により、自らの所見を述べることができる。

④　委員会が、主たる債務者の1つ又は複数の債務の返済を担保する保証人が存することを確認したときは、保証人に手続の開始を通知する。保証人は、委員会に対して、書面により、自らの所見を述べることができる。

L.333-3条　個人の過剰債務処理手続は、商法典第6編に規定された債務超過にある企業の法律が適用されない債務者にのみ認められる。

L.341-1条　特段の規定のない限り、保証人となったすべての自然人は、主たる債務の弁済を請求することができる月において、弁済されない第1回目の支払事故があれば直ちに、主たる債務者の不履行について事業者である債権者から情報の提供を受けなければならない。債権者がこの義務を遵守しない場合には、保証人は、最初の支払事故の日から保証人が支払事故についての情報を通知された日までに発生する遅延賠償金又は遅延利息を支払う義務を負わない（58）。

L.341-2条　事業者である債権者に対して、私署証書により保証人として契約したすべての自然人は、次に掲げる、かつ唯一この方式でなければならない、手書きによる記載をして、自己の署名をしなければならず、これを遵守しない場合には、その債務負担を無効とする。

《金額…を上限として、元本、利息、及び万一の場合には遅延賠償金又は遅延利息の支払を被担保債権として、…の期間、Xの保証人となることによって、わたくしは、Xが自らこれを満足させない限り、わたくしの収入及び財産に基づいて、支払われるべき金額を、貸主に返済することをお約束いたします》。

L.341-3条　事業者である債権者が連帯保証を求める場合には、保証人となる自然人は、次に掲げる手書きによる記載をして署名しなければならず、これを遵守しないときは、その債務負担を無効とする。

《民法典2298条所定の検索の利益を放棄し、Xと連帯して債務を負うことによって、わたくしは、あらかじめXに請求することを主張せずに、債権者に返済する義務を負います》。

L.341-4条　事業者である債権者は、自然人によってなされた保証契約の締結時に、保証債務が保証人の資産及び収入と明らかに不均衡であった場合には、当該保証契約を主張することができない。ただし、保証人が請求を受けた時点で、保証人の資産が自己の保証債務の履行を可能とするものである場合は除く。

L.341-6条　保証人は、前回の通知から新たになされる通知の日までの間に発生した遅延賠償金又は遅延利息を支払う義務を負わない。

10 フランス法における保証と会社

※1989年7月6日の法律（賃貸借関係の改善を目的とする法律）第462号

22-1条　本編の適用に関して締結される賃貸借契約から生じる債務の保証契約が
いかなる期間の表記も含んでいない場合、又は保証契約の期間が期間の定めのない
ものとされている場合には、保証人は、その保証契約を一方的に解約することがで
きる。この解約は、当初の契約であるか又は更新、すなわち継続された契約である
かにかかわらず、貸主が解約の通知を受けたときの賃貸借契約の期間の満了時に、
その効力を生じる。

②　保証人となる者は、賃貸借契約に記載されている賃料の総額及び更新の条件
を手書きで転記し、明白かつ一義的に定まる方法で、自己の契約した債務の性質及
び範囲を認識していることを手書きで記載し、かつ、前号を手書きで転記して署名
しなければならない。賃貸人は、保証人に対して、賃貸借契約の写しを一部交付し
なければならない。これらの方式が示されない場合には、その保証契約は無効とな
る。

※通貨金融法典

L.313-22条　自然人又は法人による保証契約を条件として、企業に対する融資に
同意した金融機関は、毎年遅くとも3月21日までに、保証人によって利益を受ける
ことに対する義務として、前年12月31日時点で存在する、主たる債務、利息、手数
料、費用及び付従する債務の総額、並びに当該保証契約の期間を、保証人に対して
通知しなければならない。当該保証契約が期間の定めのないものである場合には、
何時にても、解約する権利があること、及びその行使の条件を通知しなければなら
ない。

②　前項に定める方式がなされなかった場合には、当該保証人及びこの方式を義
務づけられている金融機関との関係において、前回の通知から新たになされる通知
の日までの間に発生した利息を受け取る権利を失う。

【資料の参考文献】

大沢慎太郎「フランスにおける保証人の保護に関する法律の生成と展開（1）
（2・完)」比較法学42巻2号、同3号（2009年）

【訳者付記】本稿は、2014年4月11日に行われた公開講演会（於、太刀川記念館3階
多目的ホール）の講演原稿を翻訳したものである。第1講演（「フランス法における
保証と個人の過剰債務処理手続」〔本書第9章〕）と、併せてご参照いただければ幸
いである。

第III部

その他

11 フランス民法典への信託の導入*

平野裕之 訳

序　論**

1）フランス民法への信託規定の導入

2007年2月19日の法律は、フランス民法の展開の中で、重大な足跡を残すものである［民法2011条以下に第14編「信託」を創設］。フランスの立法において、初めて、［しかも］民法典の中に、信託（fiducie）の有効性、すなわち、特定された目的の下に特定された期間について、委託者（fiduciaire）と呼ばれる者によって行われる財産の所有権の、受託者（fiduciant）と呼ばれる者への移転が認められたのである。この場合、［信託の］期間が終了したならば、その財産の所有権は、再び委託者または信託の第三者である受益者（bénéficiaire）に移される必要がある。

2）それ以前の信託をめぐる法状況

しかし、このような形で2007年2月19日の法律により民法2011条以下の新規定において認められた信託は、フランス法においてそれまで全く認められていなかったわけではない。既に、判例また立法によって、［信託は］担保の手段として利用することが認められていたのである［日本の譲渡担保に対応する］。

＊本翻訳は、2008年5月22日に慶應義塾大学において行なわれた講演のために用意された原稿の翻訳である。クロック教授は立教大学大学院法務研究科の招聘（野澤正充教授の尽力による）により来日し、今回の講演は立教大学大学院法務研究科と慶應義塾大学大学院法務研究科との共催によるものである。本翻訳は、クロック教授が、講演において追加・修正をした部分は原稿の内容を変更している。

＊＊［　］は翻訳者が補充したものである。

Ⅲ　その他

（1）判例による金銭質権の承認

　［一方で］既に破毀院は、目的物が種類物であり消費物であることを理由として、金銭の質権を［金銭］所有権を移転する質権としてその有効性を認めていた。これは、結局の所、債権者に担保として提供された一定額の金銭所有権の信託的譲渡である。

（2）債権及び預金口座の信託的譲渡の立法による承認

　他方で、立法としても、1981年1月2日の法律、いわゆるダイイ法以来、幾度となく債権者に、債権ないし預金口座を担保として信託的な譲渡の対象とすることが認められている［2021年の担保法改正で、債権及び金銭の担保のための譲渡の規定が創設された［訳者後書参照］］。

3）2007年2月19日の法律の新しい点とその評価［総論］

（1）2つの改革

　それでは、2007年2月19日の法律の新しい点はどこにあるのであろうか。それは主に次の2点に求められる。

　① まず一方で、信託が、担保の方法としてだけでなく、財産管理の方法として用いることが認められることになった。

　② 他方で、信託［担保］はそれまで無体財産（biens incorporels）についてのみ認められていたが、［今回］民法典に規定された信託担保（fiducie-sûreté）は、財産の種類を問うことなく適用されるものである。

（2）財産管理信託についての問題点（総論）

a）恵与の手段としての使用禁止

　しかし、前者の［財産管理信託の］点については、その認められる範囲は実際にはかなり制限されていることにすぐに気がつくはずである。というのは、［財産］管理信託は、第三者に無償で財産を与えるために用いられてはならないからである。

　［実は］前からこのような利用方法には注目されていた。例えば、実際問題として、年老いた企業経営者にまだ若い子供がある場合に、相続人［となる子供］が企業を譲り受けるのに十分な年齢になるまで、その企業を経営するための信託を作り出せれば、とても助かるところである。

　ところが、［信託の］このような使い方は、フランス法では［信託規定の導入により］明確に禁止されてしまったのである。民法典の2013条が、「信託契約は、

受益者のための恵与の意図で行われた場合には無効である」と規定し［これを禁止し］たのである。そして、この禁止が確実に遵守されるために、フランス法は［次の］、２つの方法でこの禁止を補強している。

b）恵与としての財産管理信託禁止を貫徹する２つの方法

① 一方で、税務上の罰則を導入することによって（［このような］信託［契約］は無効であっても、無償行為に適用される譲渡取得税は、それにもかかわらず支払われねばならず、しかも、それは悪意で行われた行為に適用される最も高い税率によることになる）、［信託の恵与への利用を抑止しようとしているのである］。

② 他方で、委託者になれる者は法人に限定されており、このことからも信託を無償行為として行うことができないことになる（［何故ならば］フランス法においては、法人は、原則として、無償譲与を行うことはできず、これに違反すると、背任行為または会社財産に対する横領についての罰則の適用を受けるからである）。

c）恵与目的の信託を認めなかった理由

無償信託を認めなかった理由として、［以下の］２つを指摘することができる。

① まず、立法者は、信託が、相続財産を侵害する手段として使用されないようにしたのである。

② 次に、相続法と無能力者についての法改正が同時に進められていたため、無償信託と同じことを実現できる［別の］法的技術を創造し、または［それを］より利用可能性の高いものとしようとしていたのである。［即ち］このような場合のために、恵与制度が小分けに実現できるように改善され、また、死後の事務委任及び将来の無能力時のための事務委任という制度が作り出されたのである。［確かに］これらの法的手段は［無償］信託の代用品であるために、無償信託そのものと同様の柔軟性を有していないが、［右のように弊害のある］無償信託以外のものが考えられたのである。

（３）信託担保についての問題点（総論）

a）担保方法も含めた信託の一般規定の導入

［他方で、信託の］担保としての利用についていうと、今回、2007年２月19日の法律は、信託担保にも適用される一般法であることが容易に分かる。従って、［一般法ということから］論理的に、2007年２月19日の法律の対象外であることを明示する立法がなされない限り、既にフランス法において認められていた信託的譲渡の方式によるものも含めて、この法律の規定がすべての信託担保に適用され

Ⅲ その他

るのではないかという疑問が生じてくる。

b) 既存の法制度との関係

　例えば、金銭質権（gage-espèces）は、担保として一定金額を信託的に譲渡するものであるが、2007年2月19日の法律の適用対象になるのであろうか。もし適用されるのであれば、自然人による金銭質権の設定は今後禁止されることになる。なぜならば、2007年2月19日の法律によれば、法人のみが委託者になれるにすぎないからである。

　もし2007年2月19日の法律の起草者が、この新しい法律は、既に実定法により認められている信託担保の法制度については、その適用を排除しないことを明確に示しておいてくれたならば、何も問題は起こらなかった。しかし、残念ながらそのようにはなっていないのである。

　確かに右のような疑問は生じるが、2007年2月19日の法律を一読すると、政府も立法者も、実務において完全にうまく機能している金銭の質権やダイイ譲渡のような法制度の適用を排除するつもりではないことが分かる［2021年の担保法改正で債権や金銭の担保のための譲渡の規定が新設された（訳者後書参照）］。

　とはいえ、新法をこれらの信託担保には適用しないためには、それを正当化する適切な理由を見つける必要がある。それは、［もしそうでなければ］実務に壊滅的な打撃を与えることになるということである。

　［また］幸いにも、そのための理由づけは、2007年2月19日の法律によって、新しい民法2011条が信託に付与した定義その中に見出すことができる。特に、この法律の起草者が、民法2011条が規定している信託の定義自体に、信託に供される財産は、［信託目的に供された］充当資産（un patrimoine d'affectation）でなければならないという文言を含めていることは、注目されるべきである。

　このことは、充当資産を創造することは、信託制度の単純な要素ではなく、信託という概念自体を構成するための要素であることを意味するものであり、これが2007年2月19日の法律の意図したところである。このことから、立法者は、この新しい法律によって、全ての信託を規制しようとしたのではなく、充当資産を構成するところの信託のみを規制しようとしたと考えることが可能になる。そうすると、充当資産のない信託担保を［この法律とは別に］設定する可能性も残されたままであり、また、金銭質権やダイイ譲渡のような制度は、2007年2月19日の法律によって作られた新たな法制度に服さないと考えることが可能になる。

いずれにせよ、この問題が、2007年2月19日の法律によって明確な形で解決されなかったことは遺憾である。その原因は、信託を［担保を超えて財産管理制度として］一般的に認めるかという問題は、既に長年にわたって議論されてきた［問題である］にもかかわらず、逆説的ですが、この法律が、あまりにも急いで採択されたことにある。［次に新法にいたるまでの道のりについて述べていきたい。］

4）2007年2月19日の法律までの道のり

（1）マリニ議員法案の提出まで

実は、既にフランスにおいて、最初の準備草案は、1989年にフランスの民間の企業団体によって作成されていた。続いて、1990年には司法大臣によって法案の準備草案が作成され、1992年には国民議会に法案が提出されていたのである。

しかし、この法案は採択されなかった。その当時、財務大臣は、［信託が］資金浄化に利用されたり脱税の方策として用いられることを危惧し、この法案に猛反対したのである。このように、財務大臣は、［信託を導入するという］この改革には懸念を有していたのである。

更に、1995年に別の法改正が試みられたが、これもまた成功には至らなかった。このようにして、［信託］法案は結局葬り去られたと考えられても致し方ない状況であった。

そのため、グリマルディ委員会が担保法の改革作業に取り組んだ際に、われわれは、信託担保を認める民法の規定の起草を始めており、信託についての一般的な条文［の民法への導入は］は無理なので、信託担保［のみ］を民法に導入することがわれわれのグリマルディ委員会が行うべきことであると考えていた。

（2）マリニ議員法案の提出

ところが、既にわれわれがこの作業［即ち、信託担保についての条文の起草作業を］をかなり進めた段階になって、ある元老院の議員、即ちフィリップ・マリニ議員が、2005年に信託についての法案を提出したため、司法大臣は、われわれにこれ以後は信託担保については検討しなくてよいと通告してきたのである。

そして、司法大臣と財務大臣の下に同時に1つの委員会が設置され、この委員会が、マリニ議員の法案に基づいて新たな［信託］法案を準備することになったのである。この委員会は実際に設置されたものの、実効的な作業を行うのにはあまりにも委員が多すぎ（40名）、実際に会合が開かれたのはほんの数回にすぎなかった。そのため、［起草］作業はもっぱら司法大臣及び財務大臣の下の担当部

Ⅲ　その他

署により進められ、とりわけ後者によって進められることになった。そのこと
は、少なくとも2007年2月19日の法律を眺めると、3分の2が税務関係の規定で
占められていることからも理解できるところである。

　その後、こうして司法大臣と財務大臣によって作られた法案は、元老院に提出
され、2006年10月に可決され、2007年1月に国民議会に送付された。国民議会で
は、議員に対して条文に一切変更を加えてはならないという指示がなされ、元老
院送付法案どおりに投票がされることになり、両院協議会は開かれることはな
かった。政府は、［大統領選挙を控えて］この条文は会期末まで即ち2007年2月末
までに絶対に採択されなければならないと考えていたのである。

　元老院と国民議会の議員らは、こうして、コルネリアンの悲劇にも似た選択を
迫られたのである。即ち、会期末までに投票が行えなくなっても条文を批判的に
綿密に検討するか、または、司法大臣と財務大臣とによって起草し直されたマリ
ニ元老院議員の法案をそのまま採択するか、の選択を迫られたのである。後者の
選択［の背景］には、不完全なところがあっても、まずは壁を乗り越えたほうが
よく、その後に、いつでも必要な修正を条文に加えればよいという思惑があっ
た。

　［このようにして］元老院と国民議会の議員らは、［会期中に］この条文を採択す
ることを選んだのである。しかし、これはまったく遺憾なことであり、あまりに
も急いで作られたこの法律には改めなければならない数多くの不備が認められ
る。

　事実、2007年2月19日の法律は、［財産］管理方法としても（Ⅰ）、担保として
も（Ⅱ）、その有用性が制限されているという不備がある［要するに、このままで
は殆ど使えない代物］。ただし、このような状況は近い将来［改正により］改善さ
れる可能性がある。というのは、政府は、現在、再生手続法の新たな改正に取り
組んでいるところであり、この改正の際に、信託についての条文も［あわせて］
改正されることは必至だからである［2008年に信託担保の規定が民法に導入されて
いる（訳者後書参照）］。

184

I　新たな信託の「財産」管理方法としての利用可能性は少ない

　条文が実際に作られたので、［財産］管理方法としての信託の利用可能性は否定しえない。しかし、それは少なくとも、法の不備が契約によって修正可能であればという条件つきである。信託の利用可能性は、議会が考えていたものとはかけ離れている。なぜならば、議会において特に想定されていた［形での］信託の利用を妨げる欠陥がこの法律にはあるからである。

A　実際に［財産］管理信託を利用する方法
1）リスクを伴う活動についての財産分離不完全の問題

　［財産］管理信託を実際に利用可能なものにするために、契約によりどのような取決めをしておけばよいのかを考える前に、まず、この［信託管理という］技術は、信託財産を超える損失を生じさせるリスクを伴う活動が含まれることを強調しておく必要がある。

（1）財産分離の原則の不十分性

　事実、信託が充当資産を供与するものであるとしても、信託財産と委託者の財産との分離は完全なものとはされていない。［確かに］充当資産の提供についての［独立性の］原則は、民法2011条によって認められ、また、民法2025条1項でも再度認められている。そこでは［2025条1項では］、「信託財産は、財産の管理または保存により発生した債権を有する者によってのみ差押えが可能である」と規定されている。

　ところが、条文を続けて読んでいくと、この財産の分離は実は不完全なものであることがすぐに分かる。なぜならば、民法2025条2項によれば、信託財産の管理または保存により生じた債権を有する者は、［信託］財産が十分でなければ、委託者の財産に対して権利を行使できるものと規定しているからである。

　ここに、もし［財産］管理信託が、危険を伴う事業を目的としている場合には、委託者にとって大きな危険が潜んでいることになる。即ち、もし［受託者による］信託財産の運用が失敗し、事業が支払停止状態に陥ってしまったならば、設定者まで倒産する危険があるのである。

Ⅲ その他

（2）合意による排除の可能性 ── しかし無意味

確かに、信託契約で２つの例外を認めることが可能とされているが、［これは］実際には意味のあるものではない。

① まず、民法2025条３項は、［信託］契約において、信託の負債となる債務を信託財産のみに限定することを認めているが、この限定はまやかしにすぎない。というのは、この条項は、それを明示的に承諾した債権者に対して対抗できるにすぎないからである。

② 次に、民法2025条２項では、契約により、債務の全てまたは一部を受託者の負担とすることを可能としているが、このためには、受託者が、財産管理に結び付けられた危険を全て受託者のみが負担すること、そして、委託者に対して求償しないということを承諾していることが必要になり、このようなことが実際に行われるかは、きわめて疑わしいところである。

（3）特別の法人制度の創設によるべき

［財産］管理信託が実際に用いられるものになるためには、積極財産を受託者に移転させ、この活動に結び付いた債務はこれ［信託］に関連する積極財産のみによってカバーされることを保証して、危険の伴う活動を［委託者の財産から］分離することが必要であろう。しかし、このような結果を実現しようと欲するならば、［信託ではなく］フランス法にそのための特別の法人［制度］を創造することが必要であろう。信託では十分ではない。

２）危険を伴う財産管理以外についての問題点

とりわけ危険な活動を伴う財産管理の事例を別にするならば、確かに信託は新たな財産管理方法として利用は可能であろうが、しかし、そのためには［以下の］３つの問題点についての慎重な配慮をすることが必要になる。

（1）特殊な事業者への財産管理を委ねる可能性について

まず、第１の問題点は、2007年２月19日の法律は、受託者は、信託に供された財産の管理を特殊な事業者に委ねることができるかどうかについては、何も規定していないために生じる。信託契約で、このような［特殊な事業者に財産管理を委ねる］ことができるのであろうか。

一方で、信託契約は誰との契約かを重視して締結されるものであり、他方で、2007年２月19日の法律は、金融機関と保険会社のみが受託者となれると規定しているので、［信託財産の管理を特殊な事業者に委ねることが］可能かどうかは明らか

ではない。

　しかし、この点については、判例により、イギリス法のトラストについてと同じ解決を認めることは可能であると思われる。即ち、委ねられた管理は依然として受託者の責任の下に行われるということを要件として、受託者が、［信託］財産の管理を［他の者に］委ねることを認めることができるであろう。

（2）　裁判所による受託者の権限の変更の可能性

　第2の問題点は、2007年2月19日の法律は、裁判所が、受託者の権限を変更することができるかという問題について、規定が不完全であるということに由来する。

　実際には、この［受託者の権限の］変更の問題は重要である。なぜならば、信託というものは長期にわたって継続するものだからである。民法2018条［2号］によれば33年まで可能であり、次の改正では99年まで可能とする予定である。このような長い期間の間には、当初に予定した受託者の権限を変更することが必要になる場合もありえ、これを認めることが、新たな必要性に対応することを可能とし、また、実効的な管理を確保するために必要である。

　確かに、民法2028条は、信託が受益者により承認されるまではその同意なしに、他方、［受益者によって信託が］承認された後は、受益者の同意を得てまたは同意に代わる裁判所の判決を得て、設定者が信託契約の変更ができることを規定している。しかし、この条文は、設定者の要求による変更しか認めておらず、［むしろ］裁判所の管理の下に、受託者または受益者の求めによっても行うことができるようにすべきである。

　それ故［民法の規定では認められていないので］、信託契約自体において、このような変更の可能性を明示的に約定しておくことが必要である。

（3）　委託者による信託契約の撤回の可能性

　最後に第3の問題点であるが、民法2028条は、一方で、受益者が承認をするまでは、設定者は信託契約を撤回できることを規定しつつ、他方で、受益者の承認後には、［信託］契約の撤回のためには、原則として受益者の同意を必要としているところにある。

　しかし、［財産］管理信託の場合には、委託者は同時に信託の受益者であり、このことは、［財産］管理信託はどんな場合でも、委託者が［信託契約を］自由に撤回できるということを意味することになる。［ところが、それは起草者の意図せ

Ⅲ　その他

ざるところではなく］まさに、議会審議において、予見しえない財政困難な状態
に直面した場合に、設定者が信託財産を取り戻すことを可能にすることが明確に
考えられていたのである。

　この点は、受託者（*trustee*）の管理の独立性を確保するために撤回できないト
ラストを作ることを認めるイギリス法に対して、フランス法の劣っているところ
である。ただし、この条文が強行規定か否か、また、委託者は、信託契約におい
て撤回の権利を放棄することができるのかは解釈の余地があろう。

　以上のような問題点はあるが、信託は、財産の新たな管理についての興味深い
方法といえるであろう。しかし、それは［即ち、実効的に信託が用いられるような
事例は］恐らく議会が当初考えていた事例ではない。

B　［立法］作業の準備段階で考えられていた［財産］管理信託の特殊な利用に
　　対する疑念

1）起草者が考えていた財産管理信託の3つの利点

　国民議会及び元老院の法務委員会によって提出された報告書を読むと、2007年
2月19日の法律の起草者は、［財産］管理信託［制度］を創造することによって、
フランス法に3つの改善をもたらそうと考えていたことが分かる。

　① まず、ポルタージュ取引（opérations de portage）に新たな根拠を与えるこ
と、

　② 次に、デフィゾンス取引（opérations de *defeasance*）に新たな限界付けを与
えること、そして、

　③ イギリスの担保受託者（*security trustee*）という概念を認めること、［の3
つ］である。

　ところが、この3つの点について、この新しい法律の制定がどれほど寄与する
のかは疑問であり、寄与するところはないとさえいえる。

2）ポルタージュ取引について

　ポルタージュ［取引］については、この法律の起草者は、ポルタージュ取引の
多くが、実際には、取得した財産［通常問題になるのは株式］を後日指図者に、あ
らかじめ定められた価格で譲渡する義務を負担して、指図者の計算において所持
人が第三者のために［財産を］取得するというものであることを考えていなかっ
た。

これがトラストとは異なる点である。このような取引は、2007年2月19日の法律に基づいて行うことはできない。なぜならば、民法2011条の文言によれば、信託は、設定者によって行われる所有権の移転でなければならず、受託者のために第三者によって行われる［所有権の］移転は考えられていないからである。［このように］信託の構造は、多くのポルタージュ取引の仕組みには対応していない。

　3）デフィゾンス取引について

　デフィゾンス取引についても同様であろうか。

　デフィゾンス［取引］は、会社がその債務の1部を他の会社に譲渡すると同時に、債務の弁済のために積極財産を譲渡することにより、貸借対照表を改善しようとする取引である。このような取引が、国民議会の法務委員会の報告書が考えていたように、信託により行えるのであろうか。

　［この点］行えるかどうかは明確ではない。なぜならば、信託を定義する民法2011条は、財産、権利または担保、ないしは財産、権利及び担保の集合体を譲渡することを予定しているからである。この条文は、債務の移転の可能性については想定していないのである。［即ち］積極・消極の要素からなる財産を移転することが可能とは考えられていない。

　債務の移転について関連規定を置いているのは、2007年2月19日の法律の12条だけである。しかし、それは会計関係の規定にすぎず、「民法2011条に規定された取引限度内で移転される積極・消極の要素が充当資産を形成する」と規定しているにすぎない。しかも、民法2011条は消極財産の移転は規定していないことを無視している。

　こうして、信託はデフィゾンス取引の根拠とすることができると言い切れるかは疑わしく、この問題を解決するために、再生手続法の次の改正に際して、民法2011条に債務の移転の可能性を明示的に規定すべきことが提案されている。この予定されている再生手続法の改正は、［次に述べるように］フランス法において、2007年2月19日の法律により担保受託者「制度」を作ろうとした点についての立法過誤を正すいいチャンスでもある。

　4）担保受託者制度について

　2007年2月19日の法律の起草者は、組織化された与信、即ち複数の銀行、［いわゆる］銀行グループ（pool bancaire）により、特に重要なプロジェクトに対して融資をするための与信が約束される事例について、イギリス法と比べてフラン

Ⅲ　その他

ス法が劣っている点を改善しようと考えていた。

（1）イギリスの担保受託者制度

　イギリス法では、これはトラスト（*trust*）という技術を用いることで容易に実現できる。複数の銀行の1つが、銀行グループの代表になり、受託者（trustee）となって、トラストの受益者である他の銀行の計算において、とりわけ銀行グループのメンバー全員のために担保を設定させ、また場合によってはそれを実行するなど、与信を管理するのである。

　この組織の代表である銀行が担保受託者（*security trustee*）となるという方法は、とりわけ銀行グループの構成が変わった場合に利点をもたらすことになる。当初、融資に参加していた銀行［グループのメンバー］の1つが、脱退しようとして、その有する債権を他の銀行に譲渡すると、この譲渡を受けた銀行が今度は債権者のために債務者により設定された担保の利益を受けることになる。この場合、公示について特別の方式は必要ではない。何故ならば、はじめから［代表である銀行がなるところの］受託者（*trustee*）の名で担保は取られているからである。

（2）フランスの法状況

a）フランス法のこれまでの法状況

　［これに対して］フランス法では、これ［担保受託者制度］に匹敵する制度がないために、これまでは、委任の方法を用いてこれと同様の結果を実現するしかなかった。即ち、担保を各銀行の名でとっておいて、当事者間において撤回できない委任とし、「担保の代理人」として構成して［この担保代理人により］、さまざまな担保の登記、管理、場合によっては実行が委託されていた。

　しかし、この構成は、信託ほど柔軟なものではない。［委任の方法では］担保を銀行グループのそれぞれの名でとることになり、担保の受託者の名でとるのではないので、このグループからある銀行が脱退しその有する債権を他の銀行に譲渡しようとする場合には、公示方法についての手続きを充たして債権についての担保の譲渡を第三者に対抗できるようにしなければならないことになる。

b）民法2328-1条の新設

　この点を改善するために、2007年2月19日の法律は、民法典に、物的担保に適用される一般規定の中に、2328-1条を新たに導入し、「担保される取引の債権者の計算において、その債務を証する書面においてこのような目的のために債権者らが選任した者によって、登記をし、管理、実行することができる」と宣言し

た。

　［しかし、］残念なことに、この改正は実務を何ら変えるものではない。なぜならば、この条文は、担保の登記、管理そして実行のみについて規定しているにすぎないからであり、また、担保が、担保代理人によってグループのメンバーの名で設定が可能であるということを規定しているにすぎないからである。［しかし］他の債権者の計算において、担保代理人の名によって担保の設定［管理、実行］を可能にすることのみが、担保を有する債権者を変更することなく、銀行グループの構成員の変更を可能とするものなのである。

　やはりこの点についても、［近く予定されている］次の改正の際に、民法2328-1条に、全ての物的担保は他の債権者の計算において設定され、登記され、管理されまた実行されることを可能とする規定をすることが提案される。このような改正は、2007年2月19日の法律の信託担保についての重大な不備のいくつかを改善することにもなる［2328-1条は、2017年5月4日のオルドナンス2017-748号により削除された］。

II　新たな信託の担保としての利用可能性は少ない

　2007年2月19日の法律の不備は、この［担保という］点については、［起草］準備作業における［信託の］観念についての根本的に誤った理解に基づいている。この法律の起草者は、［財産］管理信託と信託担保とを区別せず、信託についての民法典の規定全部を［財産］管理信託のみならず信託担保にも適用しようとしたのである。

　しかし、この2つの［信託の］利用は根本的に異なったものである。［財産］管理信託では、受託者は、決して財産を自己の利益のために管理するのではなく、それは多くは委託者その者であることが多く、信託の受益者の利益のために管理をするものにすぎない。これに対して、信託担保では、受託者［債権者］は、専ら委託者である債務者の支払不能から自分を守るために、即ち自己の利益のために［信託された］財産を保有するのである。

　この2つの［担保と財産管理についての信託の］技術は根本的に異なるものなので、実際にはこの2つについて同じことが問題となることはなく、立法者は両者についての統一的な規定を採用したが、それはよからぬ結果をもたらすものであ

Ⅲ　その他

る。

このようにして、現在、［信託についての］新法は担保という機能のためには全く不適切な規定を含んでおり（A）、他方で、2007年2月19日の法律には、信託担保として良好に機能するために必要な規定が欠けている（B）［2008年に担保編と「信託担保」の規定が導入される（訳者後書参照)]。

A　担保という機能からは適切ではない規定の存在

［担保としては］適切ではない規定の例として、4つの規定を挙げることができる。

1）受託者になれる者に関しての不備

まず［最初の規定は］、受託者となることができる者にかかわるものである。当然または選択により会社に対する課税に服する法人のみが受託者として認められているが、これは、信託が脱税方法として用いられるのを阻止するための制限である。

しかし、このような制限は、その性質上、［財産］管理信託の事例においてのみ意味のあるものにすぎない。しかし、信託担保にも適用されるのに、このような制限をしたために、立法者は［信託担保には］妥当しない規定を置いたことになる。

［これに関連して］新民法2029条1項は、信託契約は、設定者が会社への課税の選択を放棄した場合には終了すると規定している。このような規定を置くことにより、立法者は、新しいカテゴリーの担保を創設したことになる。即ち、債務者が自由に撤回できる担保である。なぜならば、委託者は、このような税務上の選択をすることにより、信託担保を消滅させることができるからである。

幸いなことに、実際にはこのようなことはめったに起こりえない。確かに、このような撤回は可能であるが、それは非常にまれだからである。

2）受託者たる会社の会社譲渡または合併による消滅

信託担保へ適用することが適切ではない第2番目の規定は民法2029条2項である。この条文は、「受託者が……［会社が］譲渡または吸収合併により消滅した場合」、信託契約は当然に終了するものと規定している。これは、2つの銀行が合併することによって、銀行のいずれかが自己の設定を受けた信託担保の利益を失う危険があることを意味している。

確かに、この条文は、「（信託契約において）契約が存続する要件を定めておくことにより」そのような結果を避けることを認めている。しかし、そのためには、［信託］契約でこのことを規定しておくことが必要である。このような可能性があるとしても、［付従性のある］従たる担保なのに、その中でその担保する債権と共に［担保が］移転することを明示的な契約条項で定めておかなければならないというのは、やはり驚きであることに変わりはない。

3）受託者が買受人になることの禁止

他の例ほどの重大なものではないが、［不適切な規定の］第3の例として、2007年2月19日の法律17条があり、一般規定として、受託者が信託に供された財産の買受人となることを禁止している。［財産］管理信託の場合には、場合によってはありうるため、受託者による濫用から受益者を保護する必要があり、このような禁止は理解できるとしても、信託担保の場合には、このような禁止は何の意味もない。

4）書面に被担保債権の記載が不要な点について

第4［の不適切な規定］は、信託契約は書面による契約でなければならず、これに違反すると無効とされるが、［その書面の中に］記載されなければならないリストに関わる規定である。

［記載がなされるべきリストの中には］信託担保が設定される被担保債権は掲げられていない。立法者は、［債権の記載を要求せず］全ての債権を担保する根信託担保（fiducie-sûreté omnibus）の有効性を認めようとしたのであろうか。もしそうだとすると、物的担保の被担保債権についての特定性の原則は、担保についてのフランス法の一般原則であり、2006年3月23日のオルドナンスによってフランス担保法の近時の改正に際しても明確に再確認されているため、驚くべきことになる。

ところが、ある弁護士は、この［リストに被担保債権が挙げられていないという］規定の不存在を論拠として、充塡できる信託担保（fiducie-sûreté rechargeable）が創造されたものと考えている。即ち、同一の債権者のために新たな債権を担保する何度も利用可能な信託担保が認められるというのである。

しかし、私はそのような解釈は無理だと考える。現在の条文では、特定性の原則に対してそのような例外が認められるためには、充塡可能な抵当権についてのフランス法のように、明確にそのことを認める条文が必要だと考えるからであ

Ⅲ　その他

る。ところが、この点について明確に認める条文はないのである。

　2007年２月19日の法律の中に信託担保についての特別規定がないことに由来する、［信託担保のために］あるべき規定が欠けているというもう１つの問題点はもっとやっかいなものである。［この点を次にみていこう。］

B　担保の機能を持つ［信託のために必要な］法制度が欠けていること

　あるべき規定の欠缺は、２点に整理できる。まず一方で、担保の実行についての［規定が欠けているという］問題があり、この点について立法者は全く想定していない。しかし、契約でこの点について対処できるので、この問題点は乗り越えられないものではない。他方で、信託担保についての公示制度が作られていないという問題があり、これはより深刻な問題である。

１）信託担保の実行手続きについての規定がない ── 流担保の合意について

　［まず］信託担保の実行について、この法律が何ら規定を置いていないことは、本当に驚くべきことである。

（1）再生手続きが開始しても実行できる

　政府が、担保法の改正によって、伝統的な物的担保についてさえ流担保の合意（pacte commissoire）の有効性を認めたものの、債務者についての再生手続きが開始された場合には実行できないことを認めることにより、その実効性を失わせてから１年も経っていないのに、立法者が政府の要請によって［立法をしたというのに］、委託者についての再生手続きが開始しても同様の制限をすることなく、信託担保を実行することを認めたというのは、非常に注目されるところである。

　このことから、2005年と2006年の担保法と再生手続法についての相次いでの改正と信託についての2007年２月19日の法律との間に整合性が全く欠けていることが分かる。但し、部分的には、整合性は再生手続法の次の改正によって改善されるであろう。［この改正では］困難な状況にある企業の再生ないし更正計画が採用された場合に、信託担保の効力を制限することが予定されているからである。

（2）目的物の価格の評価・清算義務について

　［さらには］担保法改正において、伝統的な物的担保について流担保条項を原則として有効とするに際して、担保設定者を保護するために、設定者に支払遅滞が生じた場合に、流担保条項の実行のためには財産の価格が決定され（市場価格

があったり、鑑定人により)、また、その価格が残債務の額を超えるならば、担保設定者にその価値との差額を返還することを要件として初めて所有者になれるものとされていること[との関係も、信託担保については]も指摘できる。

ところが、2007年2月19日の法律には、これに匹敵する規定が置かれていない。信託[担保の]債権者は、担保に供された財産についてなんらの制限なしに最終的に所有者になれるのであろうか。

そのような解決は明らかに受け入れがたいものであるが、信託担保の債権の付従性(caractère accessoire)に基づいてこの欠缺を補うことができる。[担保の]付従性から、実行によって債権者は被担保債務の正常な履行がされた場合に得られる利益を超える利益を受けることはできないということが導かれる。その結果、債務者の支払遅滞の場合に、信託[担保の]債権者は担保に供された財産を、残債務の額と担保に供された財産の価格との差額に匹敵する額を債務者に返還することを要件として[精算義務]、所有権を保有できるにすぎず、これに反する条項は一切無効と考えられる。

2)信託担保の公示制度がない

この法律のもう1つの不備は、信託担保の公示のための特別の制度が存在していないということである。

事実、[財産]管理信託を中心として構築されている2007年2月19日の法律は、信託契約の第三者への対抗問題に関しては、受託者の承継人に対する対抗しか想定しておらず、委託者の承継人への対抗については何ら規定していない。しかし、この後者の点[即ち、委託者の承継人への対抗]は、信託担保の事例においては、極めて重要な問題である。

この不備のために、信託担保の債務者[=設定者]の承継人への対抗は、原則として、権利移転行為について適用される一般原則によって規律されることになる。

a) 不動産について

不動産については、問題はさほどやっかいなものではない。というのは、[そもそも]信託契約も不動産登記の規律に従わなければならないからである。ところが、新民法2019条2項は、この新しい不動産担保の対抗要件としてではなく有効要件として、証書の公示と登記を要求するという、非常に奇妙な規定となっている。このことから、信託担保は、公示が怠られた場合に無効となるというフラ

Ⅲ　その他

ンス法における唯一の不動産担保になる。

　b）動産について

　動産（biens meubles）を目的とする信託担保については、2007年2月19日の法律は、設定証書が1ヶ月以内に登記されることを要求し、それがなされないと［信託契約は］無効となるものとしている。この法律は、信託についての全国レベルの登記制度の創設を予定しているが、信託担保の公示制度［を創設すること］こそがなされるべきである。

　この法律の起草準備作業からは、きわめて明確に、問題とされている登記は、課税上の管理のための情報を確保するということ、また、資金浄化対策に役立たせようということが、目的とされているにすぎないことが分かる。第三者に向けられた公示制度が考えられていたのではないのである。

　以上のように、信託担保の対抗問題は、設定者の承継人についてのみ有体動産・無体動産に共通の権利移転に適用される一般法によって規律されることになり、その結果、動産の信託担保は、［対抗力が認められるためには］必然的に占有を奪う信託担保ということになり、また、債権の場合には通知を伴う信託担保ということになる。［信託担保についての］公示制度が構築されていないために、債権者がその債務者［＝設定者］の承継人に対して実効的に自己の利益を保全しようとすると、［動産については］占有を奪うしかないことになる。

　しかしそれでは、この新たな担保の実益が失われてしまうことは明らかである。なぜならば、既に占有を奪う質権または債権についての新たな質権は、［信託担保のように］その有効性を登記という要件に服せしめられることなしに、債権者は有効に質権の設定を受けられるからである。

結　語

　結論を述べると、確かに2007年2月19日の法律は、フランス民法の展開の中で、理論的には重要な1つの段階であることは否定できない。しかし、この法律は、現在のところその有用性は非常に限定されたものであり、その施行より1年も経つのに、この法律が適用される信託契約は、たった2つしか締結されていないということの持つ意味は極めて重要である。

　残念ながら、この問題への対応はまだ無理な状況にある。というのは、今のと

11 フランス民法典への信託の導入

ころ、［何度も言及したところの］準備草案は、司法大臣及び財務大臣とによって最終的にはまだその内容が決定されていないからである。

しかし、そのおかげで、将来の改正がどう行われたのかを次の講演会でお話しするために、またこの大学に来ることができるという楽しみが私に残されたのである。

【訳者後書】本講演は2008年2月になされており、2007年2月19日の法律2007-211号を議論の対象としている。その後、民法の信託規定を改正する2008年8月4日の法律が成立している。また、本講演時では信託担保（日本の譲渡担保）についての特別規定はなかったが、「信託に関するいくつかの改正を施す2009年1月30日のオルドナンス2009-112号」（l'ordonnance n° 2009-112 du 30 janvier 2009 portant diverses mesures relatives à la fiducie）により、信託編の規定にではなく、担保編に「担保として設定された信託」（La fiducie constituée à titre de garantie）と題して一連の規定が導入されている。この結果、①財産管理のための「管理信託」は信託編の規定により規律され、②信託担保は、民法第4編「担保」第2章「物的担保」第2款「担保として譲渡された所有権」（2372-1条以下）により規律され、信託の規定で「信託担保」に特化した規定がないという本講演でクロック教授が懸念されていた問題は解決されている。その意味で、本翻訳ではこの点が欠けており、平野裕之「フランス民法担保編における譲渡担保規定の実現」法学研究82巻8号（2009年）77頁以下でこれを補った。

ところが、動きの激しい現代社会また分野でもあり、2021年の担保法改正（2021年9月15日のオルドナンス2021-1192号）により更に大きな改正がされている。第2款「担保として譲渡された所有権」が更に細分化され、第1部「担保としての信託」という表題を従前の規定の前に付け、第2部「担保としての債権の譲渡」を新設し、2372条、2373-1条から2373条-3に債権についての規定を追加し、また、第3部「担保としての金銭の譲渡」を新設し、2374条、2374-1条から2374-6条を追加した。また、不動産の信託担保を、不動産担保の第四章「担保としての信託」を創設しここに移すと共に新設規定を追加し、2488-1条から2488-5条としている。そのため、信託担保についての上記論考も、2021年改正を踏まえて補完する必要があるが、後日を帰したい。

なお、2007年信託法またその2008年及び2009年改正に関する参考文献として、金子敬明「フランス信託法の制定について」千葉大学法学論集22巻1号（2007年）174頁、森脇祥弘「フランス信託法の形成過程」高岡法学19巻1・2号合併号（2008年）95頁、クリスティアン・ラルメ（野澤正充訳）「フランス信託法の制定──2007年2月19日法律」信託235号（2008年）49頁、同「信託に関する2007年2月19日の法律（フランス）」立教法務研究2号（2009年）63頁、山田希「フランス信託法の基本構

197

Ⅲ　その他

造」名古屋大學法政論集 227号（2008年）597頁、小梁吉章『フランス信託法』（信山社、2011年）、中原太郎「フランス民法典における『信託』について」水野紀子編著『信託の理論と現代的展開』（商事法務、2014年）253頁、原恵美「フランスにおける担保目的の信託 ―― 財産の集合的把握の基礎理論との関係において（１）」学習院大学法学会雑誌50巻１号（2014年）183頁などがある。

資料　信託についての民法規定の試訳

・2007年2月19日の法律2007-211号（講演時の規定）

民法典第14章　信託

2011条

信託は、一人又は複数の設定者が、財産、権利若しくは担保又は現在及び将来の財産、権利若しくは担保全体を、一人又は複数の受託者に移転し、この者が、これらを自己の固有財産と分別して、特定された目的の下に一人又は複数の受益者のために管理をする取引である。

2012条

信託は法律又は契約により成立する。信託は明示的になされねばならない。

2013条

信託契約は、受益者のための恵与の意図で行われた場合には無効である。この無効は、公の秩序にかかわるものである。

2014条

当然に又は選択により会社についての課税に服する法人のみが、［信託の］設定者となることができる。設定者の信託に基づく権利は、会社についての課税に服する法人以外の者に有償で譲渡することも、無償で譲渡することもできない。

2015条

金融・財政法典L511-1条に明記された与信機関、同法典518-1条に列挙された研究所及び公的機関、同法典531-4条に明記された投資企業、並びに、保険法典310-1条に規定された保険会社のみが、受託者となる資格を有する。

2016条

設定者又は受託者は、信託契約の受益者又は受益者の一人となることができる。

2017条

信託契約における反対の約定がない限り、設定者は、いつでも、［信託］契約の履行に関連してその利益を保全することを任務とし、法律が設定者に付与しているのと同一の権限を有する第三者を選定することができる。

2018条

信託契約は以下の内容を定めていなければならず、これを欠くときは無効である。

1　移転される財産、権利及び担保。それが将来のものである場合には、特定が可能なものでなければならない。

2　移転している期間。これは契約締結から33年を超えることはできない。

3　設定者

4　受託者

5　受益者又はその選定がない場合にはその選定のための規則

Ⅲ　その他

　6　受託者の義務、管理及び処分権限の範囲

2019条

　信託契約及びその事後的な変更・補足の合意（avenants）は、受託者の本社における課税事務、受託者がフランスに住所を有しない場合には、非居住者の課税事務の日から起算して1箇月以内に登録がなされなければならず、それがなされないときは無効となる。

　信託契約が不動産又は不動産物権を対象とする場合には、租税一般法典647条から657条に規定されている要件に従い公示がなされなければならず、それがなされないときは信託契約は無効となる。

　信託契約から生じる権利の移転、及び、信託契約により受益者が選定されていない場合にその事後的な選定は、同じ要件で登記された証書によって行われなければならず、これを欠くときは無効である。

2020条

　信託の全国レベルの登記が、コンセイユ・デタのデクレによって定められる方法に従ってなされなければならない。

2021条

　受託者が、信託の計算の下に管理を行う場合には、そのことを明示的に示さなければならない。

　信託財産が、その移動が公示に服する財産又は権利を含んでいる場合には、受託者の名にその資格が付記されなければならない。

2022条

　信託契約は、受託者が設定者の計算において自己の任務を行うための要件を規定しておかねばならない。受託者は、契約によって定められた期間ごとに、受益者及び2017条の適用により選定された第三者に対して、その要求によりその任務についての報告をしなければならない。

2023条

　第三者との関係において、受託者は信託財産について一切の権限を有するものとみなされる。ただし第三者が、その権限の制限を知っていたことが証明された場合はこの限りではない。

2024条

　受託者について、更正、再生及び司法清算手続きが開始された場合であっても、信託財産には影響はない。

2025条

　信託財産は、その財産の保存又は管理によって生じた債権を有する者によってのみ差押えができるにすぎない。信託契約以前に公示された担保に認められる追及権を有する債権者の権利、及び、設定者の債権者の権利に対するフロードの事例についてはこの限りではない。

　信託財産が十分ではない場合、設定者の財産が［信託］債権者の一般担保となる。但し、負債の全て又は1部を受託者に負担させる信託契約における反対の合意

がある場合にはこの限りではない。

　信託契約は、信託債務を信託財産のみに制限することもできる。但し、このような条項は、明示的にそれを承諾した債権者に対してのみ対抗することができる。

2026条

　受託者は、その任務の遂行に際するフォートについて、自己の財産によって責任を負う。

2027条

　受託者が、その義務に違反し、又は、委ねられた利益を害した場合には、設定者、受益者又は2017条の適用により選定された第三者は、受託者の変更又は仮の受託者の選任を裁判所に求めることができる。この要求を認める判決は、当然に受託者の解任の効果を生じさせる。

2028条

　信託契約は、受益者によって承諾されるまでは、設定者によって撤回をすることができる。

　受益者が承諾をした後は、［信託］契約は受益者の同意又は裁判所の判決によるのでなければ、撤回又は変更することはできない。

2029条

　信託契約は、期限の到来、期限到来前にその追求していた目的の達成、設定者が会社への課税の選択を止めたことによって終了する。

　受益者全員が信託を放棄した場合には、［信託］契約においてそのことが規定されているか、規定されていなくても、契約が存続していくための要件が規定されてない場合には裁判所の判決によって、［信託］契約は当然に終了する。受託者が司法清算又は解散の対象となる場合、若しくは、［会社が］譲渡又は吸収合併により消滅する場合も同様である。

2030条

　信託契約が受益者がいなくなったことにより終了する場合に、信託財産を構成する財産、権利及び担保は、当然に設定者に復帰する。

2031条

　設定者が解散した場合に、承継人が会社への課税に服する法人でないときには、信託契約が終了する前に信託財産を承継人に割り当てることはできない。この場合には、信託に関する承継人の権利は、無償で生存者の間で移転することも、有償で譲渡することも認められない。

・講演後の改正　2008年8月4日の経済現代化法2008-776号及び2009年1月30日のオルドナンス2009-112号等による改正

民法典第16章　信託
2011条〜2013条　改正なし

Ⅲ　その他

2012条　2項追加（2009年オルドナンス）

　　……

　信託財産に移転される物、権利又は担保が、夫婦共同体また共有に係る場合には、信託契約は公正証書によってなされなければ無効である。

2014条　削除

2015条　2項追加

　　……

　弁護士会の会員も、〔信託の〕受託者となる資格を有する。

2016条〜2017条

2018条　2号の33年を99年に変更

　　……

　　2　移転している期間。これは契約締結から99年を超えることはできない。

　　……

2018-1条　新設

　信託契約において、設定者が信託財産に供される事業用不動産または営業権の使用または利益享受を保持するものとされている場合には、このような目的を持つ〔信託の〕合意は、反対の合意がない限り、商法典第1編第4章第4節及び第5節〔の規律に〕に服さない。

2018-2条　新設

　信託のためになされた債権の譲渡は、信託契約または追加的合意を確証する日付より第三者に対して対抗可能となり、譲渡された債権の債務者に対しては、譲渡人または受託者によって債務者に対してなされた通知によって対抗可能となる。

2019条　4項追加（2020年2月12日の法律2020-115号）

　　……

　2017条の適用にかかる第三者の選定及び金融・財政法典L.561-2-2条に掲げられた信託の受益者が誰であるかは、受託者により書面で作成され、同様の条件で登録されなければならず、之に違反すると無効となる。

2018条〜2021条　改正なし

2022条　改正

　信託契約において、受託者が設定者にその任務〔の実行〕を報告する要件が定められなければならない。

　但し、契約の履行中に、設定者について後見が開始した場合には、受託者は、後見人に対してその要請に基づいて最低1年に1回その任務〔の実行〕について報告をしなければならない。契約によって定められた〔報告のための〕期間は影響を受けない。契約の履行中に、設定者について保佐が開始した場合には、受託者は、同様の要件の下に保佐人に対してその任務〔の実行〕について報告をしなければならない。

　受託者は、受益者及び2017条の適用により選定された第三者に、これらの者による要請があったならば、契約に定まった期間に従い、その任務〔の実行〕について

報告をしなければならない。

2023条～2026条　改正なし

2027条　改正

　受託者が、その義務に違反しは場合、委ねられた利益を害した場合、または、更正手続ないし司法再生手続の対象となった場合には、設定者、受益者または2017条の適用により選定された第三者は、受託者の変更または仮の受託者の選任を裁判所に求めることができる。この要求を認める判決は、当然に当初の受託者の解任及び信託財産の代わりに選任された者への移転という効果を生じさせる。

2028条　改正なし

2029条　改正

　信託契約は、自然人たる設定者の死亡、期限の到来、または、期限到来前にその追求していた目的の達成によって終了する。

　受益者全員が信託を放棄した場合には、その場合についての手続きについて信託契約で定められていない限り、当然に信託〔契約〕は終了する。同様の留保の下に、受託者について、司法清算手続きないし解散手続きが開始した場合、営業譲渡または吸収合併により消滅した場合、また、もし受託者が弁護士である場合には、活動の一時禁止が命じられたまたは登録の抹消ないし取消しがされた場合には、信託〔契約〕は当然に終了する。

2030条　２項追加

　　……

　信託〔契約〕が設定者の死亡により終了した場合に、信託財産は当然に相続財産に復帰する。

2031条　削除

12 近時のフランス法における資産（patrimoine）論の展開

原　恵美訳

　有限責任個人事業者（EIRL）に関する2010年6月15日法制定の端緒となった報告書の作成者であるグザヴィエ・ドゥ・ルーは、EIRL法が「オーブリ＝ローの名高い理論である資産の単一性の終焉を認めるもの」であるとするが、この表明は誇張である。本法によって資産の単一性が問題となるのは確かであるが、オーブリ＝ローの理論が完全に瓦解したとまで言えるのか。本講演では、オーブリ＝ローによって構築された資産に関する古典的理論が、今日も維持されているのか検討する〔訳者注：2022年2月14日法律2022-172号によって、EIRLは廃止されている〕。

　古典的理論とは、19世紀、1804年民法典によって誕生した概念に、法的な基礎付けを与える目的で構築された。この概念とは、民法典旧2092条および旧2093条—— 今日の2284条および2285条〔担保に関する2006年3月23日のオルドナンス2006-346号により条文の配置が変更された。〕—— に規律されているが、債務者の現在および将来の財産に対する債権者の一般担保権（droit de gage général）のことである。

　この理論は、各人の財産が統一的な集合を形成すると考えていなかった古法からの決別であった。古法時代、動産または不動産といった性質、あるいは特有財産（propres）または後得財産（acquêts）といった取得経緯によって、財産は、異なる扱いがなされていた。例えば、ある者が死亡した場合、故人が父から相続あるいは贈与によって取得した不動産は父系の親族に戻り、母から取得した不動産は母系の親族に戻ることになっていた。

　同様に、財産は、その性質次第で債務の引当てとなるかが異なっていた。これは、「動産は債務の拠り所となる（meubles sont siège de dettes）」という法諺によって表明されていた。

Ⅲ　その他

　しかし、この観念は、古法末期までに徐々に崩れ、フランス革命と民法典の誕生によって完全に捨て去られた。すなわち、一方で、共和暦2年雪月17日〔現行暦の1979年1月6日〕のデクレは、「法律は、相続を規律するにあたって、財産の性質または取得経緯による如何なる差異も認めない」と表明し、1804年民法典旧732条において同様に規定された[1]。他方で、旧2092条は、「自ら債務を負った者はいかなる者であっても、その現在および将来のすべての動産および不動産によって、その約務を履行する義務を負う」と表明し、さらに、旧2093条は「債務者の財産は、その債権者の弁済の共通の担保である。その代価は、債権者間で按分して配当される。ただし、債権者間に正当な優先事由がある場合はその限りにあらず」と規定する。もっとも、これら二つの条文内容が必ずしも明確ではないことから、精確な意味合いを与えるために、資産理論がア・ポステリオリに構築された。

　したがって、このように民法典によって承認された資産の単一性の基礎づけ、さらには、その資産の単一性の帰結として、如何なる債権者であっても、その債務者のあらゆる財産に権利行使できるという原則が導き出される理由を明らかにしなければならない。

　オーブリ＝ローは、資産を次のように定義する。すなわち、「資産は、法上の集合体（universalité de droit）であり、それは、その財産を専有する（appartiennent）人の単一性により、財産が法的な集合を形成する」。つまり、積極財産と消極財産の一体化の基礎づけは、人の単一性である。人を分割することができないのと同様、その財産や債務もまた分割できない。だからこそ、現在および将来のあらゆる財産が、現在および将来のあらゆる債務の引当てとなる。

　立法者は、改正によって、有限責任個人企業を創設し、さらには、充当資産（patrimoine d'affectation）の可能性を明示的に承認したことから、オーブリ＝ローの古典的な概念を完全に捨て去るという法的変革を推し進めているようである。もっとも、この変革は、具体的にどのような意味があるのか？そもそも指摘しておかなければならないのは、変革というよりもむしろ変化とする方が正確だということである。なぜなら、資産単一性の理論に対する例外は既に数多く存在しているのであり、新たな例外の出現に直面したとしても、驚くに値しないから

─────────────────

（1）存在する唯一の例外は、民法典738条以下の法定復帰権である。

206

である。この点は、第1部で検討する。第2部では、新たにできた例外の斬新さが、資産の保持者に積極財産のうち一部を分離することを認めることによって、自発的に資産単一性の規律に背く権限を認めた点にあることを明らかにする。

第1部　オーブリ＝ローの理論 ── 多くの例外を抱える原則

オーブリ＝ローの古典的理解によれば、資産とは、法人格の発現である。このことから、次の二つの帰結が導かれる。第一に、法人格の存在と資産の存在の間の結びつきを承認する。すなわち、法人格は資産の存在を意味するが、逆もまたしかりで、資産の存在は法人格を意味する（§1）。第二に、資産の不可分性を帰結する。すなわち、人が不可分であるように、資産もまた必然的に不可分である（§2）。

I　法人格の存在と資産の存在

法人格と資産の間の重要な結びつきは、互いを補完する次の二つの表明に基礎付けられる。一方で、資産は、必ず資産形成の正当化根拠となる人を前提とし、人のみが資産を保有する（A）。他方で、あらゆる人が資産を保有する（B）。20世紀終盤、この二つの表明に関する重要な例外が現れる。

A　人のみが資産を有するということ

伝統的理論によれば、人のみが資産を保有する。すなわち、自然人であろうと法人であろうと、資産形成の正当化根拠である人がいない限りは、資産は存在しない。しかし、今日、もはやこの点は必ずしも維持されていない。事実、1988年12月23日の法律は、共同投資ファンド（fonds communs de placement）および債権共同ファンド（fonds communs de créances）を創設した。これらのファンドは、法人格を有しない。本法は、有価証券の所持人（porteurs）がファンドの積極財産の共有者であるという共有状態が形成される。もっとも、共有の一般法と異なり、持分を有する出資者（souscripteurs）が、ファンドの積極財産の範囲でのみファンドの債務について責任を負うため、まさにファンド自体が、正真正銘の資産の長である。さらに、ファンド固有の資産の存在は、2003年8月1日の金

Ⅲ　そ の 他

融の安全に関する法律によって認められた。そこでは、債権共同ファンドが、そのファンド内部に複数の仕切られたポートフォリオ（compartiments）を作ることを承認する。これは、共有者の持分の安全を高めるための措置である。本法60条は、次のように規律する。すなわち、「民法典2093条〔現在の2285条〕の特則として、〈略〉反対の特約がない限り、ある特定のポートフォリオ（compartiments）を構成する積極財産は、そのポートフォリオに関係のある債務、約務、または義務のみの引当てとなり、そのポートフォリオに関係のある債権のみが受益する」。この規定により、本法は、債権共同ファンドを対象として旧2093条を適用するため、このファンドが正真正銘の資産の長であることを明白に承認する。ただし、あくまでも、このファンドには、法人格がない。したがって、ファンドは、一つの人格と結びつかない資産であり、これこそ資産の古典的理論に対する第一の例外で、実務上非常に重要な例外である。

　次に、あらゆる人が資産を有するという第二の表明が現状どうなっているのか検討する。

B　あらゆる人が資産を有するということ

　資産が人と結びつく以上、その保持者が存命中は、移転できない。つまり、資産そのものは、その一部であれ全部であれ、保持者の人格が消滅した場合にしか移転しないが、資産を構成する個々の財産は、その所有者の生存中に移転できる。資産の一部または全部の移転と法人格の消滅の結びつきは、商法典 L. 236-3条1項において会社の合併および分割の定義、さらに破毀院商事部2004年7月12日判決において承認されている。破毀院判決は、「合併法人に対して行う被合併法人の資産の包括移転は、被合併法人の消滅と切り離せないのであり、被合併法人が存続し続ける限り、実現することができない」とする。

　しかし、ここでもまた、判例は、分割の規定が適用される積極財産の一部出資について、この〔あらゆる人が資産を有するという〕原則に対する重要な例外をもたらす。一部出資は、ある会社が積極財産の一部を他の会社に出資するものであるが、商法典中に一条しか規定がない。すなわち、商法典 L. 236-22条〔2019年7月19日の法律第2019-744号により改正されている〕は、一部出資が、商法典 L. 236-16条ないし L. 236-21条に定められた分割の制度に従うとのみ規律する。問題は、ここで参照される条文は、分割の手続に関する規定だけであるという点であ

る。したがって、分割は資産そのものの移転であるとする商法典 L. 236-1 条が積極財産の一部出資の場合にも適用されるのかという問題が未解決であった。

こうした中、破毀院商事部1988年 2 月16日判決は、積極財産の一部出資が、出資される事業部門の積極財産と消極財産の包括移転を引き起こすことを認めた。この判例の結論は、以来、何度も繰り返し支持されている。これは、オーブリ＝ローの理論に対する重大な例外である。なぜなら、出資会社が移転によって消滅しない以上、資産の一部移転すなわち包括名義移転は、生者間において生じうることを意味するからである。この判決は、資産の支柱となるのが譲渡された事業であり、複数の独立した事業を有する法人は、複数の独立の資産を持ち得るという観念を認めているから非常に重要である。

ここにこそ、近時の充当資産（patrimoine d'affectation）の承認の土台、そして、以後検討する資産の不可分性の動揺の素地がある。

Ⅱ　資産の不可分性

資産は、人の発現であり、人は、単一の存在である。したがって、人は、一つの資産のみ有し、資産は分割できない。

資産の不可分性の原則は、将来の財産を含む全ての財産が、現在または将来のあらゆる債務の引当てとなるということを帰結する。この規律には、時として不都合が生じることがある。

例えば、ある者が死亡し、その者に積極財産よりも消極財産が多かった場合に、相続人の個人資産が減少してしまう。相続人は、限定承認をすることで保護される可能性がある。しかし、実際は、相続人が単純承認したものの、承認後初めて故人が多額の債務があったことがわかる場合がある。このような相続人を保護するために、2006年 6 月23日の法律による相続法の改正によって新たな保護が設けられた。すなわち、民法典786条において、相続人は、相続時において、債務の存在を正当な理由により知らず、かつその債務の支払が個人財産に対して深刻な負担となる場合は、相続債務を弁済する義務のうち、全部または一部からの減免を請求することができる[2]。これは、オーブリ＝ローの理論に対する、さらなる例外の誕生である。

さらに、資産の古典的理論は、事業に関する活動を行う際にも不都合を呈す

Ⅲ　その他

る。事実、資産単一性の原則は、個人財産であろうと事業財産であろうと、あらゆる財産がすべての個人債務および事業に関する債務の引当てとなることを想定している。これは、企業が危機的状況に陥ったとき、その事業者は、自宅や車などを失うリスクが高いことを意味する。事業者には、個人財産を保護する手段が一つある。すなわち、法人を設立し、その構成員が会社の債務につき無限責任を負わないような会社組織を選択することである。フランス法において、長らくドイツ法のような充当資産論が認められていなかったため、個人財産保護のためには、法人の設立が必然的であった。

　しかしながら、20世紀の終わり、フランス法は、展開を見せる。それは1985年7月11日の法律によって事業に関する資産を独立させる EURL（有限責任一人企業）の設立を認めた点にある。この一人会社の設立の可能性は、次のように拡大している。すなわち、

　　― 1999年6月23日の法律によって認められた一人会社の形式による自由専門
　　　職（profession libérale）
　　― 1999年7月12日の法律によって創設された簡易型一人株式会社（société par
　　　actions simplifiée unipersonnelle）
　　― そして、2004年に認められた〔ベンチャー企業に対する〕投資のための一人
　　　会社

確かに、一見すると、独立した資産を作るためには新たな法人の設立が必要である以上、古典的理論が尊重されている。しかし、実際にはそうではない。なぜなら、一人会社において、その人格は、自然人の集団に付与されているのではなく、特定の活動に法的な自律性を与えるために付与されている。したがって、立法者が、更に踏み込んで、資産の保持者に対して、新たに法人を設立することなく積極財産を分離する選択肢を与えることは、驚くに値しない。

第2部　資産の保持者に認められた積極財産分離のための新たな権限

　積極財産を分離する権限は、段階的に認められた。立法者は、資産の保持者に

（2）この訴権は、相続人が債務の存在および額を知った日より5ヶ月の間に行使しなければ
　　ならない。

積極財産を分離する不完全な権限を付与した後（§1）、積極財産を完全に分離する権限を与えた（§2）。

I　積極財産の不完全な分離の承認

　積極財産の不完全な分離の権限は、徐々に認められた。当初、事業者が、事業上の債権者に対しては、事業に関する財産から先に執行するよう指定する権限が認められた。この権限は、1994年2月11日の法律によって承認され、今日、民事執行法典 L.161-1 条に規定されている。すなわち、「個人事業者の事業活動に関する契約上の債権を有する債権者が、事業者の財産に対して、執行名義により強制執行する場合、その事業者は、事業の用途（exploitation）に必要な財産が当該債権の弁済を担保するのに十分な価値があることを証明（établit）することによって、当該債権者に対して、この財産から先に執行するよう請求できる」。

　このように、事業者は、事業上の債権者の執行の対象を事業に関する財産に指定する権限を有する。もっとも、事業者に個人財産の保護を認めるものであるが、事業上の債権者を満足させるのに充分な財産がある場合にのみ有効である。

　このため、2003年に、事業者に個人財産の差押え自体を遮断する追加的な保護手段が必要となった。すなわち、2003年8月1日の法律は、「事業上の登記簿（publicité légale à caractère professionnel）に登録された自然人または農業活動若しくは独立事業活動を行う自然人」全員に、その主たる居所の差押禁止申請を認めた。さらに、2008年8月4日の法律によって、この権限は、「事業の用途に充当されていない、あらゆる底地または更地（tout bien foncierbâti ou non bâti）」（商法典 L.526-1 条）に拡張された。

　商法典 L.526-1 条2項によれば、この申請は不動産登記簿に登記され、さらに、「申請者の事業活動に関するもので、その公示後に発生した権利を有する債権者に対して効力を有する」と定める。これは、申請者の債権者を二つに分けることを意味する。まず、申請者の事業活動外で発生した債権の債権者と申請者の事業活動によって発生した債権の債権者という区分である。前者には、申請を対抗できないが、後者には、申請を対抗できる場合がある。

　二つ目の区分とは、申請者の事業活動によって発生した債権の債権者のうち、不動産登記簿に登記する前に発生した債権の債権者と登記後に発生した債権の債

Ⅲ　その他

権者との間の区分である（後者の債権者のみが、申請による〔債権の〕対抗不能という効果を受ける）。

　このように申請者の債権者すべてに対抗できないとしても、申請者が倒産した場合の倒産手続において、申請を対抗できるか。というのも、倒産手続においては、倒産状態にある債務者の全債権者を対象とするという基本原則がある。

　これについて、破毀院は、2011年6月28日判決で対抗可能性を認めた。その結果、判決は、金融機関が債務者に対して、信用を供与する前に不動産に対する差押禁止の申請に署名・登記するように要求し、その上で金融機関の利益のために差押禁止を放棄するよう要求する方策に承認を与えたことになる（この際、債務者が将来的に他の債権者にも差押禁止の権利を放棄するような場合に備え、貸付契約に期限の利益喪失条項を盛り込むことも忘れてはならないことになる）。これにより金融機関は不動産を差し押さえる権利を有するが、その権利は、債務者の申請の登記以降の事業活動より生じた債権の債権者と競合せず、さらに倒産手続内でも他の債権者と競合しないような権利であり、いわば「消極的な物的担保」を作る格好の手段である。まさにこれは非常に安い費用で設定できる優良な担保（garantie）なのである！

　一時期、この差押禁止の申請がEIRLの法案採決時に廃止する可能性が検討されていた。しかし、結局廃止は見送られ、二つのメカニズムは、共存することになった。そこで、次の課題として、充当資産、すなわち事業者の積極財産の完全な分離の承認について検討する必要がある。

Ⅱ　充当資産の承認による完全な分離の承認

　充当資産の観念は、海商法に由来する。海商法において、船主が航行のために融資を受けた場合、その責任を船舶と積荷に限定することができる海産（fortune de mer）という概念がある。この概念をさらに一般化して、充当資産として承認する必要があるのかという疑問について長い間議論されてきた。例えば、事業者のための充当資産の技術の承認は、すでに、1978年のシャンポー（Champaud）報告書〔訳者注：C. CHAMP AUD, "L'entreprise personnelle à responsabilité limitée: Rapport du groupe d'étude chargé d'étudier la possibilité d'introduire l'E. P. R. L. dans le droit français", RTD com. 1979, p. 579 s. 参照のこと〕において提案されていた。

当時、充当資産の技術が革命的に見えたからか、拒絶された。しかし、第1部で検討したように、オーブリ＝ローの理論に対する打撃が増える中で、信託という具体的な局面において、充当資産が明示的に承認されるに至った。

　事実、民法典に信託を導入した2007年2月9日の法律以来、民法典2025条以下において、信託の対象となった財産は、受託者所有であるにもかかわらず、受託者固人の債権者は執行できず、信託の保存または管理により生じた債務の弁済のためにのみ差押えの対象となる。したがって、受託者固人の債権者を排し、信託債権者のみが信託資産に対して権利行使できる。もっとも、信託債権者の執行対象は、信託資産に限定されない。すなわち、民法典2025条2項は、「信託資産が不足する場合に、設定者の資産は、信託債権者のための共同担保となる」と規定する（信託債権者とは、信託資産の保存または管理により生じた債権の債権者である）。

　信託のメカニズムは、商法典 L.526-6 条以下の EIRL と類似しているように見えるが、実は相反する。事業のための財産を事業活動に割り当てるには申請が必要であるが、その仕組みは差押禁止の申請と類似している。もっとも、EIRL の申請の結果、原則として事業者の個人資産に対していかなる権利も有しないのは、充当資産の債権者であり、逆に、事業者の個人債権者は、非充当資産（patrimoine non affecté）が不足する場合には、充当資産に対して追及できる。このように EIRL の規律は、信託の場合と逆転するが、真逆というわけではない。個人債権者の追及は、充当資産のすべてに及ぶわけではないからである。追及権は、事業者の直近の会計年度より得られる利益に限定されている。信託と EIRL のこの本質的な違いは、立法者が、EIRL とは異なり、信託をリスク限定の技術と把握しなかったという事実に起因する。

　もっとも、EIRL による個人事業者のリスク限定は、実際に実務において現実的かは疑問である。信託は、設定者であろうと受託者であろうと倒産手続が開始したとしても存在しつづけるが、EIRL によって設けられた敷居（écran）は、事業者について倒産手続が開始した場合に、比較的容易に覆される可能性がある。

　まず、商法典 L.621-2 条〔2022年2月14日法による EIRL の廃止にともなって、改正されている〕において、倒産手続の拡張（extension de la procédure collective）が生ずる資産結合の手続（action en réunion d'actifs）が規定されている。資産結合は、「債務者が、商法典 L.526-6 条2項の規律（異なる資産間の財産の分配に関する規律）または L.526-13 条の義務（独立会計の義務に関する規定）に重大な違

Ⅲ　その他

反があった場合」になされる。

　次に、個人事業者が充当資産の管理についてフォートを犯した場合（例えば、商法典 L.526-18条によって付与された充当資産の収益を非充当資産に移す権能を過剰に行使した場合）、フォートの結果生じた積極財産の不足を穴埋めするために、事業者の非充当資産に対して、制裁をくわえることができる（商法典 L.651-2条第2項）。

　最後に、裁判所は、有限責任個人事業者の個人破産を宣告できる。それは有限責任個人事業者が、倒産手続に服する資産に属する財産を処分した場合であるが、例えば、財産が、事業者の他の資産に包含された場合、事業者個人や事業者が関心を寄せる他の企業の利益のために、倒産手続に服する事業の利益に反するような財産的行為（fait des biens）または信用供与を行なった場合である（商法典 L.653-3条）。このことから、EIRL という法制度は本当に民衆（public）のために相応しいのかどうかは疑わしい。

　事実、本法の立法作業段階では、法律に無知で、会社について適用される種々の規則に戸惑っている小企業の事業者にとって利益があるものと考えられていた。しかし、ここで注目すべきは、EIRL によって設けられた保護が、事業者が自身の資産の分離に関する規則を厳格に守らなかった場合、もろくも消滅してしまうリスクがあるという点である。これは、法の知識を欠く事業者にとっては、実際には難しいことを意味する。信託とは異なり、事業者が本当に必要なときに、その仕切りは、結局存在しないに等しいという可能性がある。

　以上より、オーブリ＝ローの理論の部分的な放棄は、理論上は重大なことであるが、結局、実務上は限定的なメリットしか持たないのである。

【訳者付記】本翻訳は、2012年3月19日に立教大学において行われた法科大学院フランス法講演会のために用意された原稿（フランス語表記：*Les évolutions de la théorie du patrimoine en droit français au cours des vingt-cinq dernières années*）の全訳である。〔　〕内の記述は訳者が付したものである。当日は、原が講演の通訳を担当し、野澤正充立教大学教授が質疑応答を通訳された。なお、講演後の講演内容に関連する法改正については、可能な限り、〔　〕内にその旨を示した。

　報告内容に関して事前に様々にご教示くださったクロック教授、および、このような機会をくださった野澤教授に対し、この場をお借りして改めて感謝申し上げたい。

13 フランス倒産手続における担保の処遇

下村信江 訳

は じ め に

担保権と窮境にある企業に適用される倒産手続法の関係は、必然的に、対立する関係となる[1]。

・一方で、債権者の安全は、融資の、そして、それゆえ、経済生活の条件そのものであるから、担保権は、債権者の権利をより保護することを目的とする。

確かに、世界銀行の調査は、担保の質と企業に認められる貸付の様式の間に存在する関係を明らかにしていた。

—— まず、貸付のボリュームについてであるが、有効な担保を供することができる債務者は、それができない債務者よりも9倍の貸付を得ている。

—— 次に、貸付の期間については、有効な担保を供することが出来る債務者は、そうでない債務者の11倍の期間の貸付を得ている。

—— 最後に、年利率であるが、有効な担保を供することができる債務者は、そうでない債務者の2分の1の利率を認められている。

・しかし、反対に、倒産手続法は、賃金生活者及び窮境にある企業の可能性のある更生を保護することを望むのであり、そのことは、担保権者を含む総債権者の権利が侵害されることを意味する。

—— フランスにおいては、法改正のたびに、倒産手続法の適用領域が拡大しているだけに、かかる侵害はますます大きくなっている。なぜなら、今日で

（1）本講演では、フランス法に存在する、二つの消費者の経済的困難の処理手続（個人の過剰債務処理手続（procédure de traitement du surendettement des particuliers）及び個人再生手続（procédure de rétablissement personnel））を扱わないものとする。

215

Ⅲ　その他

は、倒産手続法は、全ての法人及び賃金を受け取らずに専門的な活動を行う全ての自然人、すなわち、商人、手工業者、農業経営者、自由業の者に適用されるからである。

― また、かかる侵害は、今日では、倒産手続が開始するために、債務者が支払停止状態であることをもはや必要としないという事実によってさらに強められている。

実際に、2005年7月26日の法律は、新しい倒産手続、すなわち、事業救済手続（procédure de sauvegarde）を創設した。商法典 L. 620-1 条1項によれば、この事業救済手続は、債務者が支払停止状態に陥る前に、「克服しがたい（財務上の）窮境にあること証明する」時から開始されうる。

それこそが2005年7月26日の法律による重要な改正事項であり、事業救済手続という名前で、裁判上の更生からかなりの着想を得た手続をしかるべき場所に設けることを望んだものである。この手続は、支払停止のよりよい予防を可能にし、かつ、企業の更生の機会を増大させるために、より早く開始される手続である。

この改正は、とりわけ、債務者が、いまだ支払停止状態にはなく、後にそのような可能性がないにもかかわらず、担保を有する債権者を含む、その債権者による個別的権利行使の停止の利益を享受することを可能にした。

かかる例は、これだけで、倒産手続法が担保の有効性に大きな影響を及ぼすことを示すが、窮境にある企業の保護と信用の安全の保護との間の対立は、人的担保と物的担保について同じ問題を生じさせるわけではない。

そこで、まず、これらを区別して扱うこととし、まず、人的担保に対する倒産手続法の影響（I）、それから、物的担保に対する倒産手続の影響（II）をみることにしよう。

I　人的担保に対する倒産手続法の影響

フランス法には、2種類の人的担保が存在する。一つは、保証であり、被担保債権に付従する担保である。もう一つは、独立担保であり、そのようなものとして、即時的担保（請求払担保）（garantie à première demande）がある。

これらの二種類の担保は、倒産手続開始の影響を同じように、受けるわけでは

ない。

— 保証の場合においては、この影響は、主として、担保の性質、すなわち、その付従的な性質に結びつけられる（A）。

— 独立担保の場合においては、この場合には、付従性は存在しないので、債務者の倒産手続開始は、反対に、立法者が明示に規定したときに限り、影響を受ける。そして、そのことは、債務者について倒産手続の迅速な開始を促進するという立法者の意思の結果なのである（B）。

A　保証の場合における人的担保の付従性に由来する影響

まず、保証の場合を見よう。

フランス民法典2288条により与えられた定義によれば、保証人は、主たる債務者が履行しない場合に、主たる債務者の債務を弁済する義務を負う。

したがって、保証人の義務は、原則として、主たる債務者の義務を模倣する。すなわち、保証人は、主たる債務者が義務を負う場合に、その限りにおいてのみ支払義務を負う。

それが保証の付従性の原則であり、破毀院によれば、保証契約の本質的性質でもある。

この原則の適用において、保証人は、通常、被担保債権の弁済を請求してくる債権者に対して、主たる債務者がその債権者に対して主張しうる全ての抗弁を、債権者に対して主張しうる。

それゆえ、保証人は、主たる債務者の義務に影響するあらゆる事由を利用しうるべきであり、とりわけ、主たる債務者が倒産手続の対象となっているという事実に由来する義務の修正を利用しうるべきであろう（たとえば、倒産手続において債務者に認められることのある弁済の猶予）。

しかし、フランスの規定及び判例を検討すると、それは、常にそのような状況であるわけではないことにすぐに気がつくことになる。保証は、常に、主たる債務者の義務に影響を与える全ての事由の影響を受けるわけではない。

なぜ、保証がこれらの事由の影響を受けるのか、そして、往々にして、影響を受けないのかについて説明することが残っている。

・第一の理由は、保証の究極目的を考慮に入れることに由来する。

— この保証の究極目的を考慮に入れることがなぜ必要なのか。

Ⅲ　そ の 他

　なぜなら、それが、保証人の義務と主たる債務者の債務の間に存在する主従関係を創設する保証契約における当事者の意思であるからであり、それゆえ、この同じ意思がこの主従関係の強さとその適用範囲を決定すべきであるからである。

　さて、定義上、保証人は、主たる債務者の（可能性のある）不履行をカバーするために保証債務を負担する。そして、かかる視角は保証人の義務の本質的な部分であって、その義務の付従的性質から範囲を限定するのである。

　— したがって、原則として、保証人の債務は主たる債務者の義務を参照することによって、その範囲を制限されるべきであり、この義務の変化に応じて変化すべきであることが正しいのであれば、保証人が主たる債務者の不履行の結果でしかない義務の変化を利用することができないことも、また、正しいのである。

　保証人が債務者の債務不履行につき債権者に保証したのであれば、保証人は、保証人の義務を免れるために、かかる不履行に結びつけられる事実を利用することができない、という考えである。

　したがって、主たる債務者が履行しないために債権者が影響を受ける事由を、保証人は、債権者に対して、対抗できないのである。

　— かくして、支払停止状態にある企業の裁判上の更生手続（procédure de redressement judiciaire）開始の場合に、立法者は、フランス商法典 L. 631-20 条において、保証人は、更生計画の決定後、保証人が、主債務者の受ける免除や猶予の利益を受けることができないことを明確にしている。

　— 同様に、保証の究極目的の考慮は、破毀院商事部が、1993年6月8日判決以来、資産の不足を理由とする終結を伴う裁判上の清算（liquidation judiciaire）の場合に、保証人が個別的権利行使の最終的な停止を利用する可能性を否定する結果をもたらしている。

　それゆえ、保証人は、債権者に弁済しなければならず、その代わりに、立法者は、1994年に、主たる債務者の債務全体の消滅が、保証人が代位弁済後に行う主債務者に対する求償には適用されないことを認めた（商法典 L. 643-11条Ⅱ）。

　・原則として、保証の究極目的を考慮することにより、債権者が主たる債務者の不履行を理由に影響を受ける事由につき、保証人が債権者に対抗することができなくなることが分かった。

　それでは、ここで、保証人の義務の別の本質的要素を考慮することに結びつけ

218

られる例外をみることにしよう。それは、主債務者に対する求償の観点である。

　確かに、保証人は、他人の債務を保証する義務を負うだけであり、他人の債務の責任を最終的に引き受けるわけではない。

　それゆえ、保証人は、民法が認める主債務者に対する求償の見込みのある場合にのみ契約の締結を受け入れるし、この要素は、その義務の付従性による範囲の限定において、主債務者の不履行をカバーする意思と、同程度の重要性を有するのである。

　したがって、保証人は、債権者が主債務者の不履行の事実により影響を受けた事由をもって、債権者に対抗することができないという原則は、その適用が、保証人が合法的に期待することのできた求償権を保証人から奪う結果をもたらす場合には、その例外を認めるべきであることになる。

　─ 判例は、倒産手続において、定められた期間内に、債権届出がなかった場合に関して、この原則に対する例外を認めた。

　2005年7月26日の法律による倒産手続法改正が発効する前には、この期間の不遵守に対する制裁は、特に厳しかった。なぜなら、債権は消滅したからである。

　問題：主たる債務者の倒産手続において要求された期間内に、債権者がその債権の届出をしなかった場合には、保証人は、債権の消滅を援用し、支払を拒否することができたのだろうか。

　保証人は、まさに、主たる債務者の不履行の結果をカバーするためのものであり、それゆえ、債権の消滅が、債務者の不履行の結果である倒産手続法の適用に由来するものであるときには、債権の消滅を利用することはできないということを主張できたかもしれない。

　しかし、この場合において、そのことは、保証人が、最終的に、主たる債務者に対する求償権が奪われたにもかかわらず、保証人が債権者に弁済しなければならないという結果をもたらしただろう。

　実際には、保証人は、債権者の権利に代位することはできなかっただろう。なぜなら、債権者の債権は消滅してしまっており、定められた期間内にこの求償権に対応する債権の届出がなければ、保証人は、主たる債務者に対する求償権を行使することはできなかっただろう。

　このことを避けるために、破毀院商事部は、1990年7月17日に下された3つの判決において、保証人が、定められた期間内に届出がなかったことを理由とする

Ⅲ　その他

債権の消滅を、債権者に対抗しうることを認めた。

　これは、必然的なことである。たとえ、実際には、債務者が支払不能状態に
あって、主債務者に対する求償権が見せかけに過ぎないとしても、保証が無償譲
与ではないにもかかわらず、保証人が、債権者に対して弁済する義務を負担する
と同時に、代位弁済後に、終局的に、主債務者に対する求償権を奪われるという
ことを、たとえ、それが純粋に理論上であろうとも、認めることができない。

　── 2005年7月26日の改正による新しい倒産手続のもとで、今日では結論は異
　　なる。定められた期間内に届出がなされなかった債権はもはや消滅しな
　　い。単に、倒産手続に対しては、対抗できないということになり、そのこ
　　とは、代位弁済した保証人が、もはや、理論的に、終局的に主たる債務者
　　に対する求償権を奪われることはないということを結論とする。

　破毀院商事部は、2011年7月12日判決において、定められた期間内に届出をし
なかった債権者がそれでもなお保証人に対して弁済を請求しうることを判示し
た[2]。

　・かくして、倒産手続法は、保証人の義務を決定する二つの本質的な要素に応
じて、すなわち、その究極目的（主たる債務者の不履行をカバーする）及び主たる
債務者に対する求償の見込みに応じて、「*従物は主物に従う*」という規範の働き
を限定しているようにみえる。

　このような限定は当事者の意思に基づいているので、立法者によって修正され
うるのである。それでは、今度は、立法者の意思の影響が、保証の場合のみなら
ず、より一般的に、独立した人的担保を含む人的担保全体について現れているこ
とをみることにしよう。

B　倒産手続の迅速な開始を促進する立法者意思に由来する影響

　倒産手続が窮境にある企業の更生に成功する機会を得るためには、その手続開
始ができる限り早く行われることが必要であり、また、そのためには、企業の経
営者に、この開始を速やかに請求する気を起こさせることが必要である。

　・この理由のために、1994年6月10日の法律は、すでに、裁判上の更生の場合

（2）ただし、いずれにしても、保証人にフランス民法典2314条の適用可能性があることを
　　留保しておく（訳者注：債権者の担保保存義務を定めた条文である）。つまり、代位の利益
　　であり、破棄院商事部2013年2月19日判決（n° 11-28.423）がこのことを認めている。

に、個人保証人（つまり、実際には、企業経営者）に、主債務者が得られる個別的権利行使の停止の利益を認めることを決定した（商法典（現）L. 622-28条２項及びL. 631-14条１項）。ただし、この利益は、裁判上の清算手続開始の場合には否定される。

　それが、企業の状態が絶望的になる前に、経営者が裁判上の更生手続の開始を申し立てることを促す方法であった。

　・また、この理由のために、2005年７月26日の法律は、個人保証人（経営者）に対して、調停手続（procédure de conciliation）あるいは事業救済手続の場合に、債権者によって主債務者に認められることのある債務免除及び支払猶予の利益を認めている（商法典 L. 611-10- 2 条及び L. 626-11条２項）。

　反対に、経営者である保証人が、勤勉ではなく、支払停止が生じた場合には、もはや、裁判上の更生を開始することしかできないし、主たる債務者の更生計画において認められる支払猶予や債務免除は、もはや、保証人に利益を与えることはない（商法典 L. 631-20条）。

　・2008年12月18日のオルドナンスは、勤勉な経営者のためにのみ追加的な優遇を認めて、この方向をさらに進めた。

　追加的な優遇は、企業の債務の担保負担者（garant）である経営者が、被担保債権が定められた期間内に債権者による届出がなされなかったときに認められる被担保債権の倒産手続への対抗不能を利用する可能性からなる。

　このような可能性は、事業救済の場合に、商法典新 L. 622-26条２項によって、経営者である保証人に認められた。なお、ここでは、勤勉な経営者のみに与えられた優遇が問題であることを指摘できるだろう。なぜなら、その利益は、商法典新 L. 631-14条６項により、裁判上の更生開始の場合には、明示的に否定されているからである。

　・倒産手続法によって企業経営者に選択的に認められる優遇という方法は、この経営者が企業の債務の保証人である場合にのみ関係するわけではない。

　確かに、立法者は、金融機関が、他の担保方法を用いることによって、かかる企業経営者の保護を回避しようとすることを恐れていた。

　このことを避けるために、立法者は、2005年７月26日の法律において、自然人である保証人に関する倒産手続法の大部分の規定の適用が、これ以後、自然人である共同連帯債務者や即時的担保に合意した自然人にも拡張されることを定め

Ⅲ　そ　の　他

た。

　それに加えて、2008年12月18日のオルドナンスの立案者は、この方向にさらに
推し進める意思を有していた。そして、そのために、保証人と即時的担保の引受
人の両方に適用される倒産手続法の全ての条文が、より一般的に、「人的担保に
合意した者あるいは（他人の債務の）担保として財産を提供または譲渡した者」
（しばしば、実務では、「物上保証」と称される）にも適用されることを認めたので
ある。

Ⅱ　物的担保に対する倒産手続法の影響

　ここで、物的担保に関しては、倒産手続法の影響は、フランスの立法者の一貫
性の欠如を示すことになる。

　── 一方で、窮境にある企業の更生は、動産質や抵当権のように、債権者に対
　　　する優先権付与に基づく伝統的な物的担保の有効性を再び問題とする理由
　　　を説明することができる（A）。

　── しかし、他方では、債権者の信用と権利には不可欠な保護の名において、
　　　排他的な地位を付与する担保が倒産手続法の影響からかなり大きく免れる
　　　ことが認められる（B）。

A　企業の更生を促進する意思に結びつけられる影響

　まず、伝統的な担保に関しては、倒産手続法が、その存在ないしは対抗可能性
(a)とその実行(b)のいずれに対しても、強い影響を及ぼしていることがわかるだ
ろう。

a) 伝統的な物的担保の存在あるいは対抗可能性に対する倒産手続法の影響

　伝統的な物的担保の存在あるいは対抗可能性に関しては、二つの方法で問題と
されうる。

　── 一つは、被担保債権の消滅あるいは対抗不能を理由とする、付従性に由来
　　　する方法である（1°）。

　── もう一つは、無効あるいは対抗不能になる理由が、被担保債権とは無関係
　　　であって、担保そのものであるという方法である（2°）。

222

1°）担保の付従性の問題の再検討

・1985年1月25日の法律は、倒産手続の開始決定の公示から2ヶ月以内に倒産手続に対して債権の届け出を行う義務を課し、また、この期間の遵守がない場合には、その債権が消滅することを肯定して、伝統的な担保を有する債権者の地位を非常に弱いものとしていた[3]。

このことは、債権者にとっては落とし穴となっていた。というのは、債権者は、その債務者についての倒産手続開始を必ずしも知っているとは限らなかったからである。

確かに、従物は主物に従う、したがって、定められた期間内における届出の欠如による債権の消滅は、必然的に担保の喪失を意味する。

・しかしながら、後に、立法者は、担保を有する一定の債権者の地位を改善した。

・この改善は、定められた期間内における届出の欠如の制裁が単に債権の対抗不能であることを規定している2005年7月25日の法律に由来するわけではない。というのは、この対抗不能は、担保にも適用されるし、そのことは、倒産手続に反して、担保を利用することを妨げる。

・改善は、もう少し前になされている。それは、1994年6月10日の法律に由来する。この法律は、倒産手続機関に、公示された担保を有する債権者に債権を届け出る必要性があることを個人的に通知する義務を課し、また、この債権届出のための期間は、この通知の受領を起算日として計算されることを定めていたのである。

2°）担保そのものから生じる問題の再検討

担保そのものの問題は、3つの場合に、生じうる。

・第一の場合は、商法典 L.650-1条によって定められており、債権者によって取得された担保は、これらの担保が債権者によって認められた信用と不均衡で

（3）担保権者の権利に対する最初の侵害は、すでに、1967年7月13日の法律のもとで、すでに生じていたといえる。破毀院は、伝統的な物的担保を有する債権者が倒産手続に対して、その被担保権を示すことを義務づけられ、彼らの訴求がその債権の最終的な承認まで停止されることを認めていたからである。Cass. Ass. Plén., 13 février 1976, *J.C.P.* 1977, II, 18518, note Ch. Gavalda; *D.* 1976, p. 237, Concl. Schmelck, note F. Derrida, obs. compl. A. Honorat; Cass. Com., 15 février 1977, *D.* 1977, p. 237, note A. Honorat, obs. compl. F. Derrida.

Ⅲ　その他

ある場合には、無効とされるか、もしくは縮減される。

　しかしながら、破毀院商事部は、2012年3月27日判決において、このことは、認められた信用そのものが過剰であることを前提とするものであると判断した（それは、たとえば、債権者が、ある企業の状態が取り返しのつかないほど危ないことを知りつつ、ある企業に金融上の支援を行うような場合である。）。

　第二の場合は、担保が疑わしき期間（période suspecte）（つまり、債務者の支払停止後、倒産手続開始前）に、それ以前に認められた貸付を担保するために設定された場合である。

　この場合には、債務者は、他の債権者を犠牲にして、従前からの債権者を有利に取り計ろうとしており、倒産手続法は、担保の強制的な無効を規定することによって、この詐害的な行為に制裁を課している（商法典L.632-1条6号）。

　しかしながら、立法理由の点から、破毀院商事部は、かかる強制的な無効の例外を認めることができた。1998年1月20日判決によれば、担保は、従前からの債務を担保するために疑わしき期間内に有効に設定されうる。ただし、その担保が従前からの担保を差し替えるだけであり、その性質においても、その範囲においても、元の担保を超えない場合に限られる。

　・第三の場合は、担保が倒産手続開始前に有効に設定されていたが、開始決定日にいまだ公示されていなかった場合である。

　この場合には、事後の公示はもはや不可能である。というのは、手続開始決定は、登記の禁止をもたらすからである（商法典L.622-30条）。

　伝統的な物的担保が有効に設定され、かつ、倒産手続に対抗できるということを前提としても、だからといって、その担保が有効であることを意味するわけではない。

　実際には、その実行は、倒産手続法によって再検討を迫られることになるのである。

b）伝統的な物的担保の実行に対する倒産手続法の影響

　この問題における原則は、担保の実行が、個別的権利行使の停止を理由に、債権者から失われるということである（1°）。そして、そのことは、この債権者の得た弁済が、後に、倒産手続法の適用によって、減少させられるという結果をもたらしうることになる（2°）

1°）個別的権利行使の停止

　個別的権利行使の停止の原則は、被担保債権が倒産手続開始前に生じたものである伝統的な物的担保を有する債権者の担保権実行を妨げる。そして、この原則は、倒産手続の開始を示す観察期間の全ての期間の間に適用されるのみならず、しばしば、この観察期間を超えて適用される。

　・実際に、事業救済あるいは企業の更生計画の採択がされた場合に、確かに、債権者は、その訴求権を回復するが、計画の条項を遵守しなければならない。

　さて、この計画は債権者にしばしば、最大10年間の、かなり長期の弁済の猶予を課し、そのことは、さらに、その計画が債務者によって正しく実行される限り、債権者の訴権行使の可能性を制限する。

　・裁判上の清算の場合には、資産の不足を理由とする終結かそうでないかによって区別されるべきである。

　―　資産の不足を理由とする終結では、実務では、それが最も多くの場合であるが、個別的行使のための権利は、終局的に、商法典 L.643-11条に列挙された限定的な、かつ、実際上はあまり重要ではない、わずかな例外を除いて、失われる。

　―　反対に、資産不足を理由とする終結でない裁判上の清算では、それはかなり稀だが、伝統的な物的担保を有する債権者は、商法典 L.643-2条によると、個別的権利行使を回復する。しかし、それは、清算人が裁判上の清算開始から３ヶ月以内に担保の目的である財の実行に着手していないことを前提とする。

　もっとも、実務では、そのような要件は滅多に充足されない。

　・かくして、大多数の事例において、倒産手続の開始は、終局的に、債権者に、その債権の弁済を、債権者自らによって得る可能性を失わせることになること、債権者は、倒産手続の範囲においてしか弁済を受けられないこと、そして、そのことは、その弁済額を減少させる結果をもたらすことが明らかである。

2°）倒産手続において得られる弁済額の減少

　手続機関による担保の実行は、確かに、債権者が受領する弁済額の減少をもたらす。そのことは、主に、３つの理由による。

　・第一の理由は、倒産手続法が、次のような者に先取特権を付与して、窮境にある企業の更生を促進することを望んだことである。

Ⅲ その他

— 一方で、調停手続の間に、企業に対して新たな貸付を行うことを受け入れた者（これが、2005年7月26日の法律により創設された「新しい資金」の先取特権（privilège de "new money"）である。商法典 L. 611-11条。）

— 他方、企業がすでに事業救済手続、裁判上の更生手続、さらには、裁判上の清算手続の開始の対象となっているにも関わらず、企業と取引関係を継続することを受け入れた者。

これらの先取特権の順位は、一般的に（商法典 L. 622-17条及び L. 641-13条）、伝統的な物的担保を有する債権者の順位より優先する。そのことは、その分だけ、これらの担保の有効性を減少させることになる。

・第二の理由は、事業救済あるいは更生計画が採択された場合に、債権者は、その債権のリスケジューリングを課せられることがあるという事実に由来する。たとえば、債権の大部分が計画の終わりにしか弁済されないことが定められており、経済的視点からみれば、それは、得られる弁済額の減少に等しい。

・第三の理由は、担保目的物の売却が、倒産手続機関によって、非常に低い価格で行われうるということに由来する。

このことは、とりわけ、担保の目的である財が企業の全体的な譲渡計画に含まれる場合には、正しい。というのは、そのとき、債権者は、この代価をコントロールするいかなる手段も有さないし、第三取得者を訴求することもできない。なぜなら、譲渡計画の決定は、担保の滌除を伴うからである。

さて、この場合に、債権者の優先権は、事業の売却代金の割当分についてしか行使されないだろう。この代価が高額ではないときには（たとえば、事業が、賃金労働者の雇用の維持の見返りとして少ない金額で、引受人に譲渡されたような場合）、優先権は、高額ではない代価の割当分についてしか行使されえないだろう（商法典 L. 642-12条）。

担保の目的となる財の資金調達を可能とした貸付の返済を担保する特別な担保を有する債権者のみがわずかに彼らの権利の縮減を免れる。

確かに、商法典 L. 642-12条は、担保の負担が例外的に企業の譲受人に移転することを認めるが、このことは、担保を設定された財の所有権あるいは用益権の移転後に弁済期が到来する弁済にのみ関係するものである。

このような事態に直面して、債権者は、そのとき、担保の目的物につき、もはや単なる優先権ではなく、排他的な地位の付与を受ける可能性のなかに救済を求

めたのである。

B 排他的な地位を与える担保の抵抗

ここでは、排他的な地位の三つの形式が検討されるべきである。

— 伝統的担保の実行の結果として生じた排他性（a）

— 留置権に由来する排他性（b）

— そして、担保としての所有権留保あるいは所有権移転に由来する排他性（c）

a）伝統的担保の実行の結果として生じた排他性

・担保法の改正前には、伝統的な担保の実行が、債権者に排他的な地位を付与することができたのは、一つの場合においてのみであった。すなわち、動産質権者が質物の裁判上の所有権の付与を申し立てた場合である。

流担保条項（pacte commissoire）は、この時期には、禁止されていたので、これこそが、債権者が担保の目的である財産の所有者になる債権者にとっての唯一の可能性であった。そのことは、そのとき、債権者に、他の債権者との競合を免れることを可能にし、また、倒産手続開始の一定の結果から免れることを可能にする排他的な権利を付与する利益を示していた。なお、裁判上の付与は、裁判上の清算の場合には可能であったが、裁判上の更生の場合には禁止されていた。

・2006年3月23日のオルドナンスによる担保法の改正は、一見したところ、伝統的な物的担保を有する債権者の地位を改善した。

— 一つは、裁判上の付与の利益を債権質及び抵当権にも拡張したことである。

— そして、もう一つは、一定の要件のもとで流担保条項の締結を可能にしたことである。

・しかしながら、倒産手続の開始の場合には、かかる改善は、非常に限定的であることが明らかである。というのは、以下のようなことがあるからである。

— 一方で、流担保条項を利用する可能性は、債務者の倒産手続開始の場合には否定されている（商法典L.622‑7条1項）。

— そして、他方では、裁判上の付与の適用領域の拡張は、債務者の倒産手続開始の場合に、抵当権の登記が倒産手続法（商法典第6編第2、3又は4章）によって規制された効果を生じることを定める民法典2427条3項によって、部分的に、再び問題とされるように思われる。

227

Ⅲ　その他

　さて、倒産手続法は、不幸なことに、この点については改正されず、依然として、動産質の場合においてのみ裁判上の付与が定められている。

　それゆえ、裁判上の清算の場合に、抵当権者が、動産質権者がなしうるのと同様に担保を設定された財の裁判上の付与を請求しうるのかは定かではなく、破毀院がこの問題に関して判断することが待たれている。

b) 留置権に由来する排他性

　・債権者が留置権を有する場合には、債権者が完全な弁済を受けない限り、債権者は、担保目的物を保持することができる。そのことにより、留置権の行使は、留置された財に対する、債務者の他の債権者が有する権利の麻痺をもたらす。

　留置権者は、このように、排他的な地位にあり、そして、必然的に、他の全ての債権者に先だって弁済を受けることになるだろう。なぜなら、財の返還を得る唯一の方法は弁済をすることだからである。

　・かかる留置権の効力は、倒産手続法においても認められていた。

　かくして、たとえば、事業救済手続において、商法典 L. 622-7 条Ⅱは、留置権者の債権の完全な弁済によってのみ財の留置権を消滅させることができることを規定する。そして、破毀院商事部は、1997年5月20日判決において、この規範を、明示的な立法の規定によってしか違反しえない一般的な原則にした。

　・しかしながら、かかる留置権の有効性は、債権者が定められた期間内に倒産手続に対して、その債権を届け出たことを前提とする。

　確かに、留置権は、占有（所持：détention）と債権の牽連関係を前提とする。それゆえ、そのことは、必然的に、この債権が倒産手続に対して対抗しうることを前提とする。

　さて、債権者が、定められた期間内にその債権を届け出ない場合、その債権は、債務者について開始した倒産手続には対抗できない。したがって、牽連性がないため、債権者は、もはや、その留置権を倒産手続に対して対抗することはできない。

　債権者にとっての留置権の利益は、最近は、二つの方法で強化されていた。

―　まず、立法者が2008年8月4日の法律において、占有移転のない全ての動産質に擬制的な留置権の存在を認めたことによって強化された。次に、立法者は、2008年12月18日のオルドナンスにおいて、裁判上の清算手続の場

合に、倒産手続に対する擬制的な留置権の対抗可能性を認めた。そのこと
は、債権者が、擬制的に留置された財の売却代金に対する留置権を行使す
ることを可能とし、清算人によって、この代価につき第一に弁済されると
いうことを可能にしている[4]。

—— 次に、破毀院が2010年1月12日判決において、第三者占有委託（entierce-
ment）による動産質に関して、債務者の占有が純粋に法的であり得ること
を認めたときに、判例によって強化されたといえる。

確かに、このことは、実務では、債務者が、その職業活動に必要な動産質の目
的物の使用を継続させつつ、占有移転を伴う動産質を設定することを可能にして
いる。そして、債務者が後に、倒産手続の対象となったときには、債権者はその
とき、占有者（所持者）である第三者を介して、この質権を設定された財産につ
き留置権を倒産手続に対抗することが可能となるだろう。

ここで、債務者に属する財を目的とする伝統的な物的担保の悪化に直面して、
債権者は、その債務者が不履行に陥る前に、債務の弁済に充当される財の所有権
を提供されることによって、一段と保護されることを目指したということを概観
しよう。

c) 担保としての所有権留保あるいは所有権移転に由来する排他性

・年代順にたどれば、フランスに、担保目的での所有権の利用が最初に現れた
のは、1960年から1970年の間に、ファイナンスリース契約の出現とともにであっ
た。

しかしながら、信用供与者の地位は、債務者に倒産手続が開始した場合には、

（4）商法典新 L. 622-7 条 I -2 項の改正がもたらしたものである。それは、事業救済手続（あ
るいは、この条文を準用する商法典 L. 631-14 条 1 項による裁判上の更生手続）を開始す
る決定は、「動産質の目的物が、L. 626-1 条の適用によって決定される事業の譲渡に含まれ
ていない限りにおいて、完全に、観察期間及び事業救済計画期間内における民法典 2286 条
4 号によって付与される留置権の対抗不可能性をもたらす」。この条文は、事業救済あるい
は裁判上の更生手続の場合にこのような留置権が有効ではないことを確立するのみならず
（このことは、疑いがなかった）、（« sauf si » のおかげで）当該財産が裁判上の清算に関す
る規範の適用によって売却される場合には有効であることを認めており、このことは、大
統領へのオルドナンスの報告書によって裏付けられている。商法典新 L. 642-12 条 5 項は、
この条文の 1 項ないし 4 項が、「譲渡に含まれる財に対して債権者によって取得された留置
権には影響を与えない」ことを規定して、民法典 2286 条 4 号の擬制的な留置権に適用され
ることを明らかにしている。

Ⅲ　そ　の　他

さほどよくはなかった。

　確かに、ファイナンスリースは、倒産手続開始の日には、継続中の契約であり、管理人は、契約の継続を決定できる（商法典 L. 622-13条）。信用供与者は、倒産手続において、倒産手続の開始決定前の賃料の未払いを主張することはできない（商法典 L. 622-21条）。

　・所有権留保条項は、倒産手続へのその対抗可能性を認めた1980年5月12日の法律以来、フランス法において発展し、所有権留保の受益者の地位は、反対に、明らかによりよくなった。そして、所有権留保の受益者の地位は、1994年6月10日の法律によってかなり改善された。なぜなら、次のことを認めたからである。

　— まず、所有権留保条項は、売主の売買の一般的な条件として記載されうる（商法典 L. 624-16条2項）。

　— 次に、所有権留保が種類財産（bien fongible）を目的とする場合には、買主の在庫の中にある他の同じ財産との混和は、債権者の所有権に侵害を与えることはない（民法典2369条及び商法典 L. 624-16条3項）。

　— それから、所有権留保条項は、公示されうる。このことは、所有権留保が公示されているときには、債権者が、取戻訴権（action en revendication）の行使のために倒産手続法によって課せられる猶予期間を遵守すべきことから免れさせる（商法典 L. 624-10条）。

　倒産手続が開始した場合における所有権留保の抵抗は、今日では、非常に強く、所有権留保が計画的に動産の信用売買契約において定められる結果をもたらしている。

　・また、フランスにおいては、担保としての職業的債権の譲渡の多用も確認される。それは、担保としての所有権の利用のフランス法における第三の現れである。なぜなら、その有効性は、1981年1月2日の法律によって認められたからである。

　確かに、譲渡された債権の債務者に譲受人が債権譲渡を通知したときには、この担保は、譲受人に、この債権の弁済を受領する排他的権利を付与する。そして、このことは、譲受人である債権者が、譲渡人に開始した倒産手続開始の影響から免れることを可能にする。譲渡された債権が継続的な履行がなされる契約から生じた場合（たとえば、賃貸借契約）でも、この債権の履行期が、譲渡人の倒産手続開始以後であっても、同様である（Cass. com., 22 novembre 2005, n° 03-

230

15.669)。

　ここでは、担保としての職業的債権の譲渡の法制度が、2006年3月23日のオルドナンスによる債権質権の改正に大きな示唆を与えたことを指摘することができるだろう。このことは、今日では、債権質権が、債権質権の設定者について倒産手続が開始した場合に、同様の効力を示す結果をもたらしている。

　・最後に、フランスの立法者は、信託担保（fiducie-sûreté）を一般的に認めることによって、担保として用いられる所有権の承認をさらに先に進めた。信託担保は、2007年2月19日の法律に続いて民法典にも導入された。しかし、ここでは、2008年12月18日のオルドナンスの発効以来、この信託担保の有効性は、債務者が裁判上の清算の対象となっているか否かでかなり異なる。

　── 債務者が裁判上の清算手続に入っている場合には、信託担保の有効性は完全である。受託者は、その債権の届出をして、その担保を実行するために、定められた期間内に当該財産を取り戻すことで十分である[5]。
　── 債務者が事業救済あるいは裁判上の更生手続に入っている場合には、反対に、信託担保が占有移転のない担保であるときには、つまり、信託として与えられた財の占有が委託者の手元に目的物を残す合意の結果として委託者に戻されていたときには、事情は同じではない。

　確かに、未履行契約の継続の規範は、このとき、委託者の手元に目的物を残す合意に適用される（商法典 L. 622-13条Ⅵ）。それは、かかる合意が少なくとも正しく実行される限りにおいて[6]、信託担保の実行を麻痺させることとなる（商法典 L. 622-23-1条）。その結果、債権者は、事業救済計画の採択の影響、したがって、債権のリスケジューリングの影響を受ける危険を冒すことになる。

　倒産手続の種類によって、このような区別をすることは、論理的である。というのは、債務者たる企業の更生がいまだ可能であるときには物的担保の有効性は制限されると理解しうるのであれば、反対に、裁判上の清算の場合には、同じように扱ういかなる理由もないからである。

（5）継続中の委託者の手元に目的物を残す約定の合意の継続が対抗しうるものでない場合（商法典 L. 641-11-1条Ⅵ）やこの財が、合意なしに譲渡契約に含まれているような場合（商法典 L. 642-7条）を除く。

（6）商法典 L. 624-10-1条によると、その実行あるいは期限の到来は、信託の受託者に訴求権を回復させる。

Ⅲ　その他

　そして、このことは、2014年に確実に行われるであろう倒産手続の改正の際に、かかる区別を他の物的担保にも拡張するように立法者を導くだろう。特に、裁判上の清算の場合における流担保条項の有効性を認めるに至ることになろう。

【訳者付記】本翻訳は、2013年11月6日に近畿大学において行われた倒産担保法研究会での講演のために用意された原稿（原題：*Sûretés et procédures collectives en droit français*）の全訳である。クロック教授には、本研究会における質疑応答や実務家との意見交換会ののち、講演原稿に若干の加筆修正をして頂いた。本翻訳は、その加筆修正部分を含むものである。クロック教授には多くのご厚意を賜り、また、研究会及び意見交換会にご参加いただいた研究者及び実務家の先生方には、本講演の主題に関して、多くの貴重なご教示を頂戴した。ここに記して、あらためて、謝意を表する次第である。

14 フランス法における債務法改正後の債権譲渡

齋藤由起 訳

　2016年2月10日のオルドナンスによるフランスの債務法改正は、これまで売買に関する第3編第6章の中に定められていた債権譲渡の規定と、1804年民法典の起草者らが予想していなかった負債譲渡と契約譲渡の規定を、債務に関する一般法を定める民法典第3編第3章および第4章の中に配置した。

　このような配置は、上の3つの項目について同じようになされたわけではない。

　まず、契約譲渡は、契約当事者の一方がその契約上の地位を第三者に譲渡し、この第三者が譲渡人の代わりに契約当事者になるというものであるが、これは、契約当事者の一方が、もはや契約を履行することができないか、または履行するつもりがないにもかかわらず、契約が存続することを可能にする制度である。したがって、この制度は、契約の効力に関する規定の中に定められる。

　次に、債権譲渡と負債譲渡は、契約またはその他の債務発生原因から生じる債務に関する取引操作であるため、これらは債務に関する一般制度（régime géné-ral des obligations）の中に規定される。したがって、一般法上の債権譲渡に関する新しい法制度は、2016年10月1日から、民法典1321条ないし1326条の中に規定されている。

　2016年2月10日のオルドナンスによって生まれた一般法上の債権譲渡に関する新しい法制度は、1981年1月2日の法律（いわゆる「ダイイ法」）によってフランス法に導入された事業債権譲渡（いわゆる「ダイイ譲渡」）に関する法制度の影響を強く受けたものである。しかし他方で、これからみていくように、一般法上の債権譲渡に関する今般の改正もまた、ダイイ譲渡に関する法制度に影響を及ぼすものである。

　そこで、本講演は、一般法上の新債権譲渡とダイイ譲渡の間の相互影響を明ら

233

Ⅲ　その他

かにすることを目的とする。そのために、第1に、ダイイ譲渡が一般法上の債権譲渡に関する新しい法制度を生み出した債務法改正に及ぼした影響（Ⅰ）、第2に、逆方向の影響関係として、債務法改正がダイイ譲渡に及ぼす影響（Ⅱ）、という2点について論じたい。

Ⅰ　債務法改正に対するダイイ譲渡の影響

まず初めに、ダイイ譲渡が債務法改正に影響を及ぼしていることは、一般法上の債権譲渡に関する新しい法制度をみれば明らかである（A）。他方で、ダイイ譲渡は、一般法上の新債権譲渡の機能に対しても影響を及ぼし得るであろう（判例がこの問題について立場を明らかにしなければならないときがくれば、判断することになるだろう）（B）。

A　一般法上の新債権譲渡に対するダイイ譲渡の明白な影響

一般法上の債権譲渡に関する新しい法制度がダイイ譲渡に関する法制度をモデルにしたものであることは、明白である。

というのも、改正により、一般法上の債権譲渡は書面によって確認しなければならず、これに反する場合には無効となり（民法典1322条）、したがって、一般法上の債権譲渡は、改正前とは異なり、ダイイ譲渡に倣って要式契約になったからである。

しかしながら、一般法上の債権譲渡における要式主義の登場は、債権譲渡の第三者対抗要件として必要な方式が緩和されたことによって、十分に埋め合わされている。改正債務法の施行前、一般法上の債権譲渡の第三者対抗要件としては、譲渡債権の債務者への送達[1]または債務者による譲渡の承諾が要求されていた（民法典旧1690条）。これに対し、ダイイ譲渡は、何らの方式を要せずに[2]、譲渡明細書に付された日付から第三者に対抗することができる（通貨金融法典 L. 313-27条）。

このように債権譲渡が即時に第三者に対抗可能となることは、今日では、もは

（1）この通知は、譲渡債権の債務者の倒産手続において譲受人がする債権届出によっても、なされたものとみなされる（C. A. Paris, 10 septembre 2001, *D.* 2001, p. 2974）。

234

やダイイ譲渡に特殊なものではない。というのも、債務法改正によって、これが一般法上の債権譲渡についての準則になったからである。争いがある場合には、ダイイ譲渡におけるのと同様に、譲受人が譲渡の日付について証明責任を負う（民法典1323条2項、通貨金融法典 L. 313-27条4項）。

　ここでは、債務法改正後のフランス法においては、債権の移転はすべて、移転の法的性質を問わず、方式の履践を要せずに第三者に対抗可能となることを指摘することができる。つまり、一般法上の債権譲渡、ダイイ譲渡、証券化のみならず、ファクタリングや債権の信託的譲渡の場合についても、同様に扱われる。さらに、この準則は債権質の場合にも採用されている。

　このようにせざるを得なかったのは、次のような事情による。すなわち、債権の移転について絶対的に信頼できる公示システムを構築することは、国家が債権移転に関する電子登録簿を創設しない限り不可能であるところ、電子登録簿の創設は、1つの債権をめぐる複数の権利者間の争いが実務上稀であることからすれば、期待されるメリットと比べて完全に費用倒れになってしまう、というのである。これこそが、銀行が債権譲渡に関する公示の義務化に断固として反対した理由である。

　ただし、無方式による即時対抗可能の原則は、譲渡債権の債務者との関係には適用されない。一般法上の新債権譲渡の場合について、ここでもまたダイイ譲渡の例に従って、民法典1324条1項は、債務者が譲渡に同意した場合、譲渡が債務者に通知された場合または債務者がこれを確認（prendre acte）した場合（すなわち、債務者が譲渡を承諾〔accepter〕した場合）にしか、譲渡は債務者に対抗できないと規定する。その結果として、同条2項は、第1項に続けて、債務者は、譲渡が債務者に対抗可能となる前に生じた抗弁は全て譲受人に対抗することができ、この日よりも後に生じた抗弁も、債務に内在するものに限って例外的に、譲

（2）債権譲渡がされると同時に第三者に対抗可能となり、第三者対抗要件として債務者への通知は必要ない。例えば、譲渡後かつ譲渡通知前への第三債務者への差押通知が譲渡債権の債務者に到達した事案において、譲受人が優先することを認めた判決（T. com. Paris, 10 novembre 1999, *Banque et droit*, n° 72, juillet-août 2000, p. 61）、また、譲渡後かつ譲渡通知前に譲渡債権について帰属差押えがなされた事案において、譲受人が差押債権者に優先することを認めた判決（Cass. com., 26 novembre 2003, n° 0103.685, *Bull. civ.* IV, n° 176; D. 2004, p. 133; *Banque et droit*, n° 94, mars-avril 2004, p. 58 s., obs. Bonneau Th.; *RTD com.*, 2004, p. 138, obs. Cabrillac M.; *D.* 2004, Som. p. 1485, obs. Taormina G.）がある。

Ⅲ　その他

受人に対抗できると規定する[3]。

　一般法上の債権譲渡の対抗に関する制度は、ダイイ譲渡の制度から非常に強い影響を受けているので、ダイイ譲渡の譲受人（受益者）と第三者との間の争いについて形成された判例法理が一般法上の新債権譲渡にも妥当し得るのは、当然である。このことは、１つの債権をめぐる二重譲受人間の争いの場合について明文化された。民法典1325条は、「１つの債権について順次の譲受人が競合する場合には、日付において先んじた者に有利に解決される」と明確に規定するが、これは、ダイイ譲渡の場合について既に採用されていた判例法理[4]を再録したものにすぎない。一般法上の債権譲渡について今後生じてくる紛争類型で、ダイイ譲渡について既に生じていたものについても[5]、ダイイ譲渡に関する判例法理の考え方が妥当することになるだろう。

　ところで、ダイイ譲渡の影響は、以上のことに限られるものではなく、一般法上の新債権譲渡が担う機能にも関係してくるといえるだろう。

B　一般法上の新債権譲渡の機能に対するダイイ譲渡の潜在的な影響

　債務法改正前、破毀院商事部2006年12月19日判決は、ダイイ法譲渡と異なり、一般法上の債権譲渡を担保目的で行うことはできず、担保目的の債権譲渡は債権

（3）この規定はダイイ譲渡に関する破毀院の判例法理を再録しただけであるが、立法者は判例法理をさらに一歩進めているように思われる。というのも、一般法上の新債権譲渡においては、通知されていない譲渡は債務者に全く対抗することができないからである。ダイイ譲渡においては、債務者に通知されていない譲渡も債務者に対抗することができ、債務者への通知を欠くことは、譲渡人の名において譲渡人に対してされた明示または黙示の弁済受領委任が撤回されないという効果を生じるにとどまる。しかしながら、後述するように、判例は、債務者に通知されていないダイイ譲渡が債務者に対抗できないかのように扱っているので、この違いは見かけ上のものにすぎない。

（4）例えば、１つの債権の譲渡についての２つの異なる通知を受領した債務者は、債権が最初に債権譲渡を受けた信用機関に支払わなければならないとした判例（Cass. com., 12 janvier 1999, *Bull. civ.* IV, n° 8; *RTD com.*, 1999, p. 479 s. obs. M. Cabrillac; *RD bancaire et de la bourse* 1999, p. 95 s., obs. F. J. Crédot y Y. Gérard; *Dalloz Affaires*, 1999, p. 336, obs. X. D.）がある。

（5）例えば、①元請人から報酬債権を譲り受けた譲受人と直接訴権を行使する下請人との間の争い、②所有権留保条項付売買の目的物が転売された場合において、転売代金債権上に〔代位により〕留保所有権が及ぶ留保所有権者とその買主＝転売の売主から転売代金債権の譲渡を受けた銀行との間の争いがこれに当たる。

質として法性決定し直されなければならないとした[6]。この説示は、当時、学説からの大批判にさらされた。というのも、第1に、それ以前の判例はむしろ、破毀院が反対の解決に向かうだろうと思わせるものであったからであり[7]、第2に、担保目的の債権譲渡を一般法上否定することにはきちんとした法的根拠がなかったからであり[8]、第3に、カタラ委員会による債務法改正草案は、破毀院とは反対に、担保目的の債権譲渡を明文によって承認することを提案していた

（6）Cass. com., 19 décembre 2006, n° 05-16.395, *RLDC* mars 2007, n° 35, p. 38, obs. Ansault J.-J.; *JCP G* 2007, I, 161, n° 16, obs. Barthez A.-S.; *Act. proc. coll.* 2007, n° 72, obs. Bonhomme R.; *JCP G* 2007, II, 10067, rapp. Cohen-Branche M. et note Legeais D.; *RD bancaire et financier* 2007, p. 14 s., obs. Crédot F.-J. et Samin Th; *RTD civ.* 2007, p. 160, obs. Crocq P.; *Petites Affiches*, 18 juillet 2007, n° 143, p. 22 s., obs. Danos F.; *JCP G* 2007, I, 158, n° 26, obs. Delebecque Ph.; *D.* 2007, p. 76 s., obs. Delpech X.; *RLDC* 2007, n° 36, p. 29, note Houtcieff D.; *Banque et droit*, n° 112, mars-avril 2007, p. 61 s., obs. Jacob F.; *RDC* 2007, p. 273 s., obs. Laithier Y.-M.; *D.* 2007, p. 344 s., note Larroumet Ch.; *JCP E* 2007, 1131, note Legeais D.; *RTD com.*, 2007, p. 217 s., obs. Legeais D.; *Dr. et patrimoine* novembre 2007, p. 73 s., obs. Mattout J.-P. et Prüm A.; *LPA* 2007, n° 42, p. 10, note Prigent S.; *Defr.* 2007, art. 38562, n° 29, p. 448 s., obs. Savaux E.; *Defr.* 2008, art. 38726, p. 414 s., obs. Théry Ph.; *adde* : Adelle J.-F., "L'adoption de la fiducie a-t-elle remédié à la prohibition des cessions de créance en garantie de droit commun", *RD bancaire et financier* 2007, p. 48 s.; Auckenthaler F., "Cession de créance en garantie innomée et compétitivité du droit français", *Mélanges AEDBF-France*, tome VI, RB Édition, 2013, p. 57 s.; Aynès L., "La cession de créance à titre de garantie : quel avenir ?", *Dr. et patr.* avril 2007, p. 28 s.; Beuzelin V., "Cession de loyer à titre de garantie ou nantissement de créance, que faire ?", *RLDC* novembre 2007, p. 28 s.; Dammann R. et Podeur G., "Cession de créances à titre de garantie : la révolution n'a pas eu lieu", *D.* 2007, p. 319 s.; Houtcieff D., "A la recherche de la cession de créance réalisée à titre de garantie", *RLDC* mars 2007, p. 29 s.

（7）2006年以前に、判例はこの点について明確に判断していたわけではない。破毀院第一民事部2001年3月20日判決は、破毀院が一般法上の担保目的の債権譲渡を黙示的に認めていると思わせるものであったが、この判決はこの解釈を確実に導き出すことができるほど十分に明確なものではなかった（Cass. 1re civ., 20 mars 2001, "Banque Sovac immobilier c. M. Fabre, ès qual.", N° 9914.982, *Bull. civ.* I, n° 76; *D.* 2001, p. 3110 s., note L. Aynès; *JCP G* 2002, II, 10125, note Goaziou I.; *Banque*, décembre 2001, p. 76, obs. J.L. Guillot; *RD bancaire et financier* 2001, p. 349, obs. D. Legeais）。判例は、非常に頻繁に、擬制的な賃料の受取指図の効果を生じさせていたことを指摘することができる。それは、被指図人と称する者に引き受けるべき約務が存在しない場合に、現実には、賃料債権の譲渡担保に相当する（Cass. com., 4 octobre 2005, n° 04-14.722, *Bull. civ.* IV, n° 198; Cass. com., 3 mai 2006, n° 04-17.283, *Bull. civ.* IV, n° 104; *RD bancaire et financier* 2006, n° 94, obs. D. Legeais）。

Ⅲ　その他

からである[9]。

　債務法改正は、破毀院2006年判決とは反対に、一般法上の債権譲渡が担保目的で行われることを許しているのであろうか。債務法改正は、この問題に対する立場をはっきりと述べてはいないが、2016年2月10日のオルドナンス131号によってカタラ草案の提案が再録されなかったことを考慮すれば、この可能性を暗に拒絶したと考えることもできるだろう。

　しかしながら、債務法改正が、一般法上、担保目的の債権譲渡を認める可能性を暗に開いていることは、互いに関連しあう次の2つの要素から明らかになる。すなわち、第1に、債権譲渡は、現在では売買とは無関係のものとして規律されており、このことは、債権譲渡が売買とは異なる機能を有し得ることを意味している。また、第2に、第1の要素の当然の帰結として、民法典1321条第1項によれば、債権譲渡はもはや代金と引き換えになされる必要はなく、債権譲渡は、あらゆる担保権の設定と同様に、有償または無償ですることができる。

　したがって、判例は、債権譲渡の新規定に依拠して展開し得るので、一般法上の担保目的の債権譲渡を認めることもあり得よう。

　一般法上の担保目的の債権譲渡を認めることが当を得たものといえるかは、疑わしいといえるだろう。というのも、限定された適用範囲を理由としてダイイ譲渡を利用できない事案については債権質を利用する可能性が残されているが、債権質には、2006年の担保法改正以降、質入債権の債務者に質権設定が通知されると、質入債権の排他的弁済受領権が質権者に付与されるという点において[10]、担保目的の債権譲渡と非常に近い効力があるからである。

（8）契約自由の原則を適用すると、担保目的の債権譲渡は、新たな所有権担保の創設が物権法定主義にも民法上の他の要請にも抵触しない限りにおいて、理論的に可能である。（この点について、P. Crocq, *Propriété et garantie*, préf. M. Gobert, Bibl. de droit privé, tome 248, L.G.D.J., 1995, n° 153 s. et 252 s. を参照されたい）。

（9）カタラ委員会による債務法改正草案は、草案1257-1条において、「債権は、代金の約定なくして、担保目的でその所有権を譲渡され得る。譲受人がその権利の満足を受け、または他の理由により被担保債務が消滅したときは、それは譲渡人に戻される。」としていた。また、グリマルディ委員会による担保法改正草案は、担保のための所有権移転を一般的に認めることを提案したが、この提案は、信託制度全体（管理信託〔fiducie-gestion〕、信託担保〔fiducie-sûreté〕）にわたる広範な改正は次の機会に行う予定であることを理由に、一時的に改正対象から外されたに過ぎなかったのであり、当時の司法省の真意は、一般法上の担保目的の債権譲渡の承認を拒絶しようとするものではなかった。

しかしながら、一般法上の担保目的の債権譲渡を認めることには、ダイイ譲渡を利用することができない事案において、少なくとも次の2つのメリットがあるだろう。第1に、担保目的の債権譲渡を認めると、譲渡債権を被担保債権とする担保を譲受人に移転することが可能になるが、これは質権によっては不可能である。第2に、担保目的の債権譲渡は外国の投資家を安心させることができるだろう。外国の投資家は、実務上、その債務者から「譲渡（assignment）」、すなわち、譲渡担保を取得することを習慣としており、単なる債権質の設定を受けたいわけではないからである。

　もっとも、民法典において担保目的の債権譲渡を一般的に認めることは、譲渡の承諾（債務法改正により、今日では譲渡の「確認」と呼ばれるもの）に関する準則の修正をもたらすことになるだろう。

　ここでもまた、ダイイ譲渡に関する法制度と比較してみることが興味深い。というのも、ダイイ譲渡の場合には、承諾は、譲渡債権の債務者から譲受人に対する抗弁の対抗可能性を奪ってしまう点で譲渡債権の債務者にとって危険な行為であるので、立法者はこの承諾を要式主義に服せしめており[11]、この要式主義は譲渡債権の債務者の同意を保護するためのものであるため、破毀院もこれを厳格に遵守させているからである[12]。もし一般法上の担保目的の債権譲渡が認めら

---

[10] Cass. com., 26 mai 2010, *Société GOBTP*, no 09-13388, *Bull. civ.* IV, no 94; *RTD civ.* 2010, p. 597, obs. P. Crocq; *RDC* 2010, p. 1338, obs. A. Aynès; *Dr. et patr.* sept. 2010, p. 96, obs. Ph. Dupichot; *JCP* G 2011, 226, no 19, obs. Ph. Delebecque.

[11] 通貨金融法典 L. 313-29 条1項は、承諾は、「事業債権の譲渡または質権設定の承諾証書」という標題の書面によって確認されなければならず、これに反する場合には、無効となると規定する。

[12] 判例は、承諾によって譲渡債権の債務者が引き受ける約務の範囲が広いので、この要式主義を遵守するよう厳格に留意している。したがって、破毀院は、債務者が、書面において異議をとどめずに債権の譲渡を承認した場合であっても、通貨金融法典 L. 313-29 条の要求する文言で書かれていないときは、この書面は、債務者の抗弁の対抗可能性を奪う効果を生じる撤回不能かつ無因の支払約束にはなり得ないと考えている（Cass. com., 29 octobre 2003, n° 0102.512, *D.* 2004, p. 61; *Banque et droit*, n° 94, mars-avril 2004, p. 60, obs. Bonneau Th.; *D.* 2004, p. 1969 s., obs. Boujeka A.; *RTD com.*, 2004, p. 117 s., obs. Cabrillac M.; *RD bancaire et financier* 2004, n° 69, obs. Cerles A. et n° 6, obs. Crédot F. J. et Gérard Y.）。例えば、「事業上の」という形容詞を欠くときは、承諾が無効となる（Cass. Com., 5 novembre 1991, *Bull. Civ.* IV, n° 329）。法律の要求する標題が全く書かれていないときには当然ながら、承諾は無効となる（Cass. com., 3 décembre 2002, n° 0015.839）。
　これに対して、「または質権設定」という用語が欠けているだけでは、問題ないと判断さ

Ⅲ　そ の 他

れていたならば、この場合には必然的に、譲渡債権の債務者の保護が問題とならざるを得なかったであろう。

　ところが、現状においては、改正により「確認」と呼ばれることになった承諾はなんらの方式にも服していないが、民法典1347-5条の適用により、承諾は、譲渡債権の債務者が相殺の抗弁を援用できる可能性を失わせるため、ダイイ譲渡の承諾の効果に極めて近い効果を生じるのである[13]。したがって、一般法上の担保目的の債権譲渡を認めることは、承諾が方式を備えたものでなく、また、事業者ではない債務者が承諾することを禁止されていないとすれば、危険なものとなるだろう。

　この点について、アフリカ商事法調和化機構（OHADA）を構成するアフリカの17カ国に適用される新統一担保法が一般法上の債権譲渡担保を認め、同法85条において譲渡債権の債務者を二重に保護していることが注目に値する。

　すなわち、第1に、85条1項は、承諾することができる者を、「本法3条の意

れた。「事業債権譲渡の承諾証書」という記載が当該取引の性質に十分に適合していたからである。（Cass. com., 22 février 1994, n° 9210.632, *Bull. civ.* IV, n° 69）。さらに、承諾の方式が遵守されておらず、したがって債務者の約束が譲渡の承諾に値しないにもかかわらず、他の法的根拠に基づいて、債務者が譲渡債権に基づく支払を命じられることがある。例えば、債務者が譲渡を承諾したがそれが不適式であり、その後、この債務者が譲受人に対して抗弁を主張したという事案において、破毀院は、「［債務者によって］署名された承諾証書は無効ではあるが、［債務者］による［譲渡人］に対する負債を異議をとどめずに承認していることを示しており、この場合に、その負債にかかる不確実さは、債務者に民事責任を負わせる」と判断したのであり、これは、結果的に、民法典旧1382条の適用〔不法行為に基づく損害賠償責任〕を媒介として、債務者を適法な承諾がある場合と同じ状況におくものであった（Cass. com., 2 décembre 1997, *Dalloz Affaires,* 1998, p. 472 s.; *RTD com.,* 1998, p. 395, obs. M. Cabrillac）。これに対して、負債の承認の存在および民法典旧1134条の適用〔合意の拘束力〕を根拠とするものもある（C. A. Metz, 8 février 2006, *JCP G* 2006, IV, 3073）。

(13) しかしながら、一般法上の承諾の効果は、ダイイ譲渡の承諾の効果と全く同じというわけではない。というのも、民法典1347-5条は、民法典旧1295条と同様に、同時履行の抗弁について何も述べていないが、判例は、一般法上の債権譲渡の場合には、債務者が承諾をしたとしても、この債務者に同時履行の抗弁権が残されていることを認めていたからである。例えば、破毀院予審部1889年2月4日判決（Cass. Req., 4 février 1889, *D.* 1890, 1, p. 421）によれば、「債務者が譲渡を無条件で承認すると、原則的に、債務者は、譲渡人に対して有する債権をもって相殺することはできなくなるが、債務者が譲渡人に対して相殺することができたはずであるので、譲渡債権に内在する瑕疵を譲受人に対抗できる権利は奪われない」。

味での事業者たる債務者」、すなわち、事業活動に際して発生した債務の債務者に限定している。そして、第2に、承諾証書は、承諾の危険性について債務者の注意を引くための保護機能を有する要式主義に服する。85条2項は、「この約務は、『債権譲渡担保の承諾証書』との標題で、本条の規定を十分にわかりやすい文字で書き写した書面によって確認されなければならず、これに反する場合には無効となる」と規定する。つまり、承諾の効果に結び付けている。

したがって、債務法改正によって可能性が与えられた以上、破毀院が、いつの日か、判例を変更して一般法上の担保目的の債権譲渡を認めることを決心するときがくるならば、上述したのと類似の債務者保護措置をとるために、立法者が介入しなければならないだろう。

このように、ダイイ譲渡制度は債務法改正に強く影響を与えており、将来的にさらにいっそう影響を与えていくだろうと思われる。しかし、これからみるように、債務法改正もダイイ譲渡に影響を与えているので、影響関係が相互的であることもまた真実である。

II　ダイイ譲渡に対する債務法改正の影響

債務法改正は、一般法からの補強によって、ダイイ譲渡について既に採用されてきた判例法理をより堅固なものにした（A）。しかし同時に、債務法改正は、債権譲渡に関する一般法を修正したことにより、将来債権譲渡の場合について、一般法上の新債権譲渡による解決とダイイ譲渡による解決の間に新たな不調和を生み出した（B）。

A　債務法改正によるダイイ譲渡に関する法制度の強化

これまでダイイ譲渡に関する判例によってしか述べられてこなかった準則が一般法上の債権譲渡の中で明文化されたことによって、ダイイ譲渡に関する法制度がより堅固なものになった。

例えば、第1に、破毀院商事部2002年10月22日判決は、譲渡を債務者の承認に服せしめる旨の契約条項の存在を、債務者がダイイ譲渡の譲受人（受益者）に対抗できることを認めていた[14]。現在、この判例法理は、債務法改正によって新設された民法典1321条4項によって維持されている[15]。

Ⅲ　そ　の　他

第2に、判例は[16]、ダイイ譲渡について、法定相殺の要件が譲渡通知の日付よりも前に備わったときには、債務者が、相殺の抗弁を譲受人に対抗できることを認めていた。もっとも、債務法改正前においては、この判例法理は批判を受け

---

(14) 破毀院商事部は、当初、譲受人たる銀行は、承認条項があっても債務者側から支払を受けることを妨げられないと判示していた。すなわち、破毀院商事部2000年11月21日判決は、譲受人たる銀行は、「これを承諾していた場合を除き、そこに記載された承認条項によって拘束されない」と判示していた（Cass. com., 21 novembre 2000, *Bull. civ.* IV, n° 180; *D.* 2001, p. 123, obs. V. Avena-Robardet; *Defrénois*, 2001, art. 37358, p. 635 s., note M. Billiau; *RTD com.*, 2001, p. 203, obs. M. Cabrillac; *RTD civ.* 2001, p. 933 s., obs. P. Crocq; *RD bancaire et financier* 2001, p. 289, obs. A. Cerles; *D.* 2003, Som. p. 343, obs. Martin D.）。

カブリヤック教授が指摘したように、この判決による上述の留保（「銀行がこれを承諾していた場合」）は狭きに失するものであった。というのも、かかる条項の存在を単に認識していれば、銀行もまた譲渡人とともに条項違反を犯したことになるからである。したがって、この留保によって、銀行が譲渡を主張することを禁止すべきであった（M. Cabrillac, obs. préc.）。もっとも、条項の効力は、債務者が、譲渡人とは別の社員に弁済受領権限を与える旨の定款の存在を、譲受人に対抗できることを破毀院が認めた際に（Cass. com., 20 novembre 2001, n° 9821.708, *Banque et droit*, n° 82, mars-avril 2002, p. 54 s., obs. Th. Bonneau; *RD bancaire et financier* 2002, p. 11 s., obs. F. J. Crédot et Y. Gérard）、間接的に認められていた。

最終的に、破毀院商事部は、学説の批判を受けて判例を変更した。すなわち、破毀院商事部2002年10月22日判決は、「債権譲渡を承諾していない債務者は、譲渡人との人的関係に基づく抗弁」、とりわけ、債務者の同意なくして債権を譲渡することを譲渡人に禁止する条項の存在を、「譲受人たる信用機関に対抗することができる」と判示した（Cass. com., 22 octobre 2002, n° 9914.793, *Droit et patrimoine Hebdo*, n° 449, 27 novembre 2002, p. 2 s.; *RD bancaire et financier* 2003, p. 12., obs. Crédot F. J. et Gérard Y.; *RTD civ.* 2003, p. 129 s., obs. Crocq P.）。

(15) しかしながら、ダイイ譲渡の場合には、このような条項による譲渡制限が適用されるのは稀である。というのも、新たな経済規制に関する2001年5月16日の法律は、商法典 L. 442-6条に次のような規律を加えたからである。すなわち、「製造業者、商人、工業生産者又は手工業者名簿登録者のために、その契約相手方がこれら者に対して有する債権を第三者に譲渡することを禁止すること……ができる旨の条項または契約は、無効である」（Ghestin J., Billiau M. et Loiseau G., *"Le régime des créances et des dettes"*, L. G. D. J., 2005, n° 292 を参照されたい。）。したがって、それ以降、譲渡債権の債務者が同条の列挙する事業者のカテゴリーに属する場合には、譲受人たる銀行が譲渡前に譲渡禁止特約について知っていたとしても、当該条項は効力を生じないことになった（譲受人に対する口座開設契約の対抗不能については、Th. Bonneau, obs. sous Cass. com., 9 octobre 2001, *Banque et droit*, n° 81, janvier-février 2002, p. 46 を、さらに、譲渡禁止条項の効力に関する比較法については、Affaki G. et Stoufflet J., note sous Court of Appeal (Civil Division), 27 février 2007, "Barbados Trust Company Ltd v. Bank of Zambia et al.", *Banque et droit*, n° 112, mars-avril 2007, p. 48 s. を、それぞれ参照されたい。）。

得るものであった。というのも、譲渡が債務者と債権者の地位の相互性を失わせるからであり、また、立法者によって条文上定められていたダイイ譲渡の第三者に対する即時対抗可能の原則の唯一の例外は、債務者による弁済であって相殺の抗弁ではない以上、ここで考慮されるべきは、譲渡の日付だからである[17]。

しかしながら、今日では、判例法理が債務法改正によって明文化されたため、これらの批判をすることはできなくなった。すなわち、民法典1324条2項は、相殺の抗弁の譲受人への対抗の可否を譲渡通知の日を基準に決するとしており、これは、ダイイ譲渡という特別法の領域で判例が採用してきた解決に[18]、一般法の領域で、立法による正当化を与えるものである。

---

(16) Cass. com., 14 décembre 1993, *D.* 1994, p. 269, note crit. Ch. Larroumet; *adde,* dans le même sens, Cass. com., 26 avril 1994, *Banque,* décembre 1994, n° 554, p. 91, obs. J. L. Guillot; Cass. com., 13 décembre 1994, *Bull. civ.* IV, n° 373; *RTD com.,* 1995, p. 457, obs. M. Cabrillac; Cass. com., 21 mars 1995, *Bull.civ.* IV, n° 98; Cass. com., 4 avril 1995, *Bull. civ.* IV, n° 112.; Cass. 3ème civ., 12 juillet 1995, *D.* 1997, p. 95 s., note J. P. Clavier.

(17) 通貨金融法典 L. 313-27 条によれば、譲渡は、それがなされた時から、債務者を含む全ての者に対抗することができ、L. 313-28 条はこの原則に対する唯一の例外を定めているにすぎない。すなわち、譲渡債権の債務者が譲渡人に善意で、すなわち、通知前にした弁済は、債務者を解放する。あらゆる例外と同様に、同条は厳格に解釈されなければならない。したがって、同条を通知の日までに生じた他の債務解放手段（ここでは相殺）を援用することを債務者に許しているものと解してはならなかった（同旨の見解として、Ch. Lachièze, "*Le régime des exceptions dans les opérations juridiques à trois personnes en droit civil*", La Mouette, 2002, n° 239 et 263 を参照されたい。）。また、破毀院の判例法理は、「相殺は、第三者によって取得された権利を害しない」と規定する民法典旧 1298 条（現 1347-7 条）に反していた。さらに付け加えるならば、ファクタリングについて類似の問題が生じた事案において、破毀院がこの判例法理と反対の考えを示していた。破毀院は、代位弁済後、すなわち、代位が第三者に対抗可能になった時点以後に相殺の条件が備わった場合には、債務者はもはや相殺を援用することができないと考えていたのであり、この場合に、破毀院は、譲渡債権の債務者が代位を知っていたか否かを考慮しなかった（Cass. Com., 3 avril 1990, *Bull. civ.* IV, n° 116; *D.*1991, p. 180, note Y. Dagorne-Labbé; *RTD civ.* 1990, p. 661, obs. J. Mestre）。これに対して、ファクタリング業者に対してではなく当初の債権者に対してなされた債務者の弁済が債務者を解放するか否かが問題となるときには、債務者がファクタリング契約の存在を知っていたか否かが考慮される（Cass. com., 15 octobre 1996, *Bull. civ.* IV, n° 230）。相殺の抗弁の対抗可能性が問題となっているか弁済の解放的性質が問題となっているかによって、解決方法が異なることは、今日ではもはや通用し得ない。債務法改正によって新設された民法典 1346-5 条 3 項は、譲渡債権の債務者の抗弁の対抗可能性に適用される準則を、債務者の抗弁の代位債権者に対する対抗可能性に適用しているからである。

Ⅲ その他

最後に、債務法改正によって、ダイイ譲渡に関する判例法理がより堅固なものにされた3つ目の例は、1つの債権が複数の譲受人に順次譲渡され、債務者が善意で第二譲受人に弁済する場合に見出だされる。この場合に、判例は[19]、第一譲受人が第二譲受人に、譲渡債権について弁済したものの返還を請求できることを認めていた。しかし、判例は、第一譲受人の第二譲受人に対する償還請求の法的根拠を明確に示したことはなかった。

学説は、この場合につき、このような償還請求を不当利得（改正前は、「原因なき利得〔enrichissement sans cause〕」と呼ばれていたが、債務法改正により、「不当利得〔enrichissement injustifié〕」と呼ばれるようになった。）に基づくものとしていたが[20]、この問題は論争の的となり続けていた[21]。第一譲受人の第二譲受人に対する償還請求権の法的根拠は、今日では問題とならない。なぜなら、一般法上の債権譲渡について、この償還請求権の存在が民法典1325条の中に明文化されたからであり、一般法の場合に適用されるものは、適用除外が明文化されていない以上、ダイイ譲渡についても妥当するからである。

このように、債務法改正は、一般法上の債権譲渡に関する新法の中で判例法理を明文化することによって、ダイイ譲渡に関する判例上の解釈をより堅固なものにした。

---

(18) しかしながら、判例は、相殺の抗弁が牽連する負債に関わるときは、譲渡債権の債務者が、譲渡後または通知後に、相殺の抗弁を譲受人に対抗することができることを認めている。このことは、まず、黙示的に認められ（Cass. 3ème civ., 30 mars 1989 et Cass. com., 21 novembre 1989, *D.* 1990, Somm. p. 231, obs M.Vasseur)、その後、明示的に認められた（Cass. com., 15 juin 1993, *D.* 1993, p. 495 s., note Ch. Larroumet; *adde,* dans le mêe sens, Cass. com., 29 novembre 1994, pré.; Cass. com., 4 avril 1995, pré.; Cass. 3ème civ., 12 juillet 1995, pré.)。この判例法理は、今日では、債務法改正によって新設された民法典1324条2項が牽連する負債の相殺と負債に内在する抗弁を同一視したことによって、より堅固なものになっている。

(19) パリ控訴院1990年1月4日判決（ラルメ教授の判例回顧の資料に掲載されている〔Ch. Larroumet, "Le conflit entre cessionnaires successifs d'une créance transmise par bordereau", *JCP E* 1990 Ⅱ, 15877〕。）は、次のように述べていた。1つの債権をめぐる二重譲受人間の争いの場合で、第二譲受人が債務者から支払を受けたときは、第一譲受人は第二譲受人から支払の返還請求を受けられる。破毀院は、この点についてまだ判示していないが、パリ控訴院と同じ考えを採るものと思われる。なぜなら、破毀院は、ダイイ譲渡の受益者たる銀行とファクタリング会社が争った事案においてこの解決方法を採っていたからである（Cass. com., 19 mai 1992, *Bull. civ.* Ⅳ, n° 190; *RTD com.*, 1992, p. 655, obs. M. Cabrillac et B. Teyssié; *RD bancaire et bourse* 1992, p. 236, obs. F. J. Crédot et Y. Gérard)。

しかしながら、債務法改正は、将来債権譲渡に関して、一般法上の譲渡とダイイ譲渡の間の新たな不一致も生じさせた。

B　将来債権に関する法制度上の新たな相違の出現

債権譲渡は将来債権を目的とすることもでき、これは、一般法上の債権譲渡の場合もダイイ譲渡の場合も同じである[22]。しかし、将来債権の所有の移転がいつの時点で第三者に対抗可能になるかという問題は残されたままである。

ダイイ譲渡の場合について、この問題は当初の条文では解決されていなかっ

---

(20) 第一譲受人の償還請求は、第二譲受人の不当利得をその根拠にすることができる。弁済は、一般的に、債務者側にも債権者側にも偏らない中立的な行為である。すなわち、債務者に関しては、弁済は自己の資産から一定の金額を支出させるが、同時にこれに相当する額の債務を消滅させるのであり、それ自体は損失を生じさせる行為ではない（N. Catala, *La nature juridique du payement*, Bibl. de droit privé, tome XXV, L. G. D. J., 1961, n° 191, p. 276 s.）。反対に、債権者の側に立ってみると、弁済は、たしかに、その資産の中に一定の金額を組み入れるものであるが、同時に債権を消滅させるものである。しかし、弁済に中立性があるといえるのは、弁済されるより前に債務または債権が存在している場合に限られる。しかるに、この場合には、第二譲受人が、譲渡債権を有効に取得することができなかったため、債務者がした弁済は、第二譲受人に利得を生じさせる。すなわち、第二譲受人の資産の中には弁済よりも前に存在すべき債権が存在せず、それゆえ、弁済が利得とみなされるのである。不当利得の成否について検討すると、まず、第一譲受人には損失がある。なぜなら、第一譲受人は、第二譲受人に弁済されたことにより、債務者から弁済を受けることができなくなり、第二譲受人に対して行使する権利が認められなければ、この弁済を受けることができなくなるからである。次に、利得と損失の間に因果関係がある。第二譲受人の利得は、これが続く限り第一譲受人の損失をもたらすからである。最後に、第二譲受人の利得には原因がない。第一譲渡が第二譲渡に対抗可能であることは、第二譲受人が第二譲渡の存在を第一譲受人に対抗できないという結果を必然的にもたらすからである。そして、このことは、第二譲受人は、債務者による譲渡債権の弁済によって得ていた利得の原因として、第一譲受人に第二譲渡を援用できないことを意味する。したがって、不当利得の要件は備わっており、それゆえ、第一譲受人は、不当利得を理由として、第二譲受人に対して訴権を行使することができる。なお、利得者が善意であることは不当利得の成立の障害にはならないので、第二譲受人が第一譲渡の存在を知らなかったことは問題にならない（Cass. 1re civ., 11 mars 2014, n° 12-29.304, *RDC* déc. 2014, p. 622, 111c0, note R. Libchaber）。このことは、債務法改正によって新設された民法典1303-4条の文言によって確固たるものになった。

(21) 特に参照すべきものとして、M. Cabrillac, "Les conflits entre les cessionnaires d'une même créance transmise par bordereau", *D.* 1990, chron. p. 127 s.; Ch. Larroumet, "Le conflit entre cessionnaires successifs d'une créance transmise par bordereau", *JCP.* 1990, éd. E, II, 15877 がある。

Ⅲ　その他

た。しかし、債権譲渡は売買とつながりのあるものとされて、売買は、同意のみによって直ちに所有権の移転をもたらすことに照らせば、ダイイ譲渡が、何らの方式を要せず、それが行われたまさにその瞬間に第三者に対抗可能になるという準則は、将来債権の所有の移転が、譲渡明細書に付された日に第三者に対抗可能となることを意味していたと考えることができた。債権の発生がその後であることは重要でないのである。

このような考え方は、2003年8月1日の法律によって創設された通貨金融法典L.313-27条の新規定によって明文化された。同条は、現在、「譲渡は、…債権の発生日…にかかわらず、譲渡明細書に記載された日付に、当事者間で効力を生じ、第三者に対抗可能となる…」と規定する。

この考え方は、判例によって、ある財がその所有権を留保して買主に売却され、次いで、この買主によって第三取得者に転売され、他方で、この買主＝転売人が第三取得者に対する転売代金債権をダイイ譲渡によって銀行に譲渡したという事案に適用されている。実際には、買主＝転売人が後に支払不能に陥って倒産手続が開始すると、債権の譲受人である銀行と、民法典2372条の適用により転売代金債権の上にその担保が〔代位により〕及ぶ留保所有権者との間で、争いが生じてくる。

両者の優劣は、転売代金債権の譲受人たる銀行の権利が第三者に対抗可能になった日、すなわち、ダイイ譲渡の日と、所有権留保による売買の売主が享受する物的代位が第三者に対抗可能になった日、すなわち、判例によれば財が第三取得者に転売された日の先後によって決せられる[23]。これら2つの日の先後により決すると、たいていの場合には売主が優先する。実務上、転売代金債権の譲渡は、ほとんど常に転売後になされるからである。

---

(22) 一般法上の債権譲渡の場合の将来債権譲渡は、破毀院によって認められていた（Cass. 1re civ., 20 mars 2001, "Banque Sovac immobilier c. M. Fabre, ès qual.", n° 9914.982, *Bull. civ.* I, n° 76; *D.* 2001, p. 3110 s., note L. Aynès; *Banque*, décembre 2001, p. 76, obs. J. L. Guillot; *RD bancaire et financier* 2001, p. 349, obs. D. Legeais）。その後、債務法改正によって創設された民法典1321条2項よって明文化された。

(23) 同旨の判決として、Cass. com., 20 juin 1989, *Bull. civ.* IV, n° 196, p.130; *D.* 1989, p. 431, note F. Pérochon; *Banque*, juillet-août 1989, n° 496, p. 760, obs. J. L. Rives-Lange; *RTD com.*, 1989, p. 702, obs. M. Cabrillac et B. Teyssié; *RTD com.*, 1989, p.745, obs. A. Martin-Serf; adde les concl. de M. l'Avocat général M. Montanier in "*Rapport de la Cour de cassation 1989*", La Documentation Française, 1990, p. 185 s.

これに対し、転売代金債権の譲渡が財の転売よりも前になされる場合には、これは将来債権の譲渡となるが、破毀院商事部2010年12月14日判決は[24]、債権の譲受人が優先すべきであると判断した[25]。これは、結局のところ、将来債権の所有の移転は、債権譲渡の日に第三者に対抗可能になるのであって、債権発生日にはじめて対抗可能になるのではないということを認めるに等しい。

このような解決は、売買に関する所有権即時移転の原則が、譲渡目的物の移転が第三者に対抗可能になる日と譲渡それ自体が対抗可能となる日とを区別しないことを前提にしていたことに照らせば、債権譲渡についての一般法と調和のとれたものであった。

このような調和は債務法改正によって失われた。改正により一般法上の債権譲渡の規律は、民法典のなかで売買の規律と切り離されて規定されており、将来債権に関しては、所有権即時移転の原則に対する例外がおかれている。というのも、債権譲渡の新しい一般法は、民法典1323条3項において、「将来債権の移転は、当事者間でも第三者との関係においても、その債権が発生した日にしか効力を生じない」と規定しており、これは、一般法上の将来債権譲渡はこの債権が発生した日にしか第三者に対抗できないことを意味するからである[26]。

---

(24) Cass. com., 14 décembre 2010, n° 09-71.767, *RTD Civ.* 2011, p. 157, obs. P. Crocq; D. 2011, p. 8, obs. A. Lienhard; *Act. proc.* coll. février 2011, n° 45, obs. B. Saintourens.

(25) もし、企業の顧客に対する債権全てを譲渡しまたは質権を設定することが可能であるとするならば、所有権留保の利点は大幅に減殺されるだろう。このような理由により、ドイツの判例は、連邦通常裁判所1959年4月30日判決以来、債権の包括譲渡が、通常供給業者の利益となるべき拡大された所有権留保条項の効力を完全に失わせるときには、良俗違反となるとしている（この判決の全文については、E. Cashin-Ritaine, "*Les cessions contractuelles de sommes d'argent dans les relations civiles et commerciales franco-allemandes*", Bibl. de droit privé, tome 348, L. G. D. J., 2001, n° 829 s.）。幸運なことに、フランス法はこのような危険を逃れている。フランス法では、将来債権の譲渡および質権設定は将来債権の十分に特定されていることを前提とし、これを欠く場合には無効となるからである（通貨金融法典L. 313-23条および民法典2356条2項）。実際、判例は、特定性の原則が遵守されているか否かを十分に厳格に評価することによって、所有権留保に対する債権譲渡の実効性を保持している（この問題は、アフリカ商事法調和化機構の新統一担保法において、類似の方法で解決されていることを指摘しておこう。同法は、所有権留保の対抗力と担保目的の債権譲渡の対抗力を公示のための方式の履践に服せしめている。この点については、P. Crocq, "*Les sûretés fondées sur une situation d'exclusivité et le projet de réforme de l'Acte Uniforme portant organisation des Sûretés*", *Dr.et patrimoine* n° 197, novembre 2010, p. 78 s., spéc. p. 82 を参照されたい。）。

Ⅲ　そ　の　他

　同項からは次のことが導かれる。すなわち、上述のように、一般法上の債権譲渡による将来の転売代金債権の譲受人と、この債権に所有権が〔代位により〕及ぶ留保所有権者の優劣が問題となる事案では、この２人の有する権利は、将来債権の発生日に同時に第三者に対抗可能になる。このとき、唯一の解決方法は、留保所有権者と債権譲受人に、譲渡債権に対する不分割の権利を認めることであろう。

　このことはまた、譲渡人について、将来債権譲渡がされた日と債権の発生日の間の時期に倒産手続が開始した場合に、一般法上の債権譲渡の実効性をダイイ譲渡のそれよりも弱くするという結果をもたらすものである。というのも、この事案において、将来債権の所有の移転は、一般法上の債権譲渡の場合には譲渡人の倒産手続に対抗することができないのに対して、ダイイ譲渡の場合には対抗できるからである。

　しかしながら、フランス法において、逓次に履行期が到来する債権の譲渡が問題となるのは、たいていの場合に賃料債権の譲渡であることからすれば、一般法上の債権譲渡でダイイ譲渡の上述の違いの実務上のインパクトは極めて限定的である。破毀院は、賃料債権を、履行期が将来に到来する現在債権であって将来債権ではないと解しているからである。

　民法典1323条３項の実務に対する影響は極めて限定的にとどまるところ、新たな差異を生じさせることになったこの条文の実益には疑問があり得る。しかし、債務法改正は、一般的に言えば、一般法上の債権譲渡に関する法制度を、債権に

---

(26)　もっとも、これに異論を唱える論者もいる（Ch. Gijsbers, Le nouveau visage de la cession de créance, *Dr. et patr.* juill.-août 2016, p. 48）。その理由は、将来債権譲渡がこの債権の発生の日に対抗可能になることを認めると民法典1325条に反することになるというものである。というのも、同条は、１つの債権について順次に二重譲渡がなされた場合に、２人の譲受人のうち第一譲受人に対して弁済をすることを債務者に義務づけているからである。しかしながら、この論拠は、次の２つの理由によって、十分に説得力のあるものではない。第１に、譲渡債権の債務者は、１つの債権について争い合う複数の者のうちの１人に弁済をすることによって有効に解放され、受領者は弁済を有効に保持できるからである。第２に、1325条は、「１つの債権について順次の譲受人が競合する場合には、日付において先んじた者に有利に解決される」ことを認めるが、同条で問題となっているのは「日付において先んじた者」（第一譲受人）が誰かだけであり、将来債権の二重譲渡の場合には、各譲渡が将来債権の発生日にしか第三者に対抗できないのであるならば、譲受けの先後を観念することができず、２人の譲受人が同時に第三者に対抗可能な権利を取得したことになるからである。

関するその他の取引に関する法制度に近づけることを目的としていたのであった。この点について、法システムの一貫性のためには、同一のルールを採用し、例えば、ダイイ譲渡、証券化、債権質についての場合と同様に、一般法における将来債権譲渡が直ちに第三者に対抗可能になることを認めるのが望ましかったと思われる。

【訳者付記】本稿は、2016年11月8日に、関西大学法学研究所において開催された第132回特別研究会「フランス法における債務法改正後の債権譲渡」の講演原稿を翻訳したものである。

　本講演は、2016年2月10日オルドナンス第131号（債務法改正オルドナンス）によって改正された民法典の債権譲渡規定とダイイ譲渡の関係を論じたものであるが、本講演の5年後に、担保法改正に関する2021年9月15日オルドナンス第1192号が成立したため、現在では、本講演の中でクロック教授が指摘されていた主な問題点が解消している。

　まず、本講演のⅠBで論じられていた、一般法上の債権譲渡を担保目的で行うことができるかどうかという問題については、民法典第4編第2章第1小章第4節第2款「担保目的で譲渡された所有権」の中に、「担保目的での債権譲渡」と題する第2小款が新設され、その中に一連の規定（民2372条から2373-3条）が設けられた。次に、本講演のⅡBでクロック教授が批判されていた、一般法上の将来債権譲渡による債権移転時に関する民法典（当時）1323条3項は、削除された。これにより、将来債権譲渡についても、債権譲渡の効力に関する原則規定に従い、証書の日付に債権移転の効力と第三者への対抗力を生じることになった（民1323条1項・2項）。

　2021担保法改正の概要については、片山直也＝齋藤由起「2021年フランス担保法改正オルドナンスの概要——動産・債権担保を中心に」日仏法学32号（2023年）67頁以下。改正後の民法典（人的担保・動産担保部分）の条文訳については、片山直也＝齋藤由起／訳「二〇二一年フランス担保法改正オルドナンスによる民法典の改正——人的担保及び物的担保（動産担保）に関する条文の翻訳ならびに共和国大統領に対する報告書による解説」法學研究95号11号（2022年）65頁以下を参照されたい。2021年担保法改正後の担保目的の債権譲渡については、齋藤由起「フランスにおける債権担保法制の現在地」藤原正則ほか編『松久三四彦先生古稀記念　時効・民事法制度の新展開』（信山社、2022年）611頁以下、オーギュスタン・エネス（齋藤由起訳）「債権や通貨を目的とする担保」法學研究97巻7号（2024年）27頁以下。

249

15 債務法改正後における契約の相互依存性

野澤正充 訳

は じ め に

相互依存契約（contrats interdépendants）は、「契約の集合」（ensembles contractuels）ないし「不可分契約」（contrats indivisibles）とも呼ばれるが、より広いカテゴリーである「契約の集団」（groupes de contrats）の中の部分集合を（sous-ensemble）を形成している。

では、契約の集団とは何か。

契約の集団の概念は、複合契約（contrats complexes）の概念と対置する。すなわち、契約の集団においては、各契約は、その独自性と伝統的な機能を維持している。これに対して、複合契約では、各契約が結びつき、新しい契約類型を形成して、その伝統的な機能を失う。その典型例は、賃貸借と売買の片務予約との結合から生じたリース契約（crédit-bail）である。すなわち、リース契約は、賃貸借と売買の片務予約とは区別された、独自の法制度を形成している。

ベルナール・テシエ（Bernard Tessié）教授がその博士論文において提示したように、契約の集団は、さらに2つのカテゴリーに分けられる。

1つは、契約の連鎖（chaînes de contrats）で、多くの異なる契約が同一の財産をその目的としている。

もう1つは、契約の集合ないし相互依存契約で、多くの異なる契約が、同一の経済目的を追求するものである。

したがって、相互依存契約は、契約の連鎖とは区別される。

また、相互依存契約は、下請負や転貸借のような下位契約（sous-contrats）とも区別される。というのも、契約の集合の多くの場合には、各契約の法的性質が

Ⅲ　その他

同一ではないのに対し、下位契約の場合には、それらが必然的に同一だからである。

　さらに、相互依存契約は、貸金返還債務を担保する担保権設定契約のように、主たる債務に付従する契約とも異なる。というのも、主たる債務に付従する関係というのは、一方的な依存関係を有するからである。すなわち、従たる契約は、主たる契約の帰趨にのみ従うのであって、その逆はない。これに対して、相互依存契約は、依存関係が双方的であり、2つの契約のいずれかの帰趨が、他方の契約の帰趨に影響を及ぼす。

　相互依存性は、契約当事者間における2つの関係（relations économique）から導かれるものである。

　まず、相互依存性は、相互的な関係の帰結である。すなわち、一方の当事者は、他方当事者が他の契約に同意したことによってのみ、契約に同意するという関係にある。その典型的な例としては、自動車販売業者から新車を購入する場合において、同業者が古い自動車を下取りするときにのみ、新車の購入に同意する者の例が挙げられる。

　破毀院第1民事部1964年3月9日判決（Bull. civ. Ⅰ, n° 134）によれば、新車の購入は、旧自動車の下取りを条件として行われるものであり、双方の契約を熟慮してなされた2つの売買契約の間には、黙示の不可分性があるとされた。

　相互依存性は、実務的には多くの場合に、取引状況が結合するときに認められる。すなわち、2つの契約は、必ずしも同一当事者間で締結されるものではないが、同一の経済目的を達するために結ばれるものである。

　長い間、契約の相互依存性の問題は、消費者法や一部の領域でしか、立法者によって取り上げられてこなかった。この概念を明らかにしたのは学説であり、それを一般論として展開し、かつ法制度として確立したのは判例である。

　しかし、2016年10月1日に改正された債務法が施行されると、状況は変わることとなる。というのも、民法典が、相互依存契約に2つの条文を規定することとなるからである。すなわち、1186条の2項・3項および1189条である。

　しかし、民法典の中に相互依存契約が規定されたことを喜ぶべきであろうか。必ずしもそうではない。なぜなら、改正によって規定されたものは不完全であり、しかも、相互依存契約の存在（Ⅰ）とその制度（Ⅱ）が問題となるからである。この問題は、改正法によって規定されなかった判例による解決が、黙示的に

否定されたと解するのか、あるいは、暗黙のうちに維持されているとみなすのかという問題であり、維持されているとみなすのが、もちろん、望ましい理解である。

I 債務法の改正と相互依存性の存在

まず、相互依存性の存在について、債務法改正の規定は、重要ではあるが、部分的である。というのも、改正は、それ以前の判例が規律していたよりも、よりよく相互依存性の根拠を明らかにした（A）が、相互依存性の基準の決定についてはその指標を欠き、この点においては、従来の判例が部分的に有用だからである（B）。

A 債務法の改正と相互依存性の根拠

実務においては、2つの契約の間の相互依存関係が必然的に生じ、破毀院も、これを肯定していた。すなわち、契約書を作成した事業者が、そのような相互依存関係が生じることを助言しなかった場合には、責任を負うことを認めている。

しかし、2つの契約が相互依存性を有するのは、いかなる法的根拠に基づくのか。

もちろん、2つの契約のそれぞれに、契約の一方の存在ないし履行が他方の契約の存在ないし履行を条件とするということを定めておくことは可能である。そして、消費者法において、売買と（その目的物の）取得のための貸金契約とを相互依存的にするために立法者が用いる法技術は、まさにこれ（契約の条件）である。

しかし、条件という法技術は、万能薬（panacée）ではない。というのも、複数の契約を、その締結と履行に際して結びつけるためには、停止条件と解除条件とを同時に規定しておかなければならず、当事者が契約においてこれらの条件を明示的に定めなかった場合には、相互依存性を正当化することはできないからである。

また、条件という法技術を用いても、相互依存性の効果の総体を説明することはできない。

さらに、実務的には、解除条件を用いるのは適切ではない。というのも、解除

Ⅲ　その他

条件による効力の喪失は、遡及的だからである。

　そこで、判例は、相互依存性の正当化の根拠を、コーズ（cause＝原因）に求めた。すなわち、まず、1993年以降、黙示的にのみコーズを引き合いに出し、2010年10月28日の破毀院第1民事部判決（*JCP* G 2011, note 303, note C. Aubert de Vincelles ; *D.* 2011, p. 628 s., obs. Cl. Creton ; *D.* 2011, p. 566 s., note D. Mazeaud ; *Defr.* 2011, art. 39229, p. 808 s., obs. J.-B. Seube）では、初めて、コーズに明確に言及した。

　しかし、このことは、伝統的なコーズの概念を考慮しないということを意味し、次の4つの点を強いることとなる。

　1°契約の機能性を考慮することによって、コーズに動機（motif）を含めることとなる。

　2°契約のコーズが、当該契約の外の、グローバルな作用（opération écono-mique）の中に位置づけられることを認めることとなる。

　3°かつてカピタンが提案したように、コーズは、契約の締結時のみならず、契約の履行時にも機能しうることを認めることとなる。

　4°コーズの消滅は、契約の無効のように遡及効を有するものではなく、単に契約の失効をもたらす、ということを認めることとなる。

　コーズの伝統的な理論に対する以上の重要な修正（entorses）から、一部の研究者は、複数の契約間における相互依存性を、新たな根拠によって説明している。すなわち、民法典旧1217条および旧1218条に規定されていた、不可分性の概念である。

　しかし、不可分性の概念に依拠することは、次の点で批判される。

　一方では、不可分性は、民法典の起草者が、同一の契約から生じた債務についてしか認めていなかった。そこで、これを適用するためには、これらの規定の適用領域を、当事者の意思解釈に基づいて拡張しなければならない（という問題がある）。

　また他方では、不可分性の概念は、相互依存性の根拠を説明するというよりも、相互依存による効果を説明するものである。というのも、契約が不可分だから相互依存的であるというのは、契約が相互依存的だから相互依存性がある、というのに過ぎないからである。

　それゆえ、一部の裁判例が旧1217条と1218条を想定しているのは確かである

が、判例は、相変わらず、コーズの概念に依拠している、と解されている。

しかし、債務法の中からコーズの規定を削除した2016年2月10日のオルドナンスの施行によって、これらの考え方は一変するであろう。

なぜなら、この改正によって民法典からコーズが取り除かれるため、（相互依存性を）コーズに根拠付けていた者は、必然的に、契約の相互依存の問題を正面から取り上げなければならないからである。すなわち、コーズの概念が失われたにもかかわらず、判例の解決は維持されうるのである。

そして、まさに、相互依存性の効果を規定する、民法典の新しい1186条が重要となる。すなわち、同条の2項および3項は、次のように規定する。

「複数の契約の履行が、必然的に同一の取引の実現を目的とする場合において、その契約のうちの1つが消滅するときは、これらの契約は、その消滅によって履行が不能となり、かつ、消滅した契約の履行が当事者の一方の合意にとって決定的な条件となっているから、失効する」。

「ただし、失効を援用される当事者が、契約を締結した時に、集合的な取引の存在を知っていた場合にしか、失効しない」。

しかし、この2つの条項は、同条第1項を前提に解釈されなければならない。すなわち、同条第1項は、「契約の本質的要素の1つが消滅した場合には、有効に締結された契約は失効する」と規定しているため、契約の相互依存性は、各契約が他方の契約内容の本質的要素である、ということに根拠付けられる。そして、2つの契約は、1186条第2項の冒頭に規定されているように、「同一の取引の実現」という同じ目的に資するものである。

各契約が他方の契約内容の本質的要素であるということが、今後は、相互依存性の法的根拠となる。しかし、まさにその点に、実際には民法典から消失していない、コーズの復活を見ることができる。すなわち、コーズは、さまざまな仮名を用い、名前を変えて復活するのであり、1186条の「本質的要素」（l'élement essentiel）、1128条の「契約内容の適法性」（caractère licite du contenu du contrat）、1162条の公序に従わなければならないとする「契約の目的」（but du contrat）、および、1169条に規定されている「反対給付」（comtrepartie）などである。

では、どのような場合に、ある契約が他の契約の本質的要素となるとみなされるのであろうか。相互依存性の基準が問題となる。

Ⅲ　その他

B　債務法の改正と相互依存性の基準

相互依存性の基準の決定は、両当事者が、関連する2つの契約を明示的に結合しなかった場合に生じる。

この場合に、裁判官は、両当事者の意思を探究しなければならない。そして、ジャック・メストル教授が述べているように、「裁判官による当事者の意思の探究によると、可分性が原則であり、不可分性は例外となる」。このことは、2つの契約の当事者が異なるか、または、当事者が同一であっても、契約がそれ自体自立的に形成されている場合には、契約の相対的効力の原則からも容易に正当化されよう。

それゆえ、裁判官は、契約が相互依存的であることを正当化する要素を見つけなければならず、相互依存性の基準の決定は、とりわけ重要である。というのも、基準が不明確であると、裁判官の恣意に委ねられ、相互依存性の概念の援用によって、裁判官の独自の基準に基づいた判決が下される可能性が覆い隠されるおそれがあるからである。

民法典1186条2項によれば、2つの基準が規定されている。

第1の基準は客観的であり、契約から帰結される。すなわち、2つの契約の一方の消滅によって、他方の契約の履行が不可能になる、ということである。この基準は、すでに破毀院によって採用されていた。例えば、映写機材の賃貸借契約と映像の配給契約に関して、破毀院は、映写機材が使用できない結果、映像の配給契約が履行され得なかったことを認定し、映写機材の賃貸借契約の消滅が、映像の配給契約の解除原因となることを認めた（破毀院商事部1995年4月4日判決〔*Bull. civ.* Ⅳ, n° 115 et 116 ; *Contrats, conc., consom.,* 1995, n° 105, obs. L. Leveneur ; *D.* 1995, Som. p. 231, note L. Aynès ; *D.* 1996, p. 141, note S. Piquet.〕）。

また、破毀院は、ソフトウェアのライセンス契約の消滅が、それに対応する機材のメンテナンス契約の消滅をもたらす旨を判示した（破毀院商事部2007年2月13日判決〔*D.* 2007, p. 654, obs. X. Delpech ; *Defr.* 2007, art. 38624, n° 50, p. 1042 s., obs. R. Libchaber ; *JCP* G 2007, Ⅱ, 10063, note Y.-M. Sérinet.〕）。

しかし、改正法が履行の不可能なことを要件とするのは、あまりに厳格に過ぎるように思われる。例えば、財貨を購入するための資金の借入契約を考えると、売買が行われなかったり、解除されたとしても、借入契約の履行が不可能になるということはない。売買の消滅によって、消費貸借の機能が失われるに過ぎな

い。

　それゆえ、判例は、この第1の基準を緩やかに解し、ジャン・バプティスト・ソーブ教授がその博士論文で提唱した、残った契約だけでは有用性がないこと、という基準を認めている。すなわち、2つの契約の不可分性は、一方の契約の消滅によって、他方の契約を履行する利益がなくなる、ということから導かれよう（そして、このことは、2015年2月25日に公にされた改正草案には明示的に定められていた）。

　例えば、会社の経営権の獲得が、一定期間内の株式の段階的な譲渡によって行われる場合には、これらの譲渡は不可分的であり、仮に譲渡人が、それによって多数派を獲得することができる最後の株式の譲渡を拒否すれば、解除されなければならないのは、譲渡契約全体である。

　もっとも、このような要件の緩和は、相互依存性の第2の基準によって可能となるものである。

　2016年2月10日のオルドナンスによって採用された相互依存性の第2の基準は、主観的なものである。すなわち、「消滅した契約の履行が当事者の一方の合意にとって決定的な条件となっている」ことである。

　しかし、このオルドナンスは、明確ではない。というのも、何時の時点で、契約の履行が、当事者の一方の合意にとって決定的な条件となるのか否かが明らかではないからである。そして、破毀院は、この相互依存性が民法典に組み入れられる前から採用していた相互依存性の基準を用いるだろうと考えられる。すなわち、破毀院は、多くの間接事実（indices）から、相互依存性の存在を認定するのである。

　多くの場合には、契約の形成時における条件と関係のある間接事実が問題となる。例えば、2つの契約が、同じ日に、同じ期間を定めて結ばれ、当事者は異なるものの、それぞれ同じ代理人（mandataire）ないし公証人によって締結されたという事実である。

　また別の例を挙げれば、同一人と契約を締結した2人の相手方当事者が協力している場合や、2人の相手方当事者がそれぞれ他方の契約を知り、かつ、2つの契約が全体で1つであると認識している場合である。

　破毀院第1民事部は、2015年9月10日の2つの判決（*RDC* 2016/1, p. 16 s., obs. Y.-M. Laithier.）によって、この契約締結時の条件に関する基準を用いて、従来

Ⅲ　その他

の判例を変更したということである。すなわち、破毀院は、消費者法の領域以外
で、売買契約の消滅が消費貸借契約の消滅をもたらすことを認めた。その理由
は、①貸主が（買主に対してではなく、直接に）売主に対して（支払としての）資
金を提供し、かつ、②その信用の供与が売主から、（貸主である銀行に対し、書面
によって）告げられていたか、または、借主（である買主）が、主たる契約の誠
実な履行があったことを書面にして、（貸主に告げていた）ことによる。

　ただし、判例は、数は少ないものの、契約の履行の方法から、当事者の主たる
意思が不可分性にあることを認定することもある。例えば、2つの契約の履行と
して、2人の異なる契約当事者に支払われるべき金員が、その2人のうちの一方
に支払われ、その者が自らの名とともに他方の代理人として金員を受領した場合
には、この事実が2つの契約の相互依存性を表すものであるとした（破毀院第1
民事部1996年10月1日判決〔*Bull. civ.* Ⅳ, n° 332 ; *JCP* E 1997, I, 617, n° 4]）。

　ここで重要なのは、契約の相互依存性をこれに反対する者に主張するには、現
在の民法典1186条3項が明らかに要求するように、合意のなされた時に、2つの
契約が集合を形成することをその者が知っていたことを証明しなければならな
い、ということである。

　これらのさまざまな間接事実によって、契約の相互依存性の存在が認められた
としても、なお、その効果を明らかにしなければならない。そして、この効果
は、2016年2月10日のオルドナンスにおいては、不完全なものとしてしか規定さ
れていない。

Ⅱ　債務法の改正と相互依存性の効果

　債務法の改正による相互依存性の効果の規律は、かなり不十分である。

　というのも、民法典の新しい1186条と1189条には、契約の履行についての規定
しかないからである（A）。そこで、すでに判例によって認められている、契約
の相手方当事者の行為に関する相互依存性の他の効果が、新しい債務法の下でも
維持されうるか、ということが問題となる（B）。

A　改正によって明示的に認められた効果
　まず、2016年2月10日のオルドナンスによって明示的に規定された、相互依存

契約の履行に関する効果については、改正法は、その解釈問題を部分的にしか解決していない（a）。また、改正法は、契約の一方が、他方の契約の消失によってどうなるか、という問題についても、不完全にしか扱っていない（b）。

a）相互依存契約の解釈

債務法改正が施行される前に、判例は、すでに、2つの契約の間に相互依存性が認められる場合には、2つの契約の一方の解釈が、他方の契約についても考慮され、影響を及ぼすことを認めていた。

例えば、破毀院第1民事部2015年10月28日判決は、次のように判示している。すなわち、「クレジット契約と売買契約ないし役務提供契約とが、機能的に相互依存的である場合において、後者の売買ないし役務提供契約に、代金額が後に償還されるクレジットによって支払われる旨の記載があるときは、クレジット契約にその償還方法に関する条項がなくても、それが補充される」とした。

このことは、民法典の新しい1189条2項に規定されている。すなわち、同項は、複数の契約が、当事者の共通の意思において、同一の取引に向けられている場合には、それらの契約は、その取引に応じて解釈されなければならない」と規定する。しかし、この規定の適用については、一方の契約に定められた条項が、他方の契約には何らの記載がないにもかかわらず、その履行に際して援用されうることを判例が認めるか否か、という問題が残されている。

この問題は、仲裁条項に関して、すでに判例において提起され、カタラ草案では明示的に解決されていたにもかかわらず、改正法では取り上げられなかったことが、とても残念である。

b）相互依存契約の失効による消滅

一方の契約の消滅が他方の契約に及ぼす影響については、改正法の規定はなお不十分である。

確かに、改正法は、一方の契約が消滅した場合に他方の契約に適用されるサンクションの法的性質については、明確に定めている。すなわち、2016年2月10日のオルドナンスは、失効を選択することによって、法的安定性を確保している。その理由は、次の2つである。

一方では、これまでの判例は、一方の契約の消滅による他方の契約の運命については、事案に応じて、無効、解除ないし解約（résiliation）、さらに失効を認めてきた。しかし、この問題は、改正法によって明確に解決されることとなった。

Ⅲ その他

　また他方では、失効は、おそらくもっとも適切なサンクションであると考えられる。というのも、失効は、無効と異なり、契約の有効要件を欠くことを要求せず、解除と異なり、契約の不履行を要求しないからである。また、失効は、履行中の契約が本質的要素を失ったことに対するサンクションであるから、遡及効を欠き、契約の消滅の効果を規律する条項、とりわけ、原状回復の範囲に関する条項を存続させる。

　この２つの理由によって、失効は、直近の破毀院の判決においても採用され、カタラ草案においても選択されていた。

　さらに、改正法は、契約の失効を認めるためには、他方の契約が事前に消滅していることが認められなければならないことを要求する。このことも、すでに2014年末に破毀院が認めた要件であり（破毀院商事部2014年11月４日判決〔*JCP* G 2015, n° 54, obs. J.-J. Barbieri〕）、2016年２月10日のオルドナンスはこの判例を採用したものである。

　ただし、改正法は、２つの契約が相互依存的であるにもかかわらず、これを可分とする条項が有効であるか無効であるかという問題に、明確かつ適切に対処していないことが残念である。というのも、この条項によって、当事者は、一方の契約が消滅しても他方の契約が存続すると考えているからである。

　一方では、相互依存性は、２つの契約を結びつける両当事者の意思に基づくものであり、両当事者が自ら作り出した相互依存性を制限することを決めたのであれば、その意思を尊重しなければならない、と考えられる。これは、破毀院第１民事部2010年10月28日判決（*JCP* G 2011, note 303, note C. Aubert de Vincelles ; *D.* 2011, p. 628 s., obs. Cl. Creton ; *D.* 2011, p. 566 s., note D. Mazeaud ; *Defr.* 2011, art. 39229, p. 808 s., obs. J.-B. Seube）が採用した考えである。

　しかし、他方では、可分条項が契約の機能（エコノミー）に矛盾する場合には、そのような条項の効力は生じない、と解することも可能であり、破毀院商事部2000年２月15日判決（前掲）はそのように解していた。この判決は、契約の本質的債務に関するクロノポスト判決によって採用された解決を相互依存契約にも適用するものであり、破毀院第３民事部2011年12月６日判決（*RDC* 2012/2, p. 518, obs. J.-B. Seube）も再度この解決を判示している。

　そこで、2013年５月17日に公にされた破毀院混合部の２つの判決（*JCP* G 2013, note 673, F. Buy et note 674, J.-B. Seube. *Adde, dans le mêmes sens*, Cass. com., 24 septembre 2013, n° 12-25.103, *Rev. Contrats* 2014/1, p. 64, obs. J.-B. Seube）は、商事部の判決を肯定して、次のように判示している。すなわち、一方では、「ファイナンス・リース（location financière）を含む取引において、同時または順次に生じる契約は相互依存的であり」、他方では、「この相互依存性と両立し得ない契約条項は、書かれなかったものとみなす」とした。ただし、この判例は、問題を完全に解決するものではなかった。というのも、これらの判決の評釈の多くは、判決の射程を、2つの契約の一方がファイナンス・リースの場合にのみ適用される、と解していたからである。

　問題は、そのような解決を、相互依存契約の他の場合にも拡張できるか否かである。

　破毀院第1民事部2014年10月1日判決（*RD bancaire et financier* 2014, n° 202, obs. J. Djoudi）は、それを肯定している。この判決は、相対的に注目されなかったが、債務法の改正草案は、この問題に明確に言及し、有用である。

　これに対して、2016年2月10日のオルドナンスは、明確さを欠き、この問題に曖昧にしか応えていない。

　一方では、相互依存性は、各契約が他の契約の本質的要素であることを前提としていることを考慮して、可分条項は書かれなかったものとみなされる、と考えることができる。というのも、契約は、その本質的要素の1つを欠くと、存続することができなくなるからである。

　他方では、一方の契約の消滅に対するサンクションとして契約の失効を選択しているので、この消滅の結果に関する条項は、少なくとも、契約の相互依存性に反しない限りで、その効力を生じうる、と考えることもできる。

　例えば、当事者の一方に、他方の契約が消滅した場合に課される原状回復義務を、他方の当事者に対して保証する条項の効力はどうであろうか。

　このような条項は、リース契約に関しては有効であると判断された。ただし、このような条項は、財貨の売買の解除に続いてリース契約の解約がなされたことによる貸主の利益の大半を失わせることとなる。

　このような条項が相互依存契約と両立しうるか否かは、判例に委ねられている。そして、仮に両立しうるとしても、裁判官は、さらに、その条項が当事者間に決定的な不均衡をもたらすものであるか否かを検討しなければならない。民法典の新しい1171条によれば、このような条項が約款に挿入された場合には、書か

Ⅲ　その他

れなかったものとみなされることとなる。

　さらに、判例は、債務法改正によって定められなかった相互依存性の効果を維
持すべきか否か、を明らかにしなければならない。

B　改正によって定められなかった効果

　債務法改正は、相互依存性の効果が、一方の契約の消滅によって他方の契約も
失効する、ということに止まらないことを無視した。

　というのも、そのことがあまり知られていないとしても、判例は、相互依存性
が他の効果を有しうることを認めている。とりわけ、相互依存性は、2つの契約
の当事者が、類似した、ないし同時に行為をすることを前提としている。

　そこで、一方の契約の締結の時に禁じられる行為は、他方の契約の締結時にも
同様に禁じられなければならないことが、判例によって認められている。そし
て、第2の契約が独自に締結された場合には、この禁止を免れることとなる。

　同様に、当事者の一方が一方の契約について一定の決定をした場合には、その
当事者は、他方の契約について反対の決定をすることはできないとされている。
この問題について、判例には、多くの例がある。

　〔例1〕排他的な代理店契約（contrats de concession）が相互依存的である場合
において、供給業者（concédant）がその一方の契約を解約したときは、同業者
は、他方の契約も必然的に解約しなければならないとされた（破毀院商事部1998
年10月27日判決〔*Defrénois*, 1999, art. 37079, n° 90, p. 1318 s., note D. Mazeaud〕）。

　〔例2〕売買の片務予約が相互依存的である場合において、オプション権を行
使するか否かは、全ての当事者に対して同じでなければならないとされた（パリ
地裁商事部1990年4月5日判決〔*Bull. Joly* 1990, p. 765〕）。

　〔例3〕多くの医師の間で締結された（民事）会社契約と共同で履行する契約
とが不可分であるから、新たな出資者による株式の取得は、共同で履行する契約
に対する同意を必然的に含んでいるとされた。というのも、相互依存契約は、当
然に、同時に移転されるからである（破毀院第1民事部1994年11月15日判決〔*JCP*
G 1995, II, 22510, note G. Mémeteau ; *RTD civ.* 1995, p. 364, obs. J. Mestre〕）。

　さらに、相互依存契約は、共に履行されなければならず、その一方の不履行
は、他方の契約の履行の中断を正当化するとされている。

　この効果はよく知られていて、2つの相互依存契約の当事者が同一である場合

262

に、法定相殺がより広範に認められている。というのも、2つの相互依存契約によって構成された契約の集合が、異なる契約から生じた2つの債務の間に牽連関係を生じさせるからである（破毀院商事部1995年5月9日判決〔*Bull. civ.* IV, n° 130 ; *D.* 1996, p. 322, note G. Loiseau ; *RTD civ.* 1996, p. 164, obs. J. Mestre〕）。

　また、2つの相互依存契約の当事者が同一でない場合には、一方では、債務が相互的なものでないとしても、契約の集合の存在から、広範な相殺契約の存在が認められることがある。そして、他方では、原則として債務不履行の抗弁が異なる契約から生じた債務に適用されないとしても、2つの契約が相互依存的である場合には、それとは異なる解決がなされることがある。例えば、破毀院の多くの判決が、貸主によるファイナンス契約の履行が中断した場合には、借主による償還も中断することができる旨を判示した（破毀院第1民事部1995年2月7日判決〔*Contrats, conc., consom.*, 1995, n° 166, obs. G. Raymond〕など）。

　ところで、これらの判例によるさまざまな解決は、債務法改正においては、明確に採用されていない。

　しかし、これらの解決が放棄されたわけではない。というのも、これらの解決が現存するかはわからないが、コーズが失われても、破毀院は、民法典の新しい1189条の広範な適用によって、これらの解決を繰り返すことが可能だからである。すなわち、同条は、「複数の契約が、当事者の共通の意思において、同一の取引に向けられている場合には、それらの契約は、その取引に応じて解釈されなければならない」と規定する。

　相互依存契約に対する2016年2月10日のオルドナンスの寄与の検討結果は、ややがっかりするものとなった。というのも、一方では、改正法は、民法典の新しい1186条と1189条において、すでに存在した規律を十分に規定している。しかし他方では、相互依存契約の法制度の重要な視点が債務法改正によって脇に置かれ、今後は破毀院によって改めて認められることとなると思われるが、コーズは公的には失われているため、コーズに基礎付けることはできない。

　では、相互依存契約を民法典に導入する必要はあるのだろうか？

　それには懐疑的であり、コーズを削除しない方がより簡単であると思われる。そして、おそらく、（後の時代には）コーズのメリットが再発見されることであろう。

Ⅲ　その他

【参考】

　※民法典

　第1186条　契約の本質的要素の１つが消滅した場合には、有効に締結された契約は失効する（caduc）。

　複数の契約の履行が、必然的に同一の取引の実現を目的とする場合において、その契約のうちの１つが消滅するときは、これらの契約は、その消滅によって履行が不能となり、かつ、消滅した契約の履行が当事者の一方の合意にとって決定的な条件となっているから、失効する。

　ただし、失効を援用される当事者が、契約を締結した時に、集合的な取引の存在を知っていた場合にしか、失効しない。

　第1189条第２項　複数の契約が、当事者の共通の意思において、同一の取引に向けられている場合には、それらの契約は、その取引に応じて解釈されなければならない。

【訳者付記】本稿は、2016年９月13日、立教大学太刀川記念館３階多目的ホールにおいて行われた公開講演会の講演原稿を翻訳したものである。

あとがき

　1　本書は、ピエール・クロック（Pierre Crocq）教授が日本で行った講演の翻訳原稿を一書にまとめたものである。ピエール・クロック教授は、後述のように、2005年2月、私の申請した学術振興会短期招聘研究員として立教大学にお招きしたのを皮切りに、亡くなる直前の2019年4月まで、合計6回にわたって立教大学に来られ、講演を行った。

クロック教授と妻のドミニクさん

そして、その間、慶應義塾大学、早稲田大学、北海道大学、近畿大学、明治学院大学にも招かれ、奥様のドミニクさんとともに、多くの日本の研究者と親しく交流した。また、吉井啓子教授をはじめとして、パリ第2大学（現・パリ・パンテオン＝アサス大学）での在外研究に際して、ピエール・クロック教授が受入教員となった方も数多く存在する。それだけに、ピエール・クロック教授の急逝は、彼を知る多くの日本の研究者にとって、大きな衝撃であったと思われる。

　2　私とピエール・クロック教授との関わりについては、同教授が逝去された翌年のRIKKYO LAW FORUM（立教ローフォーラム）10号13頁（2020年）に「（追悼）ピエール・クロック教授との24年間」と題した追悼文に記した。しかし、同誌は、立教大学の学内誌であり、一般の方には接する機会がないため、以下に再掲することとする。

【（追悼）ピエール・クロック教授との24年間】
　(1)　2019年7月5日、ピエール・クロック教授（パリ第2大学）の訃報に接した（享年60歳）。その3ヶ月前の4月6日に立教大学にご夫妻をお招きし、21日にフランスに帰国されるまで、講演会や多くの会食、そして四国への旅行もご一緒した。それだけに、あまりに突然の訃報は、言葉に表せない驚きと悲しみをもたらした。もっとも、その前兆がなかったわけではない。四国に旅行をしたとき、何となくピエールの顔色がよくないので、健康は大丈夫かと尋ねたところ、「実は

腰が痛いんだ。夜も痛くて眠れない。」と言う。私は、私たち研究者によくある座骨神経痛が原因と考え、「それは職業病だから仕方ないよ。」と言って、ピエールにロキソニンを渡した。しかし、この時すでに、胆嚢ガンが進行し、ピエールの肝臓と膵臓が蝕まれていたとは、夢にも考えなかった。

　フランスに帰国後、5月20日、ピエールに黄疸の症状があらわれ、パリで最高の治療が受けられるアメリカ病院に入院した。ピエールから最後に受けたメールは、6月14日のものであり、6月18日には、妻のドミニク（Dominique）から、ピエールが入院して、自らはメールを出せない旨の連絡があった。そして、7月4日、ドミニクから、ピエールの容態が芳しくなく、深く憂慮しているとの連絡があり、日本時間の7月6日午前9時（フランスでは7月5日深夜）に、ピエールの逝去の連絡を受けた。

　(2) ピエールは、パリ第2大学博士課程を修了し、1992年の教授資格試験に第3位で合格した後、アンジェ大学に奉職した。そして、1996年10月、パリ第2大学教授となった。パリ第2大学は、ソルボンヌ大学（文学・哲学）と共にカルチェラタンを代表するパリ大学法学部の伝統を受け継ぐ大学であり、その教授に36歳で就任したのは、近年では比較的早いと思われる。その年、在外研究で、同大学の客員研究員であった私は、受入教授（クリスティアン・ラルメ〔Christian Larroumet〕）の紹介により、ピエールの博士課程の演習（Enseignement Méthodologique）に参加することとなった。しかし、フランスの大学の演習は、日本のそれとは異なり、あらかじめ与えられたテーマについて1人の学生がプレゼンテーションを行った後、それを教授が講評し、かつ、同テーマの講義をするというもので、自由に議論するのではなく、むしろ講義に近い形式である。このような形式は、ヨーロッパの伝統的なものであろう。そして、ピエールの演習は、その師であり、厳格なことで有名であったミシェル・ゴベール〔Michelle Gobert〕教授のスタイルを踏襲し、厳格かつ緊張感に充ちたものであった。そのため、私は、1年半の間、同演習に参加していたものの、ピエールにとりつく島はなく、また、当時のピエールも日本に対する関心は全くなかった（というよりも、日本を全く知らなかった）。しかし、この在外研究中に、ピエールの博士論文である『所有権と担保』（Propriété et garantie, LGDJ, 1995）に触発されて、私の書いた論文（Le transfert de propriété à titre de garantie en droit français et en droit japonais〔日仏における担保としての所有権の移転〕）は、2001年に国際比較法雑誌（Revue

あとがき

internationale de droit comparé, 53-3, 2001, p. 657) に掲載されることとなった。この論文は、ピエールの演習に対する、私のレスポンスであり、かつ、お礼でもあった。

1998年3月に在外研究を終えた後も、ピエールとの交流は細々と続いた。その転機となったのは、2005年2月、日本学術振興会の短期招へい研究員として立教大学にピエールとドミニクを招いたことである。これは、ピエールにとってはフランス国外からの初めての招へいであった。しかも、クロック夫妻は、多くの日本の研究者に温かく迎えられたこともあって、日本をこよなく愛するようになった。その後の、夫妻の親日ぶりは、日仏を問わずに、多くの研究者の知るところである。

(3) ピエールとの思い出は数多いが、なかでもフランスの伝統文化を示す「テュトワイエ」(Tutoyer) が、日本にはない文化であるため、印象深かった。すなわち、フランス語では、「あなた」に当たる2人称としての「ヴウ」(Vous) が通常用いられる。これに対して、「君」を表す「テュ」(Tu) という2人称があり、辞書では、「君ぼくと呼び合い、親しく話をする」ことが「テュ」を用いること(テュトワイエ)である旨の説明がなされている。そして、周知のように、英語にはこの区別がなく、すべて「ユー」(You) が用いられ、最近のフランスでも、初対面の時から、この英語文化に従って、「ヴウなんて使わないで、テュと言ってくれ。」という人もいないわけではない。しかし、伝統的なテュトワイエは、そのような軽いものではなく、厳格な契約をもってするものであり、かつ、家族になることを意味するものである。そのため、フランスでは、仕事関係では絶対にテュトワイエをしないという人もいる。なぜなら、取引を終了させる時や解雇をする時に、「家族」では気まずいからである。また、自分の個として領域を守るために、血縁以外にはテュトワイエはしない、という人もいる。

そのような事情を知らなかった私は、動詞の活用の勉強にもなるから、という軽い動機(もちろん、この動機はピエールには伝えなかったが)で、2008年の春頃、ピエールにテュトワイエをしないか、ともちかけた。ピエールも、「そろそろテュトワイエをはじめてもいいな。」と応じた。その直後、少し驚いたことがあった。私が短期間(1ヶ月ほど)パリ第2大学で研究をするため、ピエールに推薦状を書いてほしい、とお願いしたところ、直ちに推薦状を書いてくれた。その推薦状を添付したメールで、ピエールが、「この推薦状は、公的なものだか

267

ら、親しい言葉を使えず、冷たい感じを与えるけれども、本当に申し訳ない。」
と真摯に書いてきたのである。私にとっては、推薦状は公的文書に過ぎないから、そもそも「冷たい」とも感じなかった。しかし、ピエールのその一言で、テュトワイエの本質を垣間見た気がしたとともに、ピエールの誠実な人柄を再確認した。

　⑷　ピエールのお嬢さんのキャロリーヌの結婚式には、日本から、遠くノルマンディーの式場にかけつけた。私の娘の（将来の）結婚式にもピエールに来てもらうつもりであったが、それはもはや叶わぬ願いとなった。まだラインもなく、簡単な通信手段はメールしかない頃、早起きの私はピエールと、たわいもない話をメールでして、最後に、ピエールが「よい一日を。」と書くのに対し、私が「おやすみ。」と返すことも日課になっていた。

　2019年4月21日、ピエールの帰国時に、「またね。11月にパリで会おうね。」と軽く交わしたのが最後の言葉となった。人生に「また」ということがないことを思い知る時がある。その瞬間は、後になってしかわからないが、なぜか永遠に憶えているものである。

　3　ピエール・クロック教授は、1959年5月14日、クタンス（Coutances）で生まれた。クタンスは、フランスのノルマンディー地方に位置し、本シリーズの第1巻の著書であるローラン・ルヴヌール（Laurent Leveneur）教授の生家にも近い。しかも、両教授は生年が同じで、共にカーン大学法学部で学び、さらにはパリ第2大学でミシェル・ゴベール教授の指導を受けたことも共通する。ピエール・クロック教授とローラン・ルヴヌール教授は、まさに研究者としての道を共に歩んできた盟友であるといえよう。そして、ピエール・クロック教授は、大村敦志教授が最初の在外研究をパリで行われたときに、ローラン・ルヴヌール教授の自宅で大村敦志教授と会食をしている。後にピエール・クロック教授は、「私が最初に会った日本人はAtsushi Omuraだ。」と繰り返し述べていた。その大村教授により、ローラン・ルヴヌール教授の講演集と併せて本書が編まれたことは、日本的な言い回しではあるが、「ご縁」というほかないであろう。

　4　末尾になるが、信山社の袖山貴社長、稲葉文子氏および今井守氏に感謝するとともに、個々のお名前は挙げないが、ピエール・クロック教授とご縁のあっ

あ と が き

たみなさまが、本書をとおして同教授とのさまざまな思い出を想起していただけ
れば幸いである。

野 澤 正 充

Tradition et innovations en droit civil français

Tome 2 : Sûretés et autres par Pierre Crocq
sous la direction de Atsushi Omura et Masamichi Nozawa

Préface (Atsushi Omura)

I Sûreté générale
  1 L'évolution des sûretés en France à la fin du XXème siècle et au début du XXIème siècle (traduit par Masamichi Nozawa)
  2 La réforme du droit français des sûretés par l'ordonnance n° 2006-346 du 23 mars 2006 : échec ou réussite ? (traduit par Masamichi Nozawa)
  3 L'obligation pour le constituant de maintenir la valeur de l'assiettede la sûreté réelle en droit français (traduit par Naoya Katayama)
  4 L'agent des sûretés en droit français (traduit par Masamichi Nozawa)
  5 Propriétés-sûretés et avant-projet français de réforme du droit des sûretés (traduit par Naoya Katayama)
  6 Les réformes du droit français des sûretés et la globalisation (traduit par Makoto Imao, Kensuke Ebihara et Miaki Kuroda)

II La garantie personelle
  7 L'information de la caution en droit français : évolutions récentes d'une réforme à venir (traduit par Hiroyuki Hirano)
  8 Les évolutions du cautionnement depuis le début du XXIème siècle (traduit par Masamichi Nozawa)
  9 Cautionnement et surendettement des personnes physiques en droit français (traduit par Masamichi Nozawa)
  10 Cautionnement et société en droit français (traduit par Masamichi Nozawa)

III Autres thèmes
  11 L'introduction de la féducie au sein du Code civil français (traduit par Hiroyuki Hirano)
  12 Les évolutions de la théorie du patrimoine en droit français au cours des vingt-cinq dernières années (traduit par Megumi Hara)
  13 Sûretés et procédures collectives en droit français (traduit par Toshie Shimomura)
  14 Les cessions de créance en droit français après la réforme du droit des obligations (traduit par Yuki Saito)

仏 語 目 次

15 Les contrats interdépendants après la réforme du droit des obligation（traduit
par Masamichi Nozawa）

Postface（Masamichi Nozawa）

〈著者紹介〉

ピエール・クロック （Pierre Crocq）
　　元パリ・パンテオン・アサス大学（パリ第 2 大学）教授

〈監訳者・訳者紹介〉 掲載順、＊は監訳者

＊大 村 敦 志 （おおむら・あつし）　　学習院大学大学院法務研究科教授

＊野 澤 正 充 （のざわ・まさみち）　　立教大学法学部教授

　片 山 直 也 （かたやま・なおや）　　武蔵野大学法学部教授・
　　　　　　　　　　　　　　　　　　慶應義塾大学名誉教授

　今 尾　　真 （いまお・まこと）　　　明治学院大学法学部教授

　蛯 原 健 介 （えびはら・けんすけ）　明治学院大学法学部教授

　黒 田 美亜紀 （くろだ・みあき）　　　明治学院大学法学部教授

　平 野 裕 之 （ひらの・ひろゆき）　　日本大学大学院法務研究科教授・
　　　　　　　　　　　　　　　　　　慶應義塾大学名誉教授

　原　　 恵 美 （はら・めぐみ）　　　　中央大学法務研究科教授

　下 村 信 江 （しもむら・としえ）　　近畿大学法学部教授

　齋 藤 由 起 （さいとう・ゆき）　　　北海道大学大学院法学研究科教授

フランス民法の伝統と革新
II 担保とその周辺

2025（令和7）年2月25日　初版第1刷発行

著　者　ピエール・クロック
監訳者　大村敦志・野澤正充
発行者　今井　貴・稲葉文子
発行所　株式会社　信　山　社
〒113-0033　東京都文京区本郷 6-2-9-102
Tel 03-3818-1019　Fax 03-3818-0344
info@shinzansha.co.jp
笠間才木支店　〒309-1600　茨城県笠間市笠間 515-3
笠間来栖支店　〒309-1625　茨城県笠間市来栖 2345-1
Tel 0296-71-0215　Fax 0296-72-5410
出版契約 2025-5488-4-01010　Printed in Japan

©著者・訳者, 2025　印刷・製本／藤原印刷
ISBN978-4-7972-5488-4 C3332.P.288/324.026 a.019 民法
5488-0101:012-030-010《禁無断複写》

JCOPY　〈(社)出版者著作権管理機構　委託出版物〉
本書の無断複写は著作権法上での例外を除き禁じられています。複写される場合は，
そのつど事前に，(社)出版者著作権管理機構（電話03-5244-5088, FAX03-5244-5089,
e-mail: info@jcopy.or.jp)の許諾を得てください。また，本書を代行業者等の第三者に
依頼してスキャニング等の行為によりデジタル化することは，個人の家庭内利用であっ
ても，一切認められておりません。

フランス民法の伝統と革新
Ⅰ 総論と家族・債務

L. ルヴヌール／S. マゾー＝ルヴヌール／M. ルヴヌール＝アゼマール 著
水野紀子・大村敦志 監訳

【目 次】
はしがき／水野紀子
◆第Ⅰ部 総 論
1 フランス民法典とヨーロッパ人権条約・ヨーロッパ統合〔L. ルヴヌール〔大村敦志訳〕〕
2 良き法律家—フランス人の観念とその養成における大学の役割〔S. マゾー＝ルヴヌール〔金山直樹訳〕〕
3 現代フランスにおける民法の法典化および再法典化—国会、執行府および大学教授の役割
　　　〔L. ルヴヌール〔幡野弘樹訳〕〕
4 グローバリゼーション時代における民法研究所—日韓法律家の受け入れ〔L. ルヴヌール〔大澤逸平訳〕〕
5 レオン・ジュリオ・ド・ラ・モランディエールとレオン・マゾー—日本の友人である二人の大法律家
　　　〔S. マゾー＝ルヴヌール／M. ルヴヌール＝アゼマール〔平野秀文訳〕〕
6 海外フランスにおける地方法〔L. ルヴヌール〔大村敦志訳〕〕
7 アルザス＝モーゼルにおける不動産登記の地方法〔S. マゾー＝ルヴヌール〔大村敦志訳〕〕
◆第Ⅱ部 家 族
8 個人主義と家族法〔S. マゾー＝ルヴヌール〔大村敦志訳〕〕
9 フランス家族法におけるグローバリゼーションの現れ〔S. マゾー＝ルヴヌール〔大村敦志訳〕〕
10 フランス国内法における異なる配偶形態間の競合〔S. マゾー＝ルヴヌール〔大村敦志訳〕〕
11 フランス法の完全養子の特殊性—国際養子縁組への障害？〔S. マゾー＝ルヴヌール〔大澤逸平訳〕〕
12 法律による同性カップルへの婚姻の開放—ヨーロッパ的現象か？〔L. ルヴヌール〔大澤彩訳〕〕
13 フランス婚姻法における矛盾に関する一考察〔S. マゾー＝ルヴヌール〔マシャド・ダニエル訳〕〕
◆第Ⅲ部 債務—契約と責任
14 ヨーロッパにおける販売された消費財についての新たな担保責任—統一、多様性または共通の土台？
　　　〔L. ヴヌール〔平野裕之訳〕〕
15 Covid-19による衛生危機とフランス契約法〔L. ルヴヌール〔中原太郎訳〕〕
　　付録1 ワクチンとCovid-19—フランス法の視線〔S. マゾー＝ルヴヌール〔大村敦志訳〕〕
　　付録2 Covid-19危機期間中の旅行の法的運命〔M. ルヴヌール＝アゼマール〔大村敦志訳〕〕
16 医療責任に関する最近のフランス民事判例〔L. ルヴヌール〔小粥太郎訳〕〕
17 一般契約法および特別法における情報提供義務のサンクション〔M. ルヴヌール＝アゼマール〔大澤彩訳〕〕
あとがき—解題を兼ねて／大村敦志

民法研究 第2集 フランス編1〜3 続刊
大村敦志 責任編集

信山社